Innovations- und Wissensmanagement in der Praxis:
Konzepte, Forschungsergebnisse und Fallstudien

Innovatives Wissensmanagement
Innovative Knowledge Management

Herausgeber
Editor

Band 1

Zur Qualitätssicherung und Peer Review der vorliegenden Publikation

Die Qualität der in dieser Reihe erscheinenden Arbeiten wird vor der Publikation durch externe, von der Herausgeberschaft benannte Gutachter geprüft.

Notes on the quality assurance and peer review of this publication

Prior to publication, the quality of the work published in this series is reviewed by external referees appointed by the editorship.

Bernhard F. Seyr (Hrsg.)

Innovations- und Wissensmanagement in der Praxis: Konzepte, Forschungsergebnisse und Fallstudien

Innovation and Knowledge Management in Practice: Concepts, Research and Case Studies

PETER LANG

Bibliografische Information der Deutschen Nationalbibliothek
Die Deutsche Nationalbibliothek verzeichnet diese Publikation in der Deutschen Nationalbibliografie; detaillierte bibliografische Daten sind im Internet über http://dnb.d-nb.de abrufbar.

Gedruckt auf alterungsbeständigem, säurefreiem Papier.
Druck und Bindung: CPI books GmbH, Leck

ISSN 2699-6324
ISBN 978-3-631-81704-9 (Print)
E-ISBN 978-3-631-81863-3 (E-PDF)
E-ISBN 978-3-631-81864-0 (EPUB)
E-ISBN 978-3-631-81865-7 (MOBI)
DOI 10.3726/b16813

Peter Lang – Berlin · Bern · Bruxelles · New York ·
Oxford · Warszawa · Wien

Diese Publikation wurde begutachtet.

www.peterlang.com

Inhalt

Autorenverzeichnis

André Almeida, MSc
Wissenschaftlicher Mitarbeiter am Lehrstuhl für Innovations- und TechnologieManagement (iTM) Institut für Entrepreneurship, Technologie-Management und Innovation (EnTechnon) Karlsruher Institut für Technologie (KIT)

Julia Babirath, MA
PhD Candidate, International Joint Cross-Border PhD Programme in International Economic Relations and Management, University of Applied Sciences Burgenland – University of Life Sciences in Prague
Working as an equity derivatives trader in a financial institute

Kadriye Cigir
Diplom-Betriebswirtin
PhD Candidate, International Joint Cross-Border PhD Programme in International Economic Relations and Management, University of Applied Sciences Burgenland – Juraj Dobrila University Pula
Dozentin für Arbeits- und Organisationspsychologie, Destinationsmanagement und Nachhaltigkeit an der HFH und IUBH

Aline Handler, MA
PhD Candidate, International Joint Cross-Border PhD Programme in International Economic Relations and Management, University of Applied Sciences Burgenland – University of Pula
Working as a Group Controller in an international operating group

Dr. Volker C. Horsthemke
Leiter Personalentwicklung bei Testo SE & Co. KGaA, Titisee-Neustadt

Dr. Wolfgang Illig, MSc
Geschäftsführer/Vorstand einer mittelständischen Privatbank

Neha Jain
PhD Candidate, International Joint Cross-Border PhD Programme in International Economic Relations and Management, University of Applied Sciences Burgenland – University of Economics in Bratislava

Madeleine Koch, MSc
Referentin, Strategische FTI-Standortentwicklung, Innovations- und Technologietransfer Salzburg GmbH

Julia Krenn, BA MA
PhD Candidate, International Joint Cross-Border PhD Programme in International Economic Relations and Management, University of Applied Sciences Burgenland – University of Economics in Bratislava
Credit Operations Specialist at Raiffeisen Bank International AG

Mag. (FH) Heinrich Pfriemer
PhD Candidate, International Joint Cross-Border PhD Programme in International Economic Relations and Management, University of Applied Sciences Burgenland – University of Sopron
Chief Innovation Officer für die Öffentliche Verwaltung bei SAP SE

Markus Schindler, BA MA
PhD Candidate, International Joint Cross-Border PhD Programme in International Economic Relations and Management, University of Applied Sciences Burgenland – University of Sopron

Rainer Schmitl, MA
PhD Candidate, International Joint Cross-Border PhD Programme in International Economic Relations and Management, University of Applied Sciences Burgenland – University of Pula
Working as a branch manager in a financial institute

Fanny Seus, MA
Wissenschaftliche Mitarbeiterin am Lehrstuhl für Innovations- und TechnologieManagement (iTM)
Institut für Entrepreneurship, Technologie-Management und Innovation (EnTechnon)
Karlsruher Institut für Technologie (KIT)

Prof. Dr. Dr. Dr. habil. Bernhard F. Seyr
Tit. Universitätsprofessor an der Alexandre Lamfalussy Fakultät für Wirtschaftswissenschaften der Universität Sopron, Sachverständiger beim Landesgericht Salzburg, Unternehmensberater, Geschäftsführer des Instituts für Personalwirtschaft und Berufspädagogik in Salzburg

Andreas Van-Hametner, MSc
Wissenschaftlicher Mitarbeiter in der Arbeitsgruppe für Wirtschaftsgeographie, Universität Salzburg

Univ.-Prof. Dr. Marion A. Weissenberger-Eibl
Lehrstuhl für Innovations- und TechnologieManagement (iTM)
Institut für Entrepreneurship, Technologie-Management und Innovation (EnTechnon)
Karlsruher Institut für Technologie (KIT)
Fraunhofer-Institut für System- und Innovationsforschung ISI

0. Editorial

Der vorliegende Band begründet die Schriftenreihe *Innovatives Wissensmanagement*, welche sich zum Ziel gesetzt hat, der Wissenschaft wie auch der Wirtschaftspraxis Fachbeiträge vor allem in der Schnittmenge zwischen den Disziplinen Innovations- und Wissensmanagement zur Verfügung zu stellen sowie diese Disziplinen praxisnah miteinander zu verbinden. Die hier veröffentlichten Fachbeiträge stellen Konzepte, Forschungsbeiträge und/oder Fallstudien dar.

Unter *Konzepten* seien hier theoriebasierte Beiträge verstanden, die einen klaren Anwendungsbezug zur Wirtschaftspraxis aufweisen. Die *Forschungsbeiträge* basieren auf empirischen Studien mit quantitativen und qualitativen Forschungsdesigns zu den Themen Innovations- und Wissensmanagement. Sie beschäftigen sich mit der Evaluation von einschlägigen Konzepten und Modellen, aber auch mit aktuellen Entwicklungen in Theorie und Praxis. Die *Fallstudien* stellen hingegen wissenschaftliche Betrachtungen von konkreten Anwendungsbeispielen des Innovations- und Wissensmanagements in einzelnen Wirtschaftsbetrieben oder Wirtschaftssektoren dar. Die Fallstudien erlauben den Zugriff auf sonst nicht zugängliche, unternehmensinterne Informationen, aus denen sich Erfolgsfaktoren, Anregungen und *Examples of Good Practice* ableiten lassen. Die Grenzen zwischen Konzepten, Forschungsbeiträgen und Fallstudien sind allerdings fließend.

Dieser Band umfasst eine bunte Palette an unterschiedlichen Blickwinkeln und Ansätzen sowie Fallstudien aus völlig unterschiedlichen Branchen. In diesem Sinne freue ich mich, wenn die vorliegende Publikation einem breiten Publikum interessante Einblicke und Anregungen bieten kann.

Sopron, im Februar 2020

Prof. Dr. Dr. Dr. habil. Bernhard F. Seyr
Herausgeber

1. Instrumente zur Portfolioanalyse im strategischen Wissensmanagement

Prof. Dr. Dr. Dr. habil. Bernhard F. Seyr

Abstract: Der Artikel behandelt Anwendungsmöglichkeiten bekannter Instrumente der Portfolioanalyse im Bereich des strategischen Wissensmanagements. Dabei wird ein hermeneutischer und konzeptueller methodischer Zugang verfolgt. Als Ausgangspunkte für die Analyse und zur Weiterentwicklung dienen die Boston-Matrix, das McKinsey-Portfolio, die Lebenszyklus-Analyse sowie die SWOT-Analyse im Hinblick auf ihre Anwendbarkeit zur Evaluation und zur längerfristigen Entwicklung von Wissensbeständen in Organisationen. Als Werkzeuge zur strategischen Wissensbewertung und für das strategische Wissensmanagement werden ein neuartiges Wissensvorsprungs-Bedeutungswachstums-Portfolio (die „Wissensmatrix") sowie damit zusammenhängend das Wissens-Lebenszyklusmodell vorgestellt. Abschließend wird die SWOT-Analyse zur Bewertung der Stärken und Schwächen sowie Chancen und Risiken im strategischen Wissensmanagement adaptiert. Es erfolgt auch eine kurze Darstellung ausgewählter alternativer Werkzeuge zur strategischen Portfolio-Analyse im Wissensmanagement.

1.1. Einleitung und Zielsetzung

Wissensmanagement hat sich als multidisziplinärer Ansatz in den Sozial- und Wirtschaftswissenschaften etwa seit dem Millennium etabliert. Zahlreiche theoretische Abhandlungen und wissenschaftliche Studien zu diesem Thema belegen seine Bedeutung. In diesem Sinne ist regelmäßig von einer höheren Unternehmensrentabilität aufgrund von Investitionen in die Ressource Wissen auszugehen (vgl. Zheng & Wang, 2018, S. 110–111). Vielfach scheitert aber die praktische Anwendung der Werkzeuge des Wissensmanagements in der Praxis (vgl. Seyr, 2015). Wissensmanagement wird in der Wirtschaftspraxis in vielen Fällen auf die informationstechnische Ebene (wie Datenbanken) reduziert, was seinewm multiperspektivischen Ansatz mit Bezug zu den Dimensionen Mensch – Organisation – Technik nicht gerecht wird (vgl. Brandt & Massing, 2002, S. 235–249). Dadurch kann Wissensmanagement sein volles Potenzial nicht entfalten und sein Wirkungsgrad bleibt gering. Technologie ist lediglich ein notwendiges Werkzeug, um die Prozesse des Wissensmanagements zu erleichtern, ersetzt jedoch nicht ein ganzheitliches Wissensmanagement-Konzept (vgl. Sharma & Deb, 2019, S. 763).

Zur praktischen Umsetzung der Nachhaltigkeit im Informations- und Wissensmanagement stellen Erek und Zarnekow (2009, S. 424) ein Vorgehensmodell in Form eines Regelkreises vor, das die Schritte Ressourcenidentifikation, Ressourcen-Beurteilung, Maßnahmenidentifikation, Maßnahmen-Priorisierung, Maßnahmen-Implementierung sowie deren Umsetzung und Kontrolle umfasst. Sowohl im zweiten als auch im letzten Schritt (in der Grafik grau unterlegt) wird die Bedeutung der Evaluation im Informations- und Wissensmanagement besonders hervorgehoben, welche im Zentrum dieses Beitrags steht.

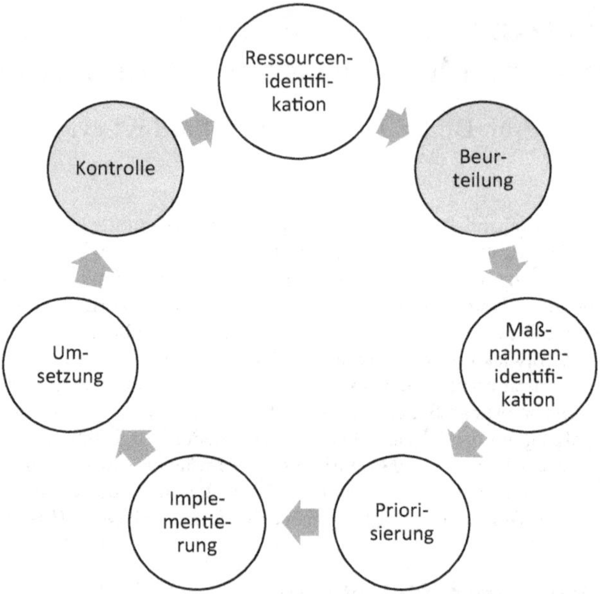

Abbildung 1: Regelkreis zur Sicherung der Nachhaltigkeit im Informations- und Wissensmanagement (eigene Darstellung, in Anlehnung an Erek und Zarnekow, 2009)

Der vorliegende Beitrag soll dabei helfen, das Wissensmanagement in Organisationen von der rein technischen Ebene zu lösen und seine Informationen einerseits einer kritischen Prüfung bzw. Evaluation zu unterziehen und andererseits für die strategische Unternehmensführung leichter handhabbar zu machen. Dieser Schritt der kritischen Prüfung und Evaluation ist im Wissensmanagement-Modell von Probst, Raub und Romhardt (2006, S. 58) den Bausteinen Wissensbewertung, Wissensidentifikation (abgestimmt auf die Wissensziele) und Wissensentwicklung (im Anschluss an den Wissenserwerb) zuzuordnen und unterstützt die genannten Prozesse durch strategische Controlling-Werkzeuge.

Diese Zielsetzung soll dadurch erreicht werden, indem bekannte Methoden der Portfolio-Analyse – wie die Boston-Matrix, das McKinsey-Portfolio, die Lebenszyklus-Analyse sowie die SWOT-Analyse – mit Bezug zum Wissensmanagement adaptiert werden. Somit lassen sich vorhandene Wissensbestände im Sinne eines Cockpit-Systems leichter visualisieren und bewerten sowie als Entscheidungsgrundlage für das strategische (Wissens-)Management heranziehen. Die Portfolio-Analyse im Wissensmanagement ermöglicht somit einen Meta-Blick auf vorhandene Wissensbestände. Das Wissensmanagement kann dadurch effizienter und effektiver werden und besser zum Unternehmenserfolg beitragen. Die Etablierung eines leistungsfähigen Berichtswesens im Wissensmanagement bildet überdies die Grundlage für ein internes und externes Benchmarking immaterieller

Ressourcen (vgl. Catalfo, 2015, S. 642). In diesem Sinne wird in der Fachliteratur die Bedeutung der Zusammenarbeit zwischen Controlling und Strategie besonders hervorgehoben. Damit zusammenhängend kommt der Erfolgsmessung von Strategien eine hohe Relevanz für die Zukunft zu (vgl. Weber, Schäffer, Goretzki & Strauß, 2012, S. 34–35).

Botthof (2012, S. 83–90) belegt in seinem Beitrag die Bedeutung übersichtlicher Reporting-Tools, die überdies zukunftsgerichtet und standardisiert sein sollen. Diesen Forderungen entsprechen die dargestellten Werkzeuge des Controllings im strategischen Wissensmanagement.

1.2. Anwendung der Portfolioanalyse im strategischen Wissensmanagement

1.2.1. Allgemeine Überlegungen

Traditionelle Instrumente der betriebswirtschaftlichen Portfolio-Analyse gehen regelmäßig von den Faktoren Markt und/oder Produkt aus und haben daher ihre Verankerung nicht nur allgemein im strategischen Management, sondern im Speziellen auch im Marketing. Dies trifft u. a. auf die Boston-Matrix zu, welche sich der Achsen *relativer Marktanteil* und *Marktwachstum* bedient. In eine ähnliche Richtung geht das McKinsey-Portfolio, indem die strategischen Schlussfolgerungen Abschöpfen, Auswählen, Expandieren von den relativen Wettbewerbsvorteilen und der Marktattraktivität mit Bezug zu Geschäftseinheiten oder Produkten abhängig gemacht werden. Ähnlich gelagert ist die Bedeutung der Lebenszyklus-Analyse, welche die Umsätze eines Produkts im Zeitablauf veranschaulicht.

Ein allgemein anwendbares Werkzeug der internen und externen Unternehmensanalyse stellt die SWOT-Analyse dar, welche auch im Hinblick auf das strategische Wissensmanagement adaptiert werden kann.

Da die genannten Werkzeuge der Portfolio-Analyse sowohl in der Wissenschaft als auch in der Praxis als allgemein bekannt angesehen werden können, erfolgt in diesem Beitrag keine genauere Darstellung derselben. Der Beitrag passt jedoch die genannten Tools im Hinblick auf die Eigenheiten und Anforderungen des Wissensmanagements an und stellt diese Adaption in den nachstehenden Kapiteln eingehender dar.

Das Wissensmanagement setzt nicht direkt bei den Faktoren Markt und Produkt an, da die Betrachtung nicht aus der Sicht des Marketings erfolgt. Wissensmanagement hat vielmehr die Aufgabe, die informationsbezogenen Grundlagen für die gesamte Unternehmenstätigkeit bereitzustellen. Die Faktoren *Umfeld* (die Umwelt und Stakeholders der betrachteten Organisation, wie beispielsweise Mitbewerber oder Nachfrager) und *Wissensinhalte* (als Produkte des Wissensmanagements) sind dabei zentrale Ausgangspunkte der Betrachtung dieses Beitrags.

Geeignete Controlling-Werkzeuge des strategischen Wissensmanagements unterstützen die Reaktions-, Koordinations-, Lern- und Innovationsfähigkeit, welche nach Güldenberg (2001, S. 318) die Überlebensfähigkeit der Organisation sichern.

1.2.2. Wissensvorsprungs-Bedeutungswachstums-Portfolio (Wissensmatrix nach Seyr)

Für das Wissensvorsprungs-Bedeutungswachstums-Portfolio (kurz: Wissensmatrix) des Autors bilden die sog. Boston-Matrix (andere Bezeichnungen: Boston I Portfolio oder Marktwachstums-Marktanteils-Matrix, vgl. Baum, Coenenberg & Günther, 2013, S. 224–230; vgl. Thommen & Achleitner, 2009, S. 1021–1023) sowie das McKinsey-Portfolio (vgl. Baum et al., 2013, S. 230–237) die Grundlagen, indem beide Werkzeuge miteinander kombiniert werden. Die Boston-Matrix teilt strategische Geschäftseinheiten oder Produkte entsprechend ihrem relativen Marktanteil und dem Marktwachstum in vier Felder ein. Die Poor Dogs weisen einen niedrigen Marktanteil und ein niedriges Marktwachstum auf. Die empfohlene Normstrategie lautet hier „abbauen". Die Question Marks haben zwar einen niedrigen Marktanteil, aber ein hohes Marktwachstum. Sie sollen beobachtet und ggf. ausgebaut werden. Die Stars sind durch einen hohen Marktanteil und ein hohes Marktwachstum gekennzeichnet. Einerseits erzielen sie hohe Umsätze, verzehren andererseits aber durch ihr Wachstum und damit verbundene Kosten für deren Auf- und Ausbau auch einen großen Teil der durch sie erzielten Cashflows. Sie bilden die Basis für den gegenwärtigen und zukünftigen Unternehmenserfolg. Die Cash Cows hingegen zeichnen sich durch einen hohen Marktanteil aus, besitzen aber ein niedriges Marktwachstum. Sie sollen so lange wie möglich gehalten werden und generieren positive Cashflows.

Beim McKinsey-Portfolio werden mit Bezug auf Produkte oder Unternehmensbereiche auf der x-Achse der relative Wettbewerbsvorteil und auf der y-Achse die Marktattraktivität aufgetragen. Das McKinsey-Portfolio besteht aus neun Feldern und stellt somit eine Präzisierung der Boston-Matrix dar. Aus dem McKinsey-Portfolio lassen sich drei grundlegende Schlussfolgerungen ableiten:

1. Sind sowohl relativer Wettbewerbsvorteil als auch Marktattraktivität gering, oder ist einer der Faktoren gering und der andere mittelmäßig, wird eine Abschöpfungs- bzw. Desinvestitionsstrategie empfohlen, die der Normstrategie für die Poor Dogs ähnelt.
2. Bei entweder einem großen relativen Wettbewerbsvorteil oder einer großen Marktattraktivität soll eine Selektivstrategie angewendet werden. Diese kann eine Verbesserung der Position (Offensivstrategie) anstreben, aber auch eine Abwehr (Defensivstrategie) hinsichtlich weiterer Positionsverschlechterungen. Die Selektivstrategie ist außerdem als Übergangsstrategie zwischen Desinvestitions- oder Expansionsstrategie denkbar.
3. Für mittlere Werte bei einem Faktor in Kombination mit hohen Werten beim anderen Faktor und bei hohen Werten bei beiden Faktoren lautet die Normstrategie Expansion, die Investitionen und Wachstum impliziert.

Bei der Adaption dieser Portfolios für das Wissensmanagement müssen die Achsen der Modelle modifiziert werden. Wissen weist keinen messbaren Marktanteil (vgl.

die x-Achse der Boston-Matrix) wie ein Produkt oder eine strategische Geschäftseinheit auf. Der Faktor „relativer Marktanteil“ wird daher durch „relativer Wissensvorsprung“ ersetzt. Insofern ähnelt die Bezeichnung der x-Achse dem McKinsey-Portfolio, das auf der x-Achse den relativen Wettbewerbsvorteil darstellt. Unter Wissensvorsprung wird hier der relative Wissensvorsprung in einem bestimmten Gebiet gegenüber den Mitbewerbern verstanden. Der Wissensvorsprung kann auch einen negativen Wert annehmen, sofern die betrachtete Organisation einen Wissensnachteil gegenüber der Konkurrenz aufweist.

Die y-Achse (Marktwachstum der Boston-Matrix) wird hier durch den Faktor „Bedeutungswachstum“ ersetzt. Darunter ist zu verstehen, ob das Wissen der Organisation in einem bestimmten Bereich in Zukunft an Bedeutung gewinnen wird oder nicht. Auch hier sind negative Werte denkbar, falls das betrachtete Wissensgebiet in Zukunft an Bedeutung abnehmen wird. Dieser Wert korrespondiert in Teilaspekten mit der Marktattraktivität des McKinsey-Portfolios.

Anstelle der strategischen Geschäftseinheiten oder Produkte sollen in die Wissensmatrix strategische Wissensbestände der Organisation in Form von Kreisen eingetragen werden. Möglich wäre es dabei, das Investitionsvolumen in die strategischen Wissensbestände durch den Radius der Kreise zu symbolisieren.

Diese Form der Darstellung entspricht also dem Grundprinzip der Portfolio-Technik, wo die Bedeutung der strategischen Geschäftseinheiten (bzw. der Umsatz) auch durch den Radius der Kreise dargestellt wird. In diesem Sinne wird auf der x-Achse ebenfalls die Unternehmensdimension und auf der y-Achse die Umfelddimension dargestellt (vgl. Baum et al., 2013, S. 223).

Abbildung 2: Wissensmatrix nach Seyr (eigene Darstellung)

Als Methoden zur Abschätzung der Daten zur Einordnung in das Portfolio bieten sich beispielsweise interne und externe analytische sowie empirische Studien, Marktbeobachtungen und Marktanalysen, aber auch Expertenbefragungen und Erfahrungswerte an. Methodische Probleme könnten sich jedoch – ähnlich wie bei anderen, etablierten Techniken der Portfolioanalyse – bei der exakten Zuordnung von Werten auf den Achsen ergeben. Trotzdem erlauben Portfolios generell einen groben Überblick über die aktuelle Situation, um mittel- bis langfristige Entscheidungen zu erleichtern.

Der konkrete Nutzen der Wissensmatrix besteht in der Evaluation von Wissensbeständen im Hinblick auf das strategische Wissensmanagement. Bei der Evaluation und Bestimmung der Informationsstrategie verkürzen Normstrategien, die auf einzelne oder mehrere bedeutsame Attribute bezogen sind, den Prozess (vgl. Heinrich & Stelzer, 2011, S. 117). Eine Restriktion der Portfoliotechnik muss jedoch darin gesehen werden, dass bei zweidimensionalen Portfolios naturgemäß eine Reduktion der komplexen Realität auf nur zwei Variablen erfolgt, was einerseits die Handhabbarkeit des Managementwerkzeugs erleichtert, andererseits aber zahlreiche Faktoren ausklammert.

Anhand der Wissensmatrix können folgende Normstrategien abgeleitet werden:

Alte Hüte: Diese Wissensbestände sind weder für den künftigen Erfolg der Organisation wichtig, noch besitzt die Organisation Stärken in diesem Wissensbereich. Daher sollten diese Wissensbestände nicht weiter gepflegt werden. Zusätzliche Investments in diesen Bereich machen keinen Sinn und sollen daher unterbleiben. Diese Wissensbestände sind den disponiblen Ressourcen zuzuordnen, welche verkauft, ausgelagert oder vernachlässigt werden können (vgl. Johnson & Scholes, 1999, S. 153 ff).

Keimlinge: Sie sollen gepflegt und aufgebaut werden. Ihre weitere Entwicklung hat die Organisation zu beobachten. Dementsprechend sind Investitionen in den Ausbau dieser Wissensgebiete sinnvoll, da die Organisation zwar momentan noch keine relativen Wissensvorsprünge gegenüber der Konkurrenz aufweist, aber die Zunahme der Bedeutung dieses Bereichs zu erwarten und von strategischer Bedeutung ist. Keimlinge gehören zum „Innovative Knowledge“ (vgl. Maier, 2004, S. 99) und sollen sich zu Diamanten entwickeln.

Diamanten: Sie zeichnen sich durch eine hohe Kompetenz der Organisation in diesem Bereich sowie durch ein großes Bedeutungswachstum dieser Wissensbestände aus. Sie stellen die gegenwärtigen und zukünftigen Kernkompetenzen der Organisation dar. In diesem Sinne soll in die Diamanten investiert werden, gleichzeitig sind sie aber derzeit schon strategische Erfolgsfaktoren. Die Diamanten sind Kernressourcen, die der Organisation Wettbewerbsvorteile verschaffen und wesentlich für die nachhaltige Profilierung sind (vgl. Johnson & Scholes, 1999, S. 153 ff).

Zugpferde: Das sind zentrale Wissensbestände, die aktuell die Organisation am Laufen halten, jedoch ein geringes Zukunftspotenzial aufweisen. Die Zugpferde sollen gepflegt werden, allerdings sind größere strategische Investitionen mit einem weiteren Zeithorizont nicht sinnvoll. Zugpferde bedienen sich der Basisressourcen, welche für den laufenden Geschäftsbetrieb notwendig sind, besitzen aber eine geringe Bedeutung für die Verbesserung der Wettbewerbsposition (vgl. Johnson & Scholes, 1999, S. 153 ff). Mittel- bis langfristig können sich Zugpferde zu „alten Hüten" entwickeln.

1.2.3. Alternative Ansätze der Portfolio-Analyse im strategischen Wissensmanagement

Ein alternatives Portfolio für das strategische Wissensmanagement wurde von Probst et al. (2006, S. 51) vorgestellt. Dieses Portfolio zielt zwar ebenfalls darauf ab, Norm-Wissensstrategien für unterschiedliche Situationen bereitzustellen, es unterscheidet sich aber in seinem Aufbau von der oben erläuterten Wissensmatrix des Autors, da von Probst et al. auf der x-Achse die Wissensnutzung und auf der y-Achse der Wissensvorsprung aufgetragen werden. Bei einer geringen Wissensnutzung und einem niedrigen Wissensvorsprung wird die Normstrategie „Outsourcing" vorgeschlagen, da der entsprechende Wissensbestand keinen großen Wert besitzt. Bei einer geringen Wissensnutzung, aber einem großen Wissensvorsprung lautet die Normstrategie „Anwenden" der brachliegenden Fähigkeit. Ungenutztes Wissen soll zur Erhöhung der Wettbewerbsfähigkeit voll ausgeschöpft werden. Bei einer starken Wissensnutzung – aber einem geringen Wissensvorsprung – wird als Normstrategie „Aufwerten" dieser Basisfähigkeit empfohlen. Die Fähigkeit soll ausgebaut werden, da sie für die Organisation bedeutend ist. Sind Wissensnutzung und Wissensvorsprung hoch, lautet die Empfehlung „Übertragen" im Sinne der Hebelfähigkeit des Wissens bei der Übertragung auf neue Produkte und Märkte.

Ein weiteres Portfoliomodell zur Ressourcen-Beurteilung konzipierte Grant (2005, S. 477 ff). Es zeigt auf seiner x-Achse die Bedeutung der Ressource für die Wettbewerbssituation des Unternehmens und auf der y-Achse die externen Effekte der Ressource. Unter externen Effekten werden ökologische und soziale Aspekte subsumiert. Sind die Bedeutung der Ressource für die Wettbewerbssituation sowie die externen Effekte der Ressource gering, wird die Strategie „keep it running" empfohlen, was ein „Auslaufenlassen" dieser Ressource impliziert. Sind beide Faktoren als hoch zu bewerten, wird diesen Ressourcen ein hohes Potenzial als Investment für die Nachhaltigkeit zugesprochen. Bei den Ressourcen, welche sich jeweils im Mittelfeld befinden, soll eine selektive Strategie angewendet werden.

Das Technologie-Portfolio, welches von Baum et al. (2013, S. 265–267) besprochen wird, ähnelt sehr stark dem McKinsey-Portfolio, indem es auf der x-Achse die Ressourcenstärke und auf der y-Achse die Technologie-Attraktivität darstellt. Die Normstrategien lauten analog zum McKinsey-Portfolio Desinvestition, Selektion und Investition betreffend die analysierte Technologie.

1.2.4. Lebenszyklus-Analyse

Besonders für Unternehmen mit kurzen Produktlebenszyklen ist Wissensmanagement erfolgsentscheidend (vgl. Disterer, 2007, S. 170). Eng verbunden mit der Wissensmatrix nach Seyr bzw. der Boston-Matrix ist der Ablauf eines Lebenszyklus. Beim konventionellen Modell des Produktlebenszyklus (vgl. Baum et al., 2013, S. 225–228) wird die Umsatz- und Gewinnentwicklung eines Produktes im Zeitablauf grafisch dargestellt und in idealtypische Phasen eingeteilt. Bei der Anwendung im Wissensmanagement wird, entsprechend den obigen Ausführungen, kein Produkt betrachtet, sondern ein strategisch relevantes Wissensgebiet in Beziehung zu seiner Bedeutung als Erfolgsfaktor im Zeitablauf gesetzt. Die Betrachtung kann dabei entweder aus der Sicht der Organisation oder aus der Sicht der gesamten Branche erfolgen. Demensprechend ergeben sich folgende idealtypische Phasen des Wissens-Lebenszyklus:

Innovationsphase: Das Wissensgebiet ist relativ neuartig und unbekannt. Unklar ist, ob dieses Wissen zukünftig an Bedeutung als Erfolgsfaktor gewinnen wird. Derartige Wissensbestände können den Keimlingen in der Wissensmatrix nach Seyr zugeordnet werden.

Wachstumsphase: Wissensbestände in dieser Phase nehmen erkennbar an Bedeutung zu. Sie sind stark wachsend. Derartige Wissensinhalte wären den Diamanten zuzuordnen, da sie aktuell und für die Zukunft bedeutsam sind.

Reifephase: Die Bedeutung eines Wissensbestandes als Erfolgsfaktor erreicht in der Reifephase ihren Höhepunkt. Es handelt sich um aktuelle Wissensbestände, die zum Zeitpunkt der Betrachtung als wichtig, aber auch mittlerweile schon als weitgehend bekannt angesehen werden. Solche Wissensbestände können den Zugpferden einer Organisation oder Branche zugeordnet werden, da der Betrieb ohne sie nicht denkbar, jedoch das Innovationspotenzial mittlerweile gering ist.

Degenerationsphase: Die Wissensbestände in der Degenerationsphase gehören zu den „alten Hüten" in der Wissensmatrix. Sie sind weitgehend überholt, und ihnen kommt keine zukünftige Bedeutung zu. Darunter fällt beispielsweise das Wissen über auslaufende Technologien. Es ist in einer Branche allgemein bekannt bzw. nicht mehr innovativ und verliert immer mehr an Bedeutung.

Relaunch: Für den Fall, dass als überholt angesehenes Wissen wiederbelebt – das heißt beispielsweise zur Lösung neuer Probleme wiederentdeckt, neu kombiniert oder weiterentwickelt – werden kann, wäre ein Relaunch dieses Wissensbestands möglich. Damit einher geht ein Anstieg der Bedeutung als Erfolgsfaktor. In der Wissensmatrix könnte diesen Wissensbeständen dann erneut der Status als Keimlinge zukommen.

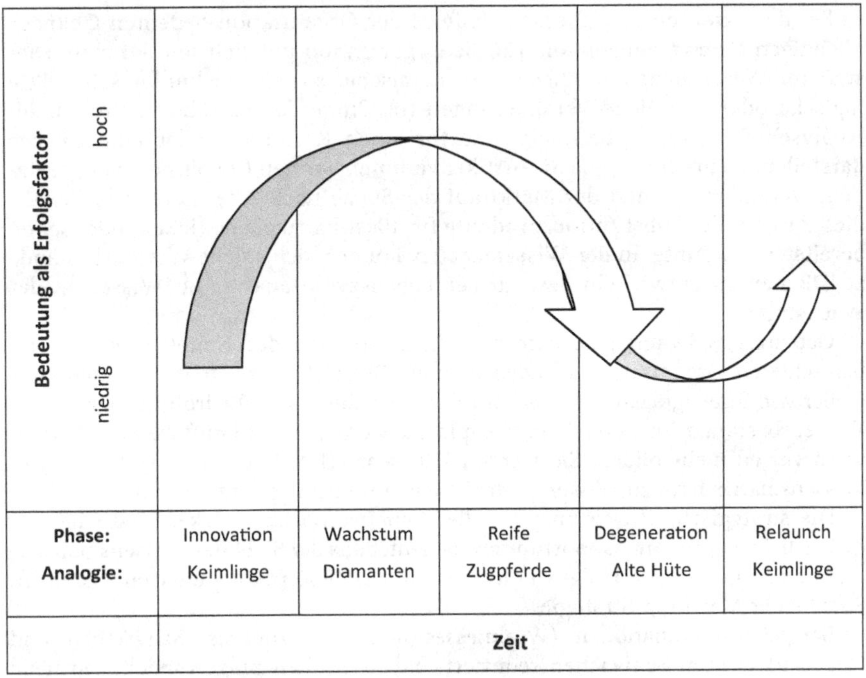

Abbildung 3: Lebenszyklus des Wissens (eigene Darstellung)

1.2.5. SWOT-Analyse

Die bekannte SWOT-Analyse (vgl. Kotler, Berger & Rickhoff, 2010, S. 30) geht von Strengths (Stärken), Weaknesses (Schwächen), Opportunities (Chancen) und Threats (Gefahren) aus. Es ist ein Instrument zur strategischen Planung mit Bezug zum gesamten Unternehmen oder mit Bezug zu Geschäftsbereichen. Die interne Analyse bezieht sich auf aktuelle Stärken und Schwächen der betrachteten Organisation oder eines abgegrenzten Geschäftsbereichs, die externe Analyse auf künftige Chancen und Risiken.

Die SWOT-Analyse lässt sich auch auf das Wissensmanagement übertragen:

Bei der internen Analyse des Wissensmanagements sind Stärken in den Teilbereiche vorhanden, in denen die Organisation über Kernkompetenzen bzw. ein tiefes Wissen verfügt. Schwächen stellen im Gegensatz dazu Bereiche dar, in denen die Organisation keine bedeutenden Wissensbestände bzw. keine strategische Erfolgsposition mit Bezug zum Wissensmanagement aufweist.

Bei der externen Analyse des Umfelds der Organisation bedeuten Chancen diejenigen Veränderungen, die für die Organisation nützlich sein können. Dies sind im Wesentlichen politische, ökonomische, soziale, technologische, ökologische oder rechtliche Veränderungen (im Sinne der PESTEL-Makroumfeld-Analyse). So kann es beispielsweise für einen Kartonhersteller eine Chance darstellen, wenn Einwegplastik-Artikel verboten werden (im Sinne einer gesetzliche Veränderung) und der Markt auf der Suche nach Alternativen ist, sofern dieser Hersteller Substitutionsprodukte für Plastikartikel entwickeln oder schon bereitstellen könnte. In der Wissensmatrix können sich solche Wissensbestände zu Diamanten entwickeln bzw. in der Lebenszyklusanalyse zu Wissen in der Wachstumsphase.

Gefahren bedeuten jene externen Veränderungen des Umfelds, welche der betrachteten Organisation schaden können. Beispielsweise stellt für einen Hersteller von Einwegplastik ein Verbot solcher Produkte eine Bedrohung dar. Solche Wissensbestände im Bereich Einwegplastik werden in Zukunft keinen Wettbewerbsvorteil mehr bilden. Sie werden sich sehr schnell zu „alten Hüten" in der Wissensmatrix bzw. zu Wissen in der Degenerationsphase entwickeln.

Die strategische Zielsetzung für die Kombination aus Stärken und Chancen (SO, d. h. Strengths and Opportunities) bedeutet aus der Sicht des Wissensmanagements, dass Chancen verfolgt werden, die gut zu den Kernkompetenzen passen, im Sinne einer Matching-Strategie.

Bei WO-Kombinationen (Weaknesses and Opportunities, Schwächen und Chancen) werden Schwächen reduziert und in Stärken umgewandelt, um neue Chancen nutzen zu können (Umwandlungsstrategie). Dies bedeutet im Wissensmanagement, dass die Wissensbestände in erfolgversprechenden Bereichen aufgestockt und ausgebaut werden sollen.

Die Neutralisierungsstrategie ist bei ST-Kombinationen (Strengths and Threats bzw. Stärken und Bedrohungen) sinnvoll: Strengths werden verwendet, um Threats abzuwehren. Die Organisation soll dazu ihre starken Kernkompetenzen nutzen.

Für die Kombination WT (Weaknesses and Threats bzw. Schwächen und Bedrohungen), d. h. die ungünstigste Position, werden Verteidigungsstrategien empfohlen. Mit Bezug zum Wissensmanagement bedeutet dies, dass hier wenig Expertise in der Organisation vorhanden ist, aber gleichzeitig Bedrohungen aus dem Umfeld zu erwarten sind. Um beim Beispiel des Herstellers von Einwegplastik zu bleiben, wäre dies das fehlende Wissen um umweltfreundliche Materialien gepaart mit der Bedrohung durch das Verbot von Einwegplastik-Artikeln. Eine Strategie könnte hier beispielsweise das Ausnutzen von eventuellen Gesetzeslücken, um weiterhin konventionelle Kunststoffartikel absetzen zu können, oder der Verkauf in Regionen, in denen keine derartigen Verbote bestehen, darstellen.

Interne Analyse	Stärken (Strengths) S Kernkompetenzen	Schwächen (Weaknesses) W Wissenslücken
Externe Analyse	Chancen (Opportunities) O Bedeutungsgewinn des Wissens	Bedrohungen (Threats) T Bedeutungsverlust des Wissens

Abbildung 4: SWOT-Analyse im Wissensmanagement (eigene Darstellung)

1.3. Fazit

Der vorliegende Beitrag zeigt Anwendungsmöglichkeiten der Portfolioanalyse für das strategische Wissensmanagement. Dadurch wird auch in diesem Bereich eine Verzahnung zwischen Controlling und Strategie erleichtert und eine Grundlage für ein internes und externes Benchmarking geschaffen. Der Autor entwickelt im Zuge dessen eine Wissensmatrix, das heißt ein Wissensvorsprungs-Bedeutungswachstums-Portfolio, welches auf der Boston-Matrix sowie auf dem McKinsey-Portfolio aufbaut und diese Werkzeuge im Hinblick auf das strategische Wissensmanagement weiterentwickelt. Die Wissensmatrix kann als Cockpit-System für immaterielle Ressourcen eingesetzt werden und erleichtert die Evaluation von Wissensbeständen. Außerdem stellt der Beitrag überblicksartig alternative Anwendungen der strategischen Portfolioanalyse im Technologie-, Informations- und Wissensmanagement aus Forschungsbeiträgen vor.

Überdies wird im vorliegenden Beitrag der Produktlebenszyklus auf das Wissensmanagement angewendet, woraus sich ebenfalls strategische Schlussfolgerungen ableiten lassen. Auch die Anwendung der SWOT-Analyse wird im längerfristig orientierten Wissensmanagement empfohlen, um rechtzeitig Stärken, Schwächen, Chancen und Bedrohungen im Hinblick auf immaterielle Ressourcen aufzudecken und Erfolgspotenziale in weiterer Folge proaktiv nutzen bzw. Risiken minimieren zu können.

Literaturverzeichnis

Baum, H.-G., Coenenberg, A. G., & Günther, T. (2013). *Strategisches Controlling.* Stuttgart: Schäffer-Poeschel.

Botthof, H.-J. (2012). Die 12 häufigsten Fehler im Reporting. In A. Klein (Hrsg.), *Reporting und Business Intelligence* (S. 83–90). Freiburg: Haufe.

Brandt, P., & Massing, M. (2002). Mensch – Organisation – Technik. Wissensmanagement in KMU. In R. Franken, & A. Gadatsch (Hrsg.), *Integriertes Knowledge Management: Konzepte, Methoden, Instrumente und Fallbeispiele* (S. 235–249). Wiesbaden: Vieweg+Teubner.

Catalfo, P. (2015) Methodological Accounting Tools for the Evaluation of Intangibles Management in Research Institutions: Some Empirical Remarks. *Journal of Service Science and Management, 8,* 638–648. https://doi.org/10.4236/jssm.2015.84064

Disterer, G. (2007). Betriebliches Wissensmanagement. In C. Steinle, & A. Daum (Hrsg.), *Controlling. Kompendium für Ausbildung und Praxis* (S. 169–189). Stuttgart: Schäffer-Poeschel.

Erek, K., & Zarnekow, R. (2009). Managementansätze für nachhaltiges Informationsmanagement. In F. Keuper, & F. Neumann (Hrsg.), *Wissens- und Informationsmanagement. Strategien, Organisation, Prozesse* (S. 413–438). Wiesbaden: Gabler.

Franken, R., & Gadatsch, A. (Hrsg.). (2002). *Integriertes Knowledge Management: Konzepte, Methoden, Instrumente und Fallbeispiele.* Wiesbaden: Vieweg+Teubner.

Güldenberg, S. (2001). *Wissensmanagement und Wissenscontrolling in lernenden Organisationen. Ein systemtheoretischer Ansatz.* Wiesbaden: Springer.

Grant, R. M. (2005). *Contemporary Strategy Analysis: Concepts, Techniques, Applications.* Oxford: Blackwell.

Heinrich, L. J., & Stelzer, D. (2011). *Informationsmanagement. Grundlagen, Aufgaben, Methoden.* München: Oldenbourg.

Johnson, G., & Scholes, K. (1999). *Exploring Corporate Strategy.* London: Prentice Hall.

Keuper, F., & Neumann, F. (Hrsg.). (2009). *Wissens- und Informationsmanagement. Strategien, Organisation, Prozesse.* Wiesbaden: Gabler.

Kotler, P., Berger, R., & Rickhoff, N. (2010). *The Quintessence of Strategic Management.* Berlin: Springer.

Klein, A. (Hrsg.). (2012). *Reporting und Business Intelligence.* Freiburg: Haufe.

Maier, R. (2004). *Knowledge Management Systems. Information and Communication Technologies for Knowledge Management.* Berlin: Springer.

Probst G., Raub, S., & Romhardt, K. (2006). *Wissen managen. Wie Unternehmen ihre wertvollste Ressource optimal nutzen.* Wiesbaden: Springer Gabler.

Seyr, B. F. (2015). Die drei Dimensionen des Wissensmanagements: Empirische Studie anhand des 3-D-Modells zur Selbstevaluation von Organisationen. *Journal of Economy & Society, 2015* (1–2), 3–27.

Sharma, V. K., & Deb, M. (2019). Knowledge Management through Technology: Exploring Extant Research Using nVivo. *Theoretical Economics Letters, 9,* 761–770. https://doi.org/10.4236/tel.2019.94050

Steinle, C., & Daum, A. (Hrsg.). (2007). *Controlling. Kompendium für Ausbildung und Praxis.* Stuttgart: Schäffer-Poeschel.

Thommen, J.-P., & Achleitner, A.-K. (2009). *Allgemeine Betriebswirtschaftslehre. Umfassende Einführung aus managementorientierter Sicht.* Wiesbaden: Gabler.

Weber, J., Schäffer, U., Goretzki, L., & Strauß, E. (2012). *Die zehn Zukunftsthemen des Controllings.* Weinheim: VILEY-VCH.

Zheng, J. B., & Wang, Y. N. (2018). Research on Knowledge Resources Investment Decisions in Cooperated New Product Development. *Journal of Service Science and Management, 11,* 101–115. https://doi.org/10.4236/jssm.2018.111010

2. Wissenstransfer, Interaktionsraum und Unternehmenskultur: Die Bedeutung des Umfelds für erfolgreiche Wissensgenerierung

Univ.-Prof. Dr. Marion A. Weissenberger-Eibl, Fanny Seus, MA und André Almeida, MSc

Abstract: Für Unternehmen stellt Wissen die wichtigste Ressource sowie die einzige zuverlässige Quelle für nachhaltige Wettbewerbsvorteile dar. Die Schaffung von Rahmenbedingungen für den Austausch und die Vernetzung von Wissensträgern sind eine wichtige Aufgabe des Innovationsmanagements. Dieser Beitrag widmet sich den Anreizen, der Unternehmenskultur und den Ermöglichungsräumen, welche für ein ganzheitliches Wissensmanagement von Bedeutung sind. Insbesondere werden der für schöpferischen Wissensaustausch benötigte (physische) Interaktionsraum sowie der Interaktionsrahmen analysiert. Die Offenheit des Raumes als Möglichkeit zur Begegnung stellt eine notwendige, aber nicht hinreichende Voraussetzung für den Austausch von Wissensträgern dar. Vielmehr müssen im Sinne eines ganzheitlichen Wissensmanagements Möglichkeiten zur Privatheit gegeben sowie eine vertrauensvolle Austauschkultur geschaffen werden.

2.1. Herausforderungen des ganzheitlichen Wissensmanagements

„In an economy where the only certainty is uncertainty, the sure source of lasting competitive advantage is knowledge.“ (Nonaka, 1991, S. 96)

Im Zuge von Internationalisierung und Digitalisierung finden sich Unternehmen in einem zunehmend komplexen und unsicheren Umfeld wieder. Für Unternehmen stellt Wissen vor diesem Hintergrund die wichtigste Ressource sowie die einzige zuverlässige Quelle für nachhaltige Wettbewerbsvorteile dar.

Wissensmanagement ist nach dem Aufkommen eines intensiven Wissensmanagement-Diskurses ab den 1990er Jahren auf den Management-Agenden angekommen (Weissenberger-Eibl, 2006). Dennoch stellt es Unternehmen in der Praxis immer noch vor Herausforderungen. In ihrem Grundlagenwerk *Working Knowledge* (1998) beschreiben Davenport und Prusak drei Arten von Wissensmanagementprojekten:

Knowware: Erfassen und Speicherung von Wissen in Dokumenten,
Wissenstransfer: Vernetzen von Wissensträgern und Wissensnutzern,
Wissensumfeld: Etablieren einer wissensorientierten Unternehmenskultur.

Dank IT-gestützter Maßnahmen wie Cloudanwendungen oder Social-Networking-Plattformen sind die Projekte des ersten Typs, die sich auf die Erfassung und

Speicherung von vorhandenem Wissen konzentrieren, weit verbreitet (Back, 2009). Doch über die reine Speicherung von Wissen hinaus stellt sich die Frage, wie – auf Basis von bestehendem – neues Wissen generiert werden kann. Denn: „Das Ziel einer wissensorientierten Unternehmensführung liegt darin, aus Informationen Wissen zu generieren. Dieses Wissen wird in nachhaltige Wettbewerbsvorteile umgewandelt, die als Geschäftserfolge messbar werden." (Weissenberger-Eibl & Koch, 2013, S. 53)

Dieser Beitrag widmet sich den Anreizen, der Unternehmenskultur und den Ermöglichungsräumen, welche für ein ganzheitliches Wissensmanagement von Bedeutung sind. Insbesondere werden der für produktiven Wissenstransfer benötigte (physische) Interaktionsraum sowie der Interaktionsrahmen analysiert. Im Aufbau folgt der Beitrag den oben genannten drei Arten von Wissensmanagementprojekten und argumentiert, dass Wissensmanagement erst dann erfolgreich eine generative Wirkung entfaltet, wenn die beiden ersten in der dritten eingebettet sind.

Zunächst führt Abschnitt 2.2 dieses Beitrags grundlegende Begriffe im Zusammenhang Innovations- und Wissensmanagement ein. Abschnitt 2.3 zeigt die Grenzen des Wissensmanagements beim Einsatz von Social Software auf und verdeutlicht die Notwendigkeit des persönlichen Wissensaustauschs von Mensch zu Mensch. Daher werden in Abschnitt 2.4 der physische Interaktionsraum und dessen Ausgestaltung für die Schaffung von Austauschsituationen betrachtet. Doch die Bereitstellung eines für wissensgenerierende Interaktionen „optimierten" Raumes allein reicht nicht aus. Abschließend behandelt Abschnitt 2.5 daher die Interaktionen zwischen Wissensträgern unter ihrer sozialen und symbolischen Dimension.

2.2. Wissenstransfer als Grundlage für Innovationen

Bereits Joseph Schumpeter, der Vater der modernen Innovationsforschung, definiert Innovation als Durchsetzung technischer oder organisatorischer Neuerungen oder neuer Kombinationen am Markt, die zu wirtschaftlicher Entwicklung führen (Schumpeter, 2006). Innovationen sind folglich die Basis für Fortschritt und Wohlstand (Weissenberger-Eibl, 2019). Wird die Bedeutung von Wissen bei der Entstehung von Innovationen betrachtet, so zeigt sich, dass Innovationen dann entstehen, wenn Wissen gebunden und vernetzt wird (Page, 2007). Für die erfolgreiche Diffusion von Innovationen im Markt ist Wissen über das Umfeld und die Interaktion verschiedener Akteure, welche ihre unterschiedlichen Blickwickel, Wissen und Fähigkeiten kombinieren, entscheidend (Page, 2007, S. 322). Innovationen entstehen folglich nicht ausschließlich durch den Gedankenblitz einer einzigen Person, sondern sind immer das Ergebnis eines Prozesses, der neben Kreativität vor allen Dingen Beharrlichkeit und Marktverständnis voraussetzt. Insbesondere technische Innovationen sind dabei in äußerst komplexen Systemen eingebettet. Das Vernetzen von Wissensträgern ist daher von zentraler Bedeutung (Weissenberger-Eibl & Braun, 2018, S. 44).

Wissensmanagement entlang des Innovationsprozesses ist daher als eine der Hauptaufgaben im Innovationsmanagement anzusehen. Wissensmanagement beinhaltet dabei einerseits die Informationsaufnahme, andererseits den Wissenstransfer im Unternehmen. Zu Beginn und entlang eines Innovationsprozesses werden Informationen über das Unternehmen und sein Umfeld aufgenommen und analysiert. Diese stellen den Ausgangspunkt für den unternehmensinternen Wissenstransfer dar. Indem Wissen kontinuierlich vernetzt und weiterentwickelt wird, kann schließlich eine Innovation heranreifen. Im Folgenden sollen der unternehmensinterne Wissenstransfer und die unterschiedlichen Aspekte bei der Koordination von Wissen in Innovationsprozessen fokussiert werden.

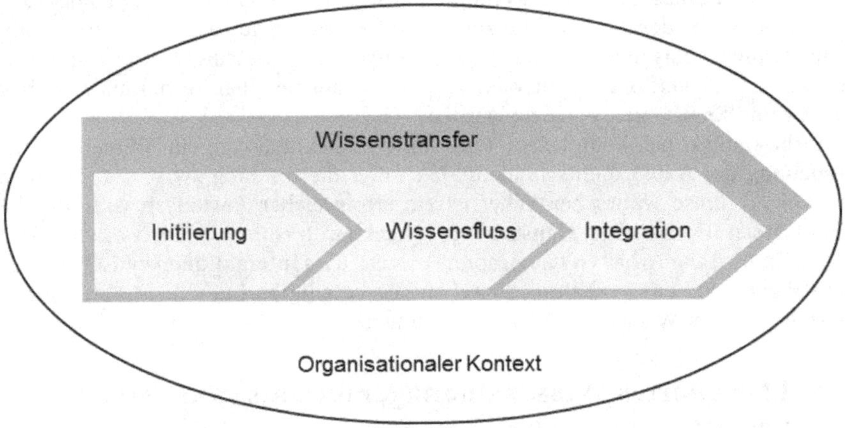

Abbildung 1: Phasen des Wissenstransfers. (Quelle: von Krogh & Köhne, 1998, S. 238)

Die Initiierungsphase im Wissenstransfer ist geprägt durch den Wunsch, den Willen und das Ziel Wissen zu transferieren (North, 2010; Thiel, 2002). Dabei ist neben einer Zielsetzung auch die Berechtigung, Unterstützung und Förderung vom Unternehmen zum Wissenstransfer entscheidend. Der Wissensfluss als zweite Phase beinhaltet den Austausch von implizitem oder explizitem Wissen unter den beteiligten Personen mittels Kommunikation und Interaktion oder mittels unpersönlicher Medien. Schließlich hat die Phase der Integration zum Ziel, das transferierte Wissen beim Empfänger zu sichern und in seine individuelle, aber auch in die kollektive Wissensbasis der Organisation aufzunehmen.

Neben der prozessualen Gestaltung des Wissenstransfers sind auch die damit zusammenhängenden Einflussfaktoren, die den Wissenstransfer bedingen, zu beachten. Auf der organisatorischen und kulturellen Ebene sind dies Faktoren wie die Offenheit der Beteiligten in einer Organisation, die organisatorische Struktur und Ausgestaltung des Wissenstransfers, Anreizsysteme, die verfügbare Zeit für den Wissenstransfer, aber auch der kulturelle Kontext und Machtaspekte (von Krogh & Köhne, 1998).

Darüber hinaus ergeben sich Herausforderungen beim Transfer von Wissen innerhalb von Organisationen durch die „Stickiness" oder Inertia von Wissen (vgl. Hippel, 1994; Pawlowski & Robey, 2004, S. 646 ff; Szulanski, 1995, 1996). Die Stickiness von Wissen ist ein zentrales Konstrukt im Kontext der Untersuchung von Innovationen und wird als Schwierigkeit verstanden, Informationen und Wissen aufzunehmen und zu transferieren. Ursachen dafür sind zurückzuführen auf die Charakteristika des Wissens (im Sinne von Mehrdeutigkeit und implizit vorhandenes Wissen), der Wissensquelle (im Sinne fehlender Motivation oder Zuverlässigkeit) und den Charakteristika des Empfängers (im Sinne fehlender Motivation und Unfähigkeit mit dem Wissen umzugehen). Der Aufwand beim Wissenstransfer kann demnach beispielsweise bei hoher Motivation der Beteiligten, bei empfundener Zuverlässigkeit der Quelle oder einem vertrauensvollen Verhältnis zwischen Sender und Empfänger reduziert werden.

Insbesondere bei komplexem und stark kontextabhängigem Wissen ist die Beziehung der Akteure entscheidend. Je stärker die Bindung zwischen einzelnen Individuen, umso wahrscheinlicher ist ein erfolgreicher Austausch von komplexem Wissen (Fuchs, 2006; Hansen, 1999; Krackhardt, Nohria & Eccles, 2003; Uzzi, 1997). Empirische Arbeiten haben somit gezeigt, dass Interaktionen zwischen Wissensträgern und das Verhältnis zwischen den beteiligten Individuen eine Schlüsselstellung beim Wissensaustausch einnehmen.

2.3. IT-basiertes Wissensmanagement als (nur) erster Schritt

> *„In der Praxis des Wissensmanagements wird vielfach jedoch nur von der Speicherung, Verwaltung und Kontrolle expliziter Wissensbestände gesprochen. Man gewinnt den Eindruck, als würde es nur darum gehen, Wissen zu verwalten und dass diese Verwaltungsanstrengung dazu dient, um das Wissen weitgehend unabhängig von Personen zu verarbeiten und zu nutzen." (Fuchs, 2006, S. 159)*

Informationssysteme sind eine wesentliche Determinante der Unternehmensentwicklung (Weissenberger-Eibl, 2003, S. 49). Insbesondere für verteilt arbeitende Teams ist die Herstellung einer gemeinsamen Wissensbasis eine Herausforderung. Die Schwierigkeit liegt dabei in der Kommunikation von kontextbezogener Information. Zudem erschwert die ungleiche Verteilung von Information den Wissenstransfer (Cramton, 2001). Informations- und Kommunikationstechnologien können den Austausch von Informationen bei standortübergreifender Zusammenarbeit vereinfachen und stellen somit eine nützliche und wichtige Komponente im Wissensmanagement dar (Gilson, Maynard, Jones Young, Vartiainen & Hakonen, 2014, S. 1317–1318). Jedoch verdeutlichen zahlreiche empirische Studien: Persönliche Kontakte stellen weiterhin die bevorzugte Quelle für Informationen dar.

Individuen wenden sich für Informationen und Ratschläge lieber an andere Individuen, als auf Datenbanken zurückzugreifen. Beispielsweise werde, so eine Studie von Cross (2001), in Forschungseinrichtungen fünfmal öfter auf persönliches Wissen von Kollegen zurückgegriffen, als auf Wissen, das in Datenbanken zur Verfügung stehe (Fuchs, 2006, S. 159–160).

Die höhere Nachfrage nach persönlichem Wissen und Gesprächen mit Kollegen lässt sich auch in Firmen mit ausgereiften elektronischen Datenbanken feststellen. Diese Probleme an der Schnittstelle *technisches Wissensmanagement–Mensch* veranschaulicht auch ein in 2015 abgeschlossenes Projekt des Lehrstuhls für Innovations- und TechnologieManagement am Karlsruher Institut für Technologie mit einem multinationalen Technologiekonzern, in welchem die Nutzung von Social-Software-Anwendungen im Projektmanagement untersucht wurde. Deutlich wurde, dass ein Großteil der befragten Projektmitglieder nur „gelegentlich" die unternehmensweite Plattform zur Suche nach Informationen und Produktwissen sowie zu Koordinierungszwecken zu nutzen angibt. Als größtes Hemmnis stellte sich die Schwierigkeit heraus, die aktuellsten und besten Informationen auf der Plattform zu identifizieren. Außerdem werde, so die Befragten, für wichtige Informationen weiterhin das Medium der E-Mail verwendet. Auffallend waren darüber hinaus die großen Unterschiede im Nutzerverhalten von Team zu Team, welche neben individuellen Faktoren insbesondere auf die Rolle des Teamleiters zurückgeführt werden konnten.

Wenn Wissensaustausch über Technik so sehr von der Nutzung durch den Menschen abhängt und durch Nicht-Nutzung gefährdet wird, wie kann man den Informationsfluss und Wissensaustausch anders induzieren?

2.4. Physischer Interaktionsraum für produktiven Wissensaustausch

Unternehmen setzen verstärkt auf Architekturen, um gezielt Austausch zwischen Mitarbeitern möglich zu machen. Wohl das prominenteste Beispiel ist Google mit seinen Plänen für einen neuen Campus mit hellen, offenen Hallen, Laborräumen neben Cafeterien und diversen Freizeitaktivitäten direkt am Arbeitsplatz. Auch Samsung pries vor einigen Jahren sein neu eröffnetes Headquarter an: Es fördere die Zusammenarbeit zwischen Mitarbeitern und ermögliche eben jene spontanen Interaktionen, die der Ursprung von vielen genialen Ideen seien (Moultrie et al., 2007; Strickland, 2008; Vincent, 2015).

So werden Gebäude explizit Teile der Unternehmensstrategie und nicht mehr als bloße Immobilien, sondern als Kommunikationstool angesehen. Eines der zugrundeliegenden Postulate ist, dass offene Raumgestaltung Produktivität und Kreativität fördere. Es müsse folglich ein Raum geschaffen werden, der zufällige Begegnungen und spontane Interaktionen erlaube, um neue Ideen hervorzubringen (Moultrie et al., 2007).

Im Folgenden werden die zugrundeliegenden Annahmen dieser These diskutiert.

2.4.1. Interaktionsraum als notwendige Voraussetzung für Wissensaustausch

Dass Interaktionen Raum, und zwar geteilten Raum benötigen, verdeutlichte bereits 1977 Thomas Allen in einer Studie, bei der er die Kommunikationshäufigkeit zwischen Ingenieuren in Abhängigkeit der Distanz ihrer Büroräume untersuchte. Die Allen-Kurve beschreibt die negative Korrelation zwischen physischer Distanz und Kommunikationshäufigkeit. So stellte Allen heraus, dass Kommunikation zwischen Ingenieuren, die lediglich zwei Meter entfernt voneinander arbeiten, vier Mal wahrscheinlicher sei, als zwischen Ingenieuren, die 20 Meter entfernt arbeiten (Allen, 1977, 1990). Weitere Studien bestätigten die empirische Feststellung, dass physische Nähe engen und produktiven Austausch zwischen Personen fördert (Keller, 1986; Keller & Holland, 1983).

Auch wenn IT-Technologien helfen, räumliche Distanz zu überwinden, zeigen Studien, dass diese Korrelation auch digital messbar bleibt. Die Allen-Kurve bleibt auch mit dem Einsatz von Informations- und Kommunikationstechnologien erhalten, obgleich sie deutlich abflacht (Boutellier, Gassmann & Zedtwitz, 2008, S. 239). Waber, Magnolfi und Lindsay (2014) zufolge bleiben Ingenieure, die ein Büro teilen, mit 20 % höherer Wahrscheinlichkeit auch digital miteinander in Kontakt. Arbeiten die Ingenieure an gemeinsamen Projekten, so schreiben sich einen Raum teilende Ingenieure sogar vier Mal so häufig wie Kollegen, die an unterschiedlichen Orten arbeiten (vgl. Abbildung 2).

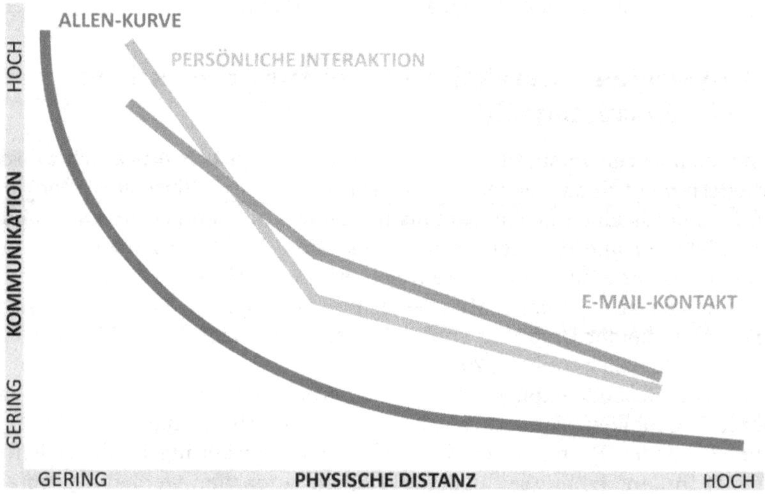

Abbildung 2: Die Allen-Kurve und die negative Korrelation zwischen physischer Distanz und Kommunikationshäufigkeit (Quelle: Waber et al., 2014)

Um die Auswirkung der Büroraumgestaltung auf Arbeitsprozesse und -ergebnisse zu verstehen, konzentriert sich die organisationssoziologische Forschung jedoch nicht nur auf die reine physische Distanz. Im Fokus von empirischen Untersuchungen stehen insbesondere der zentrale Begegnungsraum im Büroalltag, wie Kaffeemaschinen und Kopierer, als Orte des Austauschs. In Büros, die nah an derartigen zentralen Orten gelegen sind, ist die Wahrscheinlichkeit für informellen Austausch höher (Fayard & Weeks, 2007, S. 607).

Insbesondere im Kontext von Forschung und Entwicklung (FuE) ist ein Interaktionsraum, der persönlichen Austausch ermöglicht, von Bedeutung. Zum einen beschäftigen sich FuE-Abteilungen mit der Hervorbringung von Innovationen, welche im Schumpeter'schen Sinne aus der Kombination von bestehendem Wissen hervorgehen. Zum anderen zeichnet sich FuE dadurch aus, dass es sich um sehr komplexes und stark kontextabhängiges Wissen handelt. Für den Transfer von komplexem Wissen sind jedoch starke Beziehungen zwischen den am Wissensaustausch beteiligten Akteuren nötig (Hansen, 1999). Die Möglichkeit zum intensiven persönlichen Austausch ist daher unabdingbar. Empirische Untersuchungen zeigen die Bedeutung spontaner Zusammenkünfte, bei welchen sich Wissensträger ungeplant austauschen (Appel-Meulenbroek, Vries & Weggeman, 2016; Backhouse & Drew, 1992).

Geeigneter Interaktionsraum unterstützt insbesondere den funktionsübergreifenden Austausch. Coradi, Heinzen und Boutellier (2015) zeigen beispielsweise, dass das Teilen eines Multi-Space-Büros den ungeplanten Austausch von crossfunktionalen Teams fördere und somit Wissensbarrieren abgebaut werden. Aber auch der Austausch über Projekt- und Abteilungsgrenzen hinweg kann durch die Bereitstellung von Interaktionsraum unterstützt werden.

Um den Zusammenhang zwischen Interaktionen und Produktivität zu untersuchen, greifen Studien verstärkt auf Sensordaten zurück. Waber et al. (2014) analysieren die Kommunikationsmuster von Teams mithilfe elektronischer Badges, welche Stimme, Körperbewegung u. ä. aufzeichnen. Durch die so generierten soziometrischen Daten lässt sich zurückverfolgen, wie viel und auf welche Art und Weise innerhalb des Teams interagiert wird, aber auch, ob ein Austausch nach außen stattfindet. Die Studie bestätigt, dass *collisions*, also jene zufälligen Begegnungen und ungeplanten Interaktionen zwischen Wissensarbeitern – sowohl innerhalb als auch außerhalb des Teams – zu höherer Produktivität führen.

2.4.2. Interaktionsraum im Spannungsfeld von Offenheit und Privatsphäre

Die dargelegten Argumente lassen den Schluss zu, dass eine kommunikationsfördernde Raumgestaltung dazu beiträgt, Wissensaustausch zu fördern und die Produktivität zu erhöhen. Gleichzeitig finden sich widersprüchliche Ergebnisse in Bezug auf den Zusammenhang von räumlicher Nähe und Produktivität (Fayard & Weeks, 2007, S. 607). Daher untersuchen Studien die Auswirkung der

Raumgestaltung auf die Mitarbeiterzufriedenheit und die kognitive Arbeitsleistung (Danielsson, Bodin, Wulff & Theorell, 2015; Imai & Ban, 2016; Seddigh et al., 2015; Seddigh, Berntson, Bodin Danielson & Westerlund, 2014). Negative Auswirkungen auf die Leistungsfähigkeit ergeben sich durch Konzentrationsschwierigkeiten, wenn durch offene Räume eintreffende Reize nicht kontrolliert werden können. Außerdem rückt vermehrt der Schutz von Informationen, privater wie beruflicher Art, in den Fokus. Beispielsweise zeigten Rolfö, Eklund und Jahncke (2017), dass die Zufriedenheit mit der Arbeitsumgebung in Großraumbüros sowohl in Bezug auf Hintergrundgeräusche als auch auf auditive Privatheit deutlich geringer war als bei Bürokonzepten, die nach den Prinzipien von Activity Based Working Leistungsfähigkeit und Kreativität fördern.

Congdon, Flynn und Redman (2014) schlagen vor, dass Privatsphäre nicht nur rein über die physische Dimension (wie die geschlossene Türe) definiert werden muss, sondern es vielmehr um die Befähigung des Einzelnen geht, einerseits den Abfluss von Informationen, privater wie beruflicher Natur, andererseits das Eintreffen externer Reize zu kontrollieren, d. h. zu entscheiden, wann ein Informationsabfluss bzw. eine Ablenkung zugelassen wird.

Folglich muss zwar offener Interaktionsraum gegeben sein, um Interaktionen zum Austausch von Wissen zuzulassen, gleichzeitig muss er aber geschlossen genug sein, um den Menschen ein Gefühl der Privatheit zu vermitteln. Im Folgenden soll tiefer auf die Gestaltung des Interaktionsrahmens eingegangen werden. Zwei Aspekte werden hier beleuchtet: zum einen die Art der Beziehungen zwischen Wissensträgern, zum anderen die unternehmensweite Einstellung gegenüber Wissen und dessen Austausch.

2.5. Die wissensorientierte Unternehmenskultur: Wissensaustausch als Maxime

Die Unternehmenskultur hat im Wissensmanagement eine Schlüsselrolle, denn die Bereitschaft, offen zu kommunizieren, Wissen weiterzugeben oder gar Fehler zu akzeptieren, wird durch die geltenden Verhaltensmuster, Werte und Einstellungen beeinflusst (Kohl, Mertins & Seidel, 2016, S. 36). Die Preisgabe von Wissen setzt eine offene und vertrauensvolle Beziehung zwischen den Individuen voraus. Ziel ist somit eine Unternehmenskultur zu schaffen, welche den Wissensaustausch fördert und dadurch die Gesamtproduktivität im Unternehmen steigert.

2.5.1. Vertrauensvolle Beziehungen als Bedingung für Wissensaustausch

Bei der Gestaltung von Arbeitsplätzen gehen Unternehmen oft von der Annahme aus: Wird der passende Raum geschaffen, ereignen sich die spontanen und produktiven Interaktionssituationen von alleine. Allerdings muss gewährleistet sein, dass dieser geschaffene Raum (ob virtuell oder physisch) auch tatsächlich genutzt wird.

Neben der physischen muss auch die soziale Dimension des Interaktionsraums betrachtet werden.

Kopräsenz im Raum stellt eine notwendige Voraussetzung, aber keine hinreichende Bedingung für Wissensinteraktionen dar, da zusätzlich die Bereitschaft zur Interaktion beiderseits gegeben sein muss. Die Bereitschaft ist insbesondere davon abhängig, ob sich die Akteure positiv einander gegenüberstehen. Die Beziehung der Akteure hat daher einen starken Einfluss auf den Prozess des Wissenstransfers (von Krogh & Köhne 1998, S. 243–244). Empirische Studien widmen sich der Bedeutung sozialer Bindungen für den erfolgreichen Wissensaustausch. Es zeigt sich: Je stärker die Bindung zwischen einzelnen Individuen, umso wahrscheinlicher ist die Realisierung eines erfolgreichen Wissensaustausches (Anand & Walsh, 2016; Krackhardt et al., 2003). In seiner Dissertation „Sozialkapital, Vertrauen und Wissenstransfer in Unternehmen" schreibt Fuchs: „wissensorientierte Leistungserstellungsprozesse sind auf soziales Kapital angewiesen, damit überhaupt nicht greifbare Erfahrungen (z. B. Know-how) oder implizites Wissen sich effizient in Unternehmen verbreiten kann. Eine Zielsetzung der wissensorientierten Organisation müsste es demnach sein, in den Aufbau vertrauenswürdiger und stabiler Beziehungen zu investieren." (Fuchs, 2006, S. 79)

Für den Aufbau dieser Verbindungen als Voraussetzung für Wissensaustausch genügt die alleinige Bereitstellung von Raum nicht. Vielmehr muss das Wissensumfeld allgemein durch eine wissenstransferfördernde Mentalität geprägt sein.

2.5.2. Die Giver-Kultur: Wissensaustausch als Wert an sich

> *„To make knowledge work productive will be the great management task of this century, just as to make manual work productive was the great management tasks of the last century." (Drucker, 1969, S. 290)*

In diesem Zitat von Drucker wird die produktive Nutzung von Wissen als die unternehmerische Aufgabe der heutigen Zeit definiert. Wie im vorangegangen Kapitel gezeigt, wird Produktivität im heutigen Wirtschaftssystem nicht mehr durch das Zusammenfügen von fließbandähnlicher Arbeit Einzelner, sondern durch Interaktion geschaffen. So ist es Webber (1993) zufolge die Aufgabe des Managers, ein Wissensumfeld zu schaffen, welches dem einzelnen Wissensarbeiter erlaubt zu lernen. Wo Unterhaltung und Interaktion zu Arbeit wird, muss es nach Webber statt „*Stop* talking and get to work!" „*Start* talking and get to work!" lauten (Webber, 1993, S. 28).

Die Bedeutung der Einstellung gegenüber Wissensinteraktionen, bei der Wissensaustausch als Gesamtgewinn und nicht als Zeitverlust angesehen wird, verdeutlicht folgendes Beispiel: Eine Mitarbeiterin findet eine Methode, um eine Aufgabe effizienter als bisher zu bearbeiten. Zum Informieren ihrer Kollegen muss sie ihre Arbeit unterbrechen. Dies kostet Zeit und senkt dadurch ihre eigene Produktivität. Im Gesamtergebnis wird jedoch die Produktivität des Teams erhöht, da insgesamt effizienter gearbeitet wird. Waber et al. (2014) zeigen, dass so selbst eine Senkung der individuellen Leistung um 5 % kompensiert werden kann.

In der Tat ist ein hoher Kommunikationsfluss ein Indikator für erfolgreiche Arbeit. So untersuchte Pentland (2012) in einer Studie die Faktoren für erfolgreiche Teams und fand heraus, dass 35 % der Leistungsvariation eines Teams auf die Anzahl von face-to-face-Interaktionen zurückzuführen sei. Interessant dabei ist die Erkenntnis, dass nicht nur die Kommunikation des gesamten Teams wichtig sei, sondern auch dezentrale Einzelgespräche von Bedeutung seien. Die Ergebnisse ließen vermuten, dass eine perfekte Balance der Kommunikationsstrukturen bei 50 % Kommunikation zum ganzen Team und 50 % Einzelgesprächen liege. Die Bedeutung von Zeit für Socializing auf die Kommunikationsmuster wird besonders deutlich, da die Studie herausstellt, dass diese gemeinsam genutzte Zeit als Hauptfaktor für 50 % der positiven Veränderungen der Kommunikationsmuster verantwortlich ist (Pentland, 2012).

In der Diskussion um eine wissensorientierte Unternehmenskultur findet oftmals das Konzept der „Giver und Taker" von Adam Grant Erwähnung (Grant, 2013). Dabei seien Mitarbeiter, die ihr Wissen mit Kollegen teilen, Hilfe anbieten und selten eine Bitte ausschlagen, sogenannte Giver. Im Gegensatz dazu neigen Taker dazu, ihr erworbenes Wissen für sich zu behalten, um einen Monopolstatus zu erhalten. Interessant ist hierbei die Analyse der Auswirkungen dieses Verhaltens auf die Leistungsfähigkeit. So deckte eine Studie von Frank Flynn ein zunächst widersprüchlich erscheinendes Phänomen auf (Flynn, 2003). Bei der Untersuchung stellte sich heraus, dass diejenigen Mitarbeiter mit einer geringen persönlichen Produktivität sich durch ein ausgeprägtes Giver-Verhalten auszeichnen. Zu erklären sei dies dadurch, dass Giver durch ihre Hilfsbereitschaft eine Senkung ihrer persönlichen Leistung in Kauf nehmen. Allerdings zeigte sich gleichzeitig, dass unter den Top-Ingenieuren ebenfalls größtenteils Giver-Charaktere vorherrschten. Grant kommt zu dem Schluss, dass sich erfolgreiche und weniger erfolgreiche Giver durch drei Eigenschaftsausprägungen, nämlich Schüchternheit, Verfügbarkeit und Empathie, voneinander unterscheiden (Grant, 2013).

Demnach liegt die Aufgabe des Managements laut Grant darin, die Stärke der Giver-Kultur zu erhalten und im Unternehmen zu verbreiten. So gehe es einerseits darum, ein Anreizsystem zu bilden, in welchem Wissensweitergabe belohnt wird und somit Taker zu Givern würden. Anderseits müsse das Management die Giver dazu befähigen, erfolgreiche Giver zu werden und somit den Schwächen der Giver-Mentalität, die aus zu starker Zurückhaltung, uneingeschränkter Verfügbarkeit und intensivem Einfühlen in die andere bittende Person resultieren, entgegenzusteuern (Grant, 2013).

Insbesondere die Frage der Verfügbarkeit nimmt im Kontext des Wissensaustauschs eine wichtige Rolle ein. So sollte neben dem geeigneten Raum auch eine Zeit für Wissensaustausch geschaffen werden. Dadurch kann ausgeschlossen werden, dass Anfragen von Kollegen die eigene Arbeit in Mitleidenschaft ziehen. Mit einfachen Regeln kann dies effizient gestaltet werden:

1. Zeit schaffen: Verfügbarkeit begrenzt definieren

Dies kann durch die Einführung eines sogenannten „Ungestört-Zeitfensters“ („quiet time“) erreicht werden. In ihrer Studie zeigte Leslie Perlow von der Harvard Business School, dass die Einführung eines solchen Zeitfensters die Produktivität von 65 % der Ingenieure erhöhte (Perlow, 1995). Umgekehrt kann auch ein Mentoringtag/-zeitfenster helfen, an welchem die Tür offen für Fragen oder projektungebundene Diskussionen steht. Auch nutzen Unternehmen bisweilen automatische Antworten im internen E-Mail-Verkehr. Geht es z. B. auf eine wichtige Projekt-Deadline zu, erhalten Kollegen eine Nachricht wie: „Arbeite an einem wichtigen Projekt, antworte nächste Woche. Wenn es wichtig ist, ruf an.“ (Grant, 2013).

2. Zeitersparnis bei der Kontaktaufnahme: Ansprechpartner thematisch definieren

Neben der zeitlichen Verfügbarkeit kann auch das thematische zur Verfügung Stehen eingegrenzt werden. Die Definition von Ansprechpartnern für bestimmte Bereiche hilft nicht nur Fragesuchenden bei der Identifikation richtiger Kontaktpersonen, sondern auch bei der Verteilung der Anfragen. Unterstützende Instrumente können hierbei Wissenslandkarten oder nach Aufgaben bzw. Kompetenzen sortierte interne Telefonlisten sein (Grant, 2013).

Mit diesen Maßnahmen werden Anreize zum Austausch und zur Weitergabe von Wissen bzw. Nicht-Wissen gesetzt und in einen klar definierten Rahmen eingebettet.

2.6. Fazit

Unternehmen stehen vor der großen Herausforderung, Wissen als die wichtigste, aber auch am schwierigsten greifbare Ressource produktiv und generativ zu nutzen (Drucker, 1969; Webber, 1993; Weissenberger-Eibl & Koch, 2013). Neben der technischen Ermöglichung der Vernetzung mithilfe von Informations- und Kommunikations-Technologien wurde der physische Raum zur Schaffung von Austauschmöglichkeiten als wichtige Voraussetzung für Wissensgenerierung diskutiert. Die Befähigung des Einzelnen, diesen Interaktionsraum bewusst kontrollieren zu können, sowie die Schaffung einer vertrauensvollen Austauschkultur wurden dabei als unabdingbar identifiziert.

Für ein erfolgreiches und umfassendes Wissensmanagement ist somit eine Einbettung von Knowware- und Wissenstransfer-Projekten in eine wissensorientierte Unternehmenskultur erforderlich, in welcher Mitarbeiter jeder Hierarchieebene sowohl die Motivation als auch die theoretische und praktische Möglichkeit besitzen, Wissen weiterzugeben, zu erfragen und neu zu generieren. Innovation zu fördern, heißt Freiräume zum Experimentieren und Neukombinieren zu schaffen und eine Führungskultur zu leben, welche Offenheit und Neugier für Verborgenes als Schlüssel zur Kreativität sieht (Weissenberger-Eibl, 2018, S. 231).

Danksagung

Die Autoren danken Jonas Michelberger für seine Unterstützung bei der Vorbereitung dieses Artikels.

Literaturverzeichnis

Allen, T. J. (1977). *Managing the flow of technology transfer and the dissemination of technological information within the R&D organization*: Cambridge, Mass.: MIT Press.

Allen, T. J. (1990). *People and Technology Transfer: Working Paper* (Revised edition). Cambridge, MA.

Anand, A., & Walsh, I. (2016). Should knowledge be shared generously? Tracing insights from past to present and describing a model. *Journal of Knowledge Management, 20*(4), 713–730.

Appel-Meulenbroek, R., Vries, B. de, & Weggeman, M. (2016). Knowledge Sharing Behavior: The Role of Spatial Design in Buildings. *Environment and Behavior, 49*(8), 874–903. https://doi.org/10.1177/0013916516673405

Back, A. (Hrsg.). (2009). *Web 2.0 in der Unternehmenspraxis: Grundlagen, Fallstudien und Trends zum Einsatz von Social Software.* München: Oldenbourg.

Backhouse, A., & Drew, S. (1992). The design implications of social interaction in workplace setting. *Environment and Planning B: Planning and Design,* (19), 573–584.

Boutellier, R., Gassmann, O., & Zedtwitz, M. v. (2008). *Managing Global Innovation.* Berlin, Heidelberg: Springer.

Congdon, C., Flynn, D., & Redman, M. (2014). Balancing „We" and „me": The best collaborative spaces also support solitude. *Harvard Business Review,* October 2014.

Coradi, A., Heinzen, M., & Boutellier, R. (2015). Designing workspaces for cross-functional knowledge-sharing in R & D: The "co-location pilot" of Novartis. *Journal of Knowledge Management, 19*(2), 236–256. https://doi.org/10.1108/JKM-06-2014-0234

Cramton, C. D. (2001). The Mutual Knowledge Problem and Its Consequences for Dispersed Collaboration. *Organization Science, 12*(3), 346–371. https://doi.org/10.1287/orsc.12.3.346.10098

Danielsson, C. B., Bodin, L., Wulff, C., & Theorell, T. (2015). The relation between office type and workplace conflict: A gender and noise perspective. *Journal of Environmental Psychology, 42,* 161–171. https://doi.org/10.1016/j.jenvp.2015.04.004

Drucker, S. F. (1969). *The Age of Discontinuity: Guidelines to Our Changing Society.* New York: Harper & Row.

Fayard, A.-L., & Weeks, J. (2007). Photocopiers and Water-coolers: The Affordances of Informal Interaction. *Organization studies, 28*(5), 605–634. https://doi.org/10.1177/0170840606068310

Flynn, F. J. (2003). How much should I give and how often? *Academy of Management Journal, 46*, 539–553.

Fuchs, M. (2006). *Sozialkapital, Vertrauen und Wissenstransfer in Unternehmen* (1. Aufl.). Wiesbaden: Deutscher Universitäts-Verlag. Retrieved from http://gbv.eblib.com/patron/FullRecord.aspx?p=748614

Gilson, L. L., Maynard, M. T., Jones Young, N. C., Vartiainen, M., & Hakonen, M. (2014). Virtual Teams Research. *Journal of Management, 41*(5), 1313–1337. https://doi.org/10.1177/0149206314559946

Grant, A. (2013). In the Company of Givers and Takers: Your organization's success depends on the generosity of your employees. What do you do to support that? *Harvard Business Review*, April 2013.

Hansen, M. T. (1999). The Search-Transfer Problem: The Role of Weak Ties in Sharing Knowledge across Organization Subunits. *Administrative Science Quarterly, 44*(1), 82. https://doi.org/10.2307/2667032

Hippel, E. v. (1994). Sticky Information and the Locus of Problem Solving: Implications for Innovation. *Management Science, 40*(4), 429–439.

Imai, R., & Ban, M. (2016). Disrupting Workspace: Designing an Office that Inspires Collaboration and Innovation. *Ethnographic Praxis in Industry Conference Proceedings*, 444–464.

Keller, R. T. (1986). Predictors of the Performance of Project Groups in R & D Organizations. *Academy of Management Journal, 29*(4), 715–726. https://doi.org/10.2307/255941

Keller, R. T., & Holland, W. E. (1983). Communicators and Innovators in Research and Development Organizations. *Academy of Management Journal, 26*(4), 742–749. https://doi.org/10.5465/255920

Kohl, H., Mertins, K., & Seidel, H. (Hrsg.). (2016). *Wissensmanagement im Mittelstand: Grundlagen – Lösungen – Praxisbeispiele* (2. vollständig überarbeitete und ergänzte Auflage). Berlin, Heidelberg: Springer Gabler.

Krackhardt, D., Nohria, N., & Eccles, B. (2003). The strength of strong ties. *Networks in the knowledge economy, 82*.

Krogh, G. v., & Köhne, M. (1998). Der Wissenstransfer in Unternehmen: Phasen des Wissenstransfers und wichtige Einflussfaktoren. *Die Unternehmung, 52*(5/6), 235–252.

Krogh, G. von, & Köhne, M. (1998). Der Wissenstransfer in Unternehmen: Phasen des Wissenstransfers und wichtige Einflussfaktoren. *Die Unternehmung, 52*(5/6), 235–252.

Moultrie, J., Nilsson, M., Dissel, M., Haner, U.-E., Janssen, S., & van der Lugt, R. (2007). Innovation Spaces: Towards a Framework for Understanding the Role of the Physical Environment in Innovation. *Creativity and Innovation Management, 16*(1), 53–65. https://doi.org/10.1111/j.1467-8691.2007.00419.x

Nonaka, I. (1991). The Knowledge-Creating Company. *Harvard Business Review, 69*(6), 96–104.

North, K. (2010). *Wissensorientierte Unternehmensführung: Wertschöpfung durch Wissen.* Wiesbaden: Gabler.

Page, S. E. (2007). *The difference: How the power of diversity creates better groups, firms, schools, and societies.* Princeton, NJ: Princeton Univ. Press.

Pawlowski, S., & Robey, D. (2004). Bridging User Organizations: Knowledge Brokering and the Work of Information Technology Professionals. *MIS Quarterly, 28*(4), 645–672.

Pentland, A. S. (2012). The New Science of Building Great Teams: The chemistry of high-performing groups is no longer a mystery. *Harvard Business Review,* April 2012.

Perlow, L. (1995). *The time famine: An unintended consequence of the way time is used at work* (Dissertation). Sloan School of Management, Massachusetts Institute of Technology, Cambridge, MA.

Rolfö, L., Eklund, J., & Jahncke, H. (2017). Perceptions of performance and satisfaction after relocation to an activity-based office. *Ergonomics, 61*(5), 644–657. https://doi.org/10.1080/00140139.2017.1398844

Schumpeter, J. (2006). *Theorie der wirtschaftlichen Entwicklung: Nachdruck der 1. Auflage von 1912. Hrsg. und erg. um eine Einführung von Jochen Röpke.* Berlin: Duncker & Humblot.

Seddigh, A., Berntson, E., Bodin Danielson, C., & Westerlund, H. (2014). Concentration requirements modify the effect of office type on indicators of health and performance. *Journal of Environmental Psychology, 38,* 167–174. https://doi.org/10.1016/j.jenvp.2014.01.009

Seddigh, A., Stenfors, C., Berntsson, E., Bååth, R., Sikström, S., & Westerlund, H. (2015). The association between office design and performance on demanding cognitive tasks. *Journal of Environmental Psychology, 42,* 172–181. https://doi.org/10.1016/j.jenvp.2015.05.001

Strickland, J. (2008, August 10). How the Googleplex Works. *HowStuffWorks.* Retrieved from https://computer.howstuffworks.com/googleplex3.htm

Szulanski, G. (1995). Unpacking Stickiness: An empirical Investigation of the Barriers to Transfer Best Practice inside the Firm. *Academy of Management Proceedings,* 437–441.

Szulanski, G. (1996). Exploring Internal Stickiness: Impediments to the Transfer of Best Practice Within the Firm. *Strategic Management Journal, 17* (Special Issue: Knowledge and the Firm), 27–43.

Thiel, M. (2002). *Wissenstransfer in komplexen Organisationen: Effizienz durch Wiederverwendung von Wissen und Best Practices.* Wiesbaden: Gabler.

Uzzi, B. (1997). Social Structure and Competition in Interfirm Networks: The Paradox of Embeddedness. *Administrative Science Quarterly, 42*(1), 35. https://doi.org/10.2307/2393808

Vincent, J. (2015, September 25). Let's go inside Samsung's new Silicon Valley headquarters: 1.1 million square feet of open plan design. *The Verge.* Retrieved from https://www.theverge.com/2015/9/25/9396587/samsung-silicon-valley-offices-pictures

Waber, B., Magnolfi, J., & Lindsay, G. (2014). Workspaces That Move People. *Harvard Business Review,* October 2014.

Webber, A. M. (1993). What's So New About the New Economy? *Harvard Business Review,* January–February 1993, 24–32; 41–42.

Weissenberger-Eibl, M. A. (2003). *Unternehmensentwicklung und Nachhaltigkeit: [Innovation, Wertsteigerung, Strategie].* Techn. Univ., Habil.-Schr. München, 2003. Rosenheim: Cactus Group.

Weissenberger-Eibl, M. A. (2006). *Wissensmanagement in Unternehmensnetzwerken: [Konzepte, Instrumente, Erfolgsmuster].* Techn. Univ., Diss. u. d. T.: Weissenberger-Eibl, M. A.: Wissensmanagement als Instrument der strategischen Unternehmensführung in Unternehmensnetzwerken. München, 2000 (2. Aufl.). Kassel: Cactus Group. Retrieved from http://deposit.d-nb.de/cgi-bin/dokserv?id=2916171&prov=M&dok_var=1&dok_ext=htm

Weissenberger-Eibl, M. A. (2018). Wissen, Können und Tun. In A. Hildebrandt & W. Neumüller (Hrsg.), *Visionäre von heute – Gestalter von morgen* (S. 217–237). Berlin, Heidelberg: Springer Berlin Heidelberg. https://doi.org/10.1007/978-3-662-57301-3_19

Weissenberger-Eibl, M. A. (2019). *Zukunftsvision Deutschland.* Berlin, Heidelberg: Springer Berlin Heidelberg.

Weissenberger-Eibl, M. A., & Braun, A. (2018). Technische Kreativität und technische Innovation. In R. Haas, M. Jeretin-Kopf, & C. Wiesmüller (Hrsg.), *Technik und Technische Bildung. Technische Kreativität: Interdisziplinäre Aspekte der kreativen Technikgestaltung* (S. 42–75).

Weissenberger-Eibl, M. A., & Koch, D. J. (2013). *Innovation – Technologie – Entrepreneurship: Gestaltungssystem der frühen Phase des Innovationsprozesses.* Karlsruhe: Cactus-Group.

3. Perturbation organisationaler Muster als Mittel zur Einführung eines Wissensmanagements im Unternehmen

Dr. Volker C. Horsthemke

Abstract: Der vorliegende Artikel befasst sich mit den Ergebnissen einer Dissertation, in deren Rahmen eine besondere Form der Implementierung eines Systems des Wissensmanagements im Unternehmen untersucht wurde. Eine Besonderheit lag im vom beobachteten Unternehmen gewählten Ansatz. Dieser orientierte sich nicht an einem bestehenden Modell, sondern wurde vom Wissensmanagement des Unternehmens aus Elementen des Systemischen Wissensmanagements, der Knowledge Networks, der Wissenskooperation und des Tacit Knowledge Managements sowie Axiomen der systemischen Organisationsberatung zusammengeführt. Eine weitere Besonderheit war die Form der Einführung selbst. Das Unternehmen wählte die Perturbation organisationaler Muster zur Stimulierung der Bildung eines Wissensmanagements als Mittel zur Einführung. Ziel der Untersuchung war, Erkenntnisse darüber zu gewinnen, wie eine Organisation mit etablierten Strukturen und eingeübten Prozessen auf eine solche Perturbation reagiert. Der so beschrittene Weg der Implementierung eines Systems des Wissensmanagements soll im Rahmen dieses Artikels evaluiert werden.

Hinweis zur Verwendung des generischen Geschlechts
Werden Personenbezeichnungen nur in der männlichen oder weiblichen Form verwendet, so dient dies lediglich der besseren Lesbarkeit und ist explizit als geschlechtsunabhängig zu verstehen. Es sind stets Personen männlichen, weiblichen und diversen Geschlechts gleichermaßen gemeint. Aus Gründen der sprachlichen Vereinfachung wird im vorliegenden Artikel vorwiegend die männliche Form verwendet.

3.1. Einleitung

Wissensmanagement ist nicht neu. Es begleitet uns bewusst oder unbewusst seit Beginn unserer Existenz. Dabei waren die ersten Formen der Weitergabe von Wissen sicherlich kein bewusster Akt im Sinne eines Wissensmanagements nach gegenwärtigem Verständnis. Interessanterweise greifen wir andererseits auch heute noch für das Teilen von Wissen oft gerne auf Vorgehensweisen zurück, die sich bereits in den Anfängen der Menschheit als geeignet erwiesen hatten: Wir erzählen Geschichten, zeigen und leiten an, beobachten und kopieren, tauschen uns aus oder machen eigene Erfahrungen. Das Entstehen erster Wissenschaften als Form organisierter Wissensproduktion wird dabei sogar bereits den frühen Hochkulturen zugeschrieben (Flohr, 2012). Die Entwicklung der Wissenschaften als Akt, ‚Wissen zu schaffen' begann zwar verhalten, ist in Summe aber bemerkenswert

(Oesterdiekhoff, 2013, S. 287–288) und spiegelt sich entsprechend in ihrer Bedeutung für unser Verständnis von Fortschritt und Erfolg wieder.

Es überrascht nicht, dass Information insbesondere im Zeitalter der Informations- und Kommunikationstechnologien (IKT) eine zentrale Rolle einnimmt. Während früher der Zugang zu Information und ihre Nutzung eher Privileg und Machtinstrument waren, rückt heute jedoch vielmehr die Beherrschbarkeit der Informationsfülle in den Mittelpunkt. Bedeutend ist hierbei, dass die Verfügbarkeit von Information alleine noch gar kein Wissen darstellt. Auch wenn es nach wie vor kein einheitliches Verständnis gibt, was Wissen ist, und Wissensmanagement nach wie vor immer wieder mit Daten- und Informationsmanagement gleichgesetzt wird (vgl. u. a. Rücker, 2002, S. 35), setzt sich zunehmend die Sichtweise durch, dass Wissen erst im Menschen (Knaut, 2013, S. 11–12) durch Veredelung durch Praxis (Willke, 2007a, S. 28) entsteht. Dabei geht es vor allem im organisationalen Kontext weniger um das Individuum als um das Kollektiv, das Organisationen zum Zweck der Verfolgung eines gemeinsamen Ziels aus dem Zusammenschluss von Individuen entstehen lässt und damit zur Bildung von Wissen führt, das losgelöst vom Individuum in den Operationsformen eines sozialen Systems gespeichert ist (Willke, 2001, S. 16). Da nahezu jede menschliche Tätigkeit auf Wissen basiert (vgl. u. a. Willke, 2001, S. 20; North & Güldenberg, 2008, S. 21), koordiniert dann jede Organisation bewusst oder unbewusst ihr Wissen in irgendeiner Form, ohne dass es das Individuum selbst zwingend wahrnehmen muss. Eine essentielle Rolle spielt hier Kompetenz, die aus der zielführenden Anwendung von Wissen entsteht (North, 2005, S. 34). Ist eine Organisation in der Anwendung ihres Wissens kompetenter als andere, hat sie einen Wettbewerbsvorteil. Mängel im Zusammenspiel organisationaler Elemente können hingegen nicht auf Dauer kompensiert werden. Langfristig ist eine dysfunktionale Organisation nicht überlebensfähig.

Im Folgenden geht es nun darum, wie Wissensmanagement im Unternehmen tatsächlich aussehen kann. Konkret erfolgt dies am Beispiel eines Unternehmens, das sich für eine besondere Form der Einführung entschieden hat, die der Autor dieses Artikels im Rahmen seiner Dissertation wissenschaftlich untersucht hat (Horsthemke, 2017). Anstelle eines Top-Down-Einführungsansatzes entschied man sich im untersuchten Unternehmen für ein systemisches Vorgehen, bei dem die Organisation durch Interventionen perturbiert wurde (Horsthemke, 2017, S. 12). Die Organisationseinheit Wissensmanagement hatte dabei in erster Linie die Aufgabe, in Bezug auf Wissensmanagement „Bedarf im Sinne der gezielten Suche nach Möglichkeiten, die Leistungsfähigkeit der Organisation zu stärken, aufzuspüren und dem Klientensystem das Optimierungspotential aufzuzeigen" (Horsthemke, 2017, S. 136). Für die weitere Verarbeitung eines solchen Impulses war die Organisation streng genommen dann selbst verantwortlich (Horsthemke, 2017, S. 6). Sie konnte sich jedoch auch mit der Abteilung Wissensmanagement im Sinne eines Berater-Klienten-Verhältnisses koppeln und begleiten lassen (Horsthemke, 2017, S. 136).

Ziel der Studie war, Erkenntnisse darüber zu bekommen, „wie sich eine bestehende Organisation ihr Wissensmanagement gestaltet, wenn man durch

Interventionen Impulse setzt, die einen veränderten Umgang mit Wissen anregen" (Horsthemke, 2017, S. 6). Dem Verständnis des systemischen Wissensmanagements (Willke, 2007a) folgend war die Annahme, dass die Organisation auf Basis positiver Präzedenzfälle den durch ein verändertes Wissensmanagement entstandenen Mehrwert selbständig erkennt, positiv darauf reagiert und die notwendige Veränderung intrinsisch motiviert selbst herbeiführt. Eine Besonderheit des vom Unternehmen gewählten Vorgehens war dabei bereits, dass es sich nicht auf einen Ansatz limitierte. Neben dem bereits erwähnten Gedankengut des systemischen Wissensmanagements flossen auch Aspekte des Tacit Knowledge Management, der Wissenskooperation, der Wissensnetzwerke, der Knowledge Governance und der systemischen Organisationsberatung in das Vorgehen ein (Horsthemke, 2017, S. 66–75). Durch diesen integrativen Ansatz entstand im Wesentlichen eine eigenständige Form der Einführung eines Wissensmanagements im Unternehmen.

3.2. Ausgangssituation

Beim beobachteten Objekt handelte es sich um einen Technologiekonzern, der zum Zeitpunkt der Untersuchung mehrere zehntausend Mitarbeiter beschäftigte und in weit über hundert Ländern in den Sektoren Automobil und Industrie aktiv war (Horsthemke, 2017, S. 129). Die Steuerung des Konzerns erfolgte dezentral über eine Matrixorganisation, sodass die Verantwortung für Gewinn- und Verlust sowie operative Steuerung bei den Unternehmensbereichen lag (Horsthemke, 2017, S. 129). Da der Konzern nicht nur organisch gewachsen war, sondern einige bedeutende Unternehmensakquisitionen vorgenommen hatte, befand er sich zum Zeitpunkt der Untersuchung in einer Phase der Restrukturierung und kulturellen Veränderung (Horsthemke, 2017, S. 129). Nach außen waren dabei keine Auswirkungen auf die positive Entwicklung des Unternehmenserfolgs erkennbar (Horsthemke, 2017, S. 130). Im Innern der Organisation hingegen wirkte ein starker Wandel (Horsthemke, 2017, S. 129).

Während das Wissensmanagement in der Zeit vor der Einrichtung einer zentralen Abteilung für Wissensmanagement eher unbewusst erfolgte (Horsthemke, 2017, S. 160), waren in den letzten Jahren vor Beginn der Untersuchung eine Reihe von Initiativen, die das Etikett Wissensmanagement trugen, gestartet worden. Hierzu zählten beispielsweise die Einführung einer Datenbank zur Konsolidierung relevanter Unternehmensdaten, ein Wissensportal der zentralen Forschung und Entwicklung, das Wissensmanagement des Produktionssystems, die Einführung von Instrumenten zu Wissensbewahrung und Lessons Learned in den Personalentwicklungsabteilungen der Standorte sowie die bottom-up aus dem Ideenmanagement heraus gestartete Initiative zur Einführung eines zentralen Wissensmanagements (Horsthemke, 2017, S. 160–161). Letztere war auch gleichzeitig Auslöser für die Einrichtung einer der Personal- und Organisationsentwicklung zugeordneten Zentralabteilung Wissens- und Ideenmanagement, deren Funktionsweise zum Zeitpunkt ihrer Einrichtung jedoch noch nicht definiert war (Horsthemke, 2017, S. 131).

Aus den oben genannten Aspekten kann gefolgert werden, dass ein Teil des eben erwähnten und für das Unternehmen spürbaren Wandels im Inneren eine verstärkte Wahrnehmung in der Organisation war, dass die bestehende Form des Umgangs mit Wissen nicht mehr zufriedenstellend funktionierte. Die Genesis dieser nicht direkt inhaltlich und organisatorisch zuordenbaren Aktivitäten von Wissensmanagement kann somit als der erste Versuch der Organisation angesehen werden, die Veränderungen im System zu kompensieren.

Zu den ersten Aufgaben der Abteilung Wissensmanagements gehörte zunächst die Definition des eigenen Wirkens und ihrer innerorganisatorischen Abgrenzung. Auffällig sind in diesem Zusammenhang die konkrete Fokussierung auf den Menschen als Wissensträger und die damit verbundene bewusste Abgrenzung von der Informationstechnologie sowie die Wahl eines systemischen Einführungsansatzes, bei dem im Vordergrund stand, gemeinsam mit einen Bedarf signalisierenden Abteilungen das für den jeweiligen Zweck stimmige Wissensmanagementpaket zu erarbeiten und zu implementieren (Horsthemke, 2017, S. 131–132). Dabei war die Erwartungshaltung, dass die Organisation sich selbst beobachten und positive Veränderungen im Wissensmanagement wahrnehmen und kopieren und sich so in Summe das für das Unternehmen richtige Wissensmanagement autogen entwickeln würde (Horsthemke, 2017, S. 132).

3.3. Die Fallstudie

Sowohl in Praxis als auch Theorie gibt es eine Reihe von Beispielen für Implementierungsansätze. Vielfach werden in der Theorie ganzheitliche Modelle vorgeschlagen, die top-down und flächendeckend eingeführt werden sollen. Zu den bekanntesten Modellen zählen das Genfer Modell (Probst, Raub & Romhardt, 2012), das Münchener Modell (Reinmann-Rothmeier, 2001) oder das Wissensmarktkonzept (North, 2005). Erwähnenswerte Ansätze, die sich auf eine erfolgreiche Umsetzung in der Praxis berufen können, sind beispielsweise die Wissensspirale (Nonaka & Takeuchi, 2012) und das Pragmatische Prozessorientiere Wissensmanagement (Binner, 2008). Der Regelfall in der Praxis des Wissensmanagements ist andererseits nicht selten die aleatorische Aggregation einzelner Instrumente zu einem Ansatz, die bisweilen nachträglich zur Einführung der Instrumente erfolgt, oder die Hochstilisierung eines einzelnen Prozesses zu einem ganzheitlichen Wissensmanagement (Horsthemke, 2017, S. 12). Das vom beobachteten Unternehmen gewählte, dem systemischen Wissensmanagement entlehnte Vorgehen der Einführung über gut platzierte Pilotprojekte (Willke, 2007a, S. 71), deren Entstehen durch Interventionen stimuliert werden soll, ist somit nicht nur ungewöhnlich, sondern in seiner besonderen Form vermutlich sogar einmalig. Wie in der Einleitung bereits erwähnt floss in den Gesamtansatz noch Gedankengut anderer Wissensmanagementansätze mit ein.

Dem Ansatz des Tacit Knowledge Management folgend wird unterstellt, dass es in einer Organisation nicht möglich ist, gänzlich ohne eine Form von Wissensmanagement auszukommen (Horsthemke, 2017, S. 136). Der hier zu Grunde liegenden

Annahme folgend, dass sich Wissen in einer Organisation seinen Weg ungesteuert selbst sucht, ohne dass es die Organisation bewusst wahrnehmen muss (Lehner, 2012, S. 47–48), ergibt sich, dass Wissensmanagement natürlich ist und nicht explizit als solches deklariert sein muss. Damit Wissensmanagement passiert, braucht es entsprechend weder eines beschriebenen Prozesses, konkreter Instrumente oder einer sich damit beschäftigenden Abteilung. Wissensmanagement passiert einfach. Das Wissensmanagement muss dann allerdings weder das richtige noch grundsätzlich ein gutes sein.

Aus dem Grundsatz der systemischen Organisationsberatung[1] abgeleitet, hat die Abteilung Wissensmanagement des beobachteten Unternehmens dann die Aufgabe, im sozialen System nach Handlungsoptionen im bestehenden Wissensmanagement zu suchen, mit der die Leistungsfähigkeit der Organisation gestärkt werden kann (Horsthemke, 2017, S. 136). Ist eine Option identifiziert, ist das Klientensystem, bei dem die Handlungsoption aufgedeckt wurde, grundsätzlich zunächst selbst für die Bearbeitung seines Wissensmanagements verantwortlich, sie kann aber das Beratersystem (Abteilung Wissensmanagement) aktiv beauftragen, den Prozess zu begleiten (Horsthemke, 2017, S. 136). Das Beratersystem versucht dann, eingespielte Systemmuster der Logik der systemischen Schleife folgend in den Teilschritten Informationen sammeln, Hypothesen bilden, Interventionen planen und intervenieren (Königswieser & Hillebrand, 2004, S. 46), zu verstören, um im Anschluss zu beobachten, wie das System darauf reagiert und hieraus weitere Maßnahmen abzuleiten (Horsthemke, 2017, S. 136).

Auf diese Weise sollen, dem Grundgedanken des systemischen Wissensmanagements folgend, die Rahmenbedingungen für die Erzeugung, Nutzung und Entwicklung kollektiver Intelligenz geschaffen werden, über die die Organisation und ihre Mitglieder lernen und ihre Kompetenzen verbessern (Willke, 2001, S. 39). Auch die Konzentration auf den Menschen als zentrales Element hat ihren Ursprung im systemischen Wissensmanagement, das Lösungen der Informationstechnologie zugunsten der Stimulierung kultureller Veränderung vernachlässigt (Willke, 2007a, S. 67). Es wird unterstellt, dass das Klientensystem durch die Interventionen stimuliert wird und bei ausreichender Bedeutungszuschreibung entweder alleine oder mit Unterstützung des Beratersystems Projekte zur Überarbeitung des jeweiligen Wissensmanagements (des Klientensystems) initiiert (Horsthemke, 2017, S. 136–137). Diese Projekte sollen dann nicht nur das einzelne

---

1 Aufgabe einer systemischen Organisationsberatung ist, im sozialen System nach Handlungsoptionen zu suchen (Krizanits, 2013, S. 13), die die Lebens- und Entwicklungsfähigkeit der Organisation stärken (Krizanits, 2013, S. 20). Voraussetzung für die Aktivierung einer Beratertätigkeit, ist die Beauftragung durch ein Klientensystem (Lackner, 2009, S. 59). Das Beratersystem versucht dann, eingespielte Systemmuster zu verstören (Krizanits, 2013, S. 103), um über diesen Weg die im System verborgene Ursache eines Problems ans Licht zu befördern und die Selbstheilungskräfte des Systems zu aktivieren (Krizanits, 2013, S. 25–27).

Wissensmanagement optimieren, sondern in Summe auch die Bildung von Wissensnetzwerken und Wissenskooperation in der Organisation fördern (Horsthemke, 2017, S. 137). Der Philosophie der Wissensnetzwerke (Back, von Krogh, Seufert & Enkel, 2005) entsprechend sollen so Wissensinseln zusammengeführt werden und als kollektiver Wissensspeicher fungieren, über den sowohl explizites als auch implizites Wissen im Fluss gehalten wird (Back, von Krogh, Seufert & Enkel, 2005, S. 27–28). Daraus soll dann dem gleichnamigen Ansatz entlehnte Wissenskooperation (Moser & Schaffner, 2004) entstehen, bei der das Wissensmanagement der Organisation[2] die Aufgabe hat, Stärken und Schwächen im Kooperationsverhalten der Organisationsmitglieder aufzudecken und Maßnahmen daraus abzuleiten, die das Kooperationsverhalten verbessern (Moser & Schaffner, 2004, S. 228). Aufgabe des Wissensmanagements ist folglich, für Motivation und Gelegenheit zur Bildung von Wissensnetzwerken und Wissenskooperation zu sorgen (Horsthemke, 2017, S. 137).

Aus der Smart Governance (Willke, 2007b) leitet sich das letzte Element des vom beobachteten Unternehmen kreierten Ansatzes zur Einführung eines Wissensmanagements ab. Wissensmanagement hat dabei die Aufgabe, Kommunikation zur Erreichung eines kollektiven Ziels durch Kollaboration zu koordinieren und die Reproduktion des Systems durch Konstituierung seiner operativen Zyklen zu unterstützen (Horsthemke, 2017, S. 137). Die Steuerung erfolgt über Anregungen zur Selbstüberprüfung, für die das zentrale Wissensmanagement verantwortlich ist (Horsthemke, 2017, S. 137).

Wissen nach dem Verständnis der Abteilung Wissensmanagement des beobachteten Unternehmens ist dabei im Menschen gespeicherte Information, die durch Überführen in eine wahrnehmbare Handlung organisational sichtbar und damit relevant wird, sich auf diese Weise vom Menschen löst und in Form von Kommunikation oder über die Formalisierung in Speichersystemen in die personen-unabhängigen Regelsysteme der Organisation überführt wird (Horsthemke, 2017, S. 133). Wissensmanagement ist dann „all das (...), was in einer Organisation (bewusst oder unbewusst) mit dem Ziel passiert, den Umgang mit Wissen effizienter und effektiver zu machen“ (Horsthemke, 2017, S. 134). Aufgrund der Annahme, dass Wissen im Menschen entsteht, rückt die Bedeutung der Informations- und Kommunikationstechnologie in den Hintergrund. Sie spielt keine Rolle, wenn sie nicht in der Lage ist, im Menschen gespeichertes Wissen in das organisationale Kollektiv zu überführen (Horsthemke, 2017, S. 134–135). Wissensmanagement hat schlussendlich die Aufgabe, sicherzustellen, dass Information zu Wissen und Wissen zum Handeln wird (Horsthemke, 2017, S. 139; vgl. Abbildung 1).

---

2 Im beobachteten Unternehmen die Abteilung Wissensmanagement.

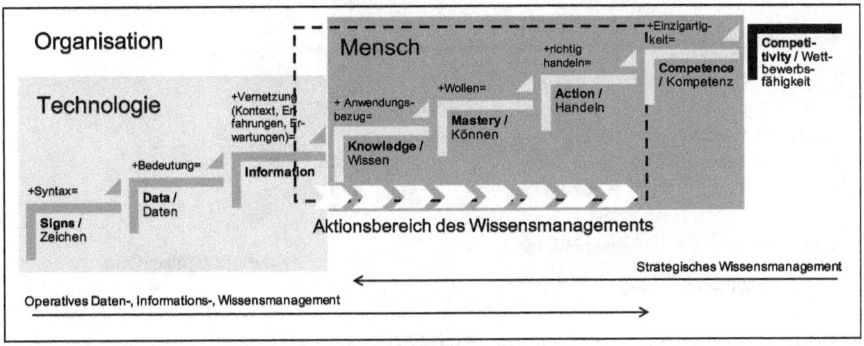

Abbildung 1: Aktionsbereich des Wissensmanagements. (Horsthemke, 2017, S. 139) in Anlehnung an die Wissenstreppe (North, 2005, S. 32)

Zur Einführung über Impuls, Beobachtung und Begleitung bediente sich die Abteilung Wissensmanagement des beobachteten Unternehmens einer Systematik, die als doppelte systemische Schleife (Horsthemke, 2017, S. 141) beschrieben wird. Hierbei werden die Teilschritte der systemischen Schleife zunächst leicht angepasst, indem sie in Beobachten, Hypothesen bilden, Interventionen planen und Intervention umbenannt werden (Horsthemke, 2017, S. 141). Danach werden die der Logik des evolutionären Wandels (Simon, 2013, S. 84) entlehnten drei Teilschritte Reaktion, Kompensation und Konservation ergänzt (Horsthemke, 2017, S. 141).[3] Führt also ein Impuls, der sowohl direkt aus dem System kommen als auch von der Abteilung Wissensmanagement initiiert worden sein kann, zu einer Reaktion in der Organisation, ist es Aufgabe des Wissensmanagements, die Reaktion des Systems, seinen Kompensationsversuch und eine mögliche Beibehaltung der Veränderung (Retention) zu beobachten und zu begleiten (Horsthemke, 2017, S. 141). Da das Wissensmanagement wie ein systemischer Berater[4] agierte, war es zulässig, dass das Klientensystem keine Veränderung kompensierte, oder die beibehaltene Form seines eigenen Wissensmanagements anders als erwartet aussah (Horsthemke, 2017, S. 142).

3 Wandel erfolgt, indem ein System evolutionär in den drei Prozessschritten Variation, Selektion und Retention auf Veränderung reagiert (Simon, 2013, S. 83). Dieser Prozess verläuft zufällig und nicht steuerbar, so dass nicht vorhergesehen werden kann, welche Lösung vom System tatsächlich in der Retention beibehalten wird (Simon, 2013, S. 84). Oben genannte Teilschritte wurden vom Wissensmanagement des beobachteten Unternehmens umbenannt in Reaktion (Variation), Kompensation (Selektion) und Konservation (Retention) (Horsthemke, 2017, S. 141).

4 Das Wissensmanagement des Unternehmens verstand sich im Sinne eines systemischen Organisationsberaters als Verstörer eingespielter Muster und nicht als steuernder Treiber (Horsthemke, 2017, S. 141–142).

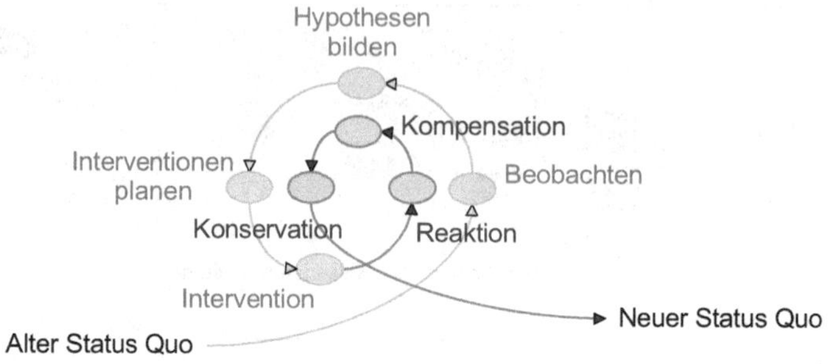

Abbildung 2: Doppelte systemische Schleife. (Horsthemke, 2017, S. 141 in Anlehnung an Königswieser & Hillebrand, 2004, S. 46 und Simon, 2013, S. 83.)

3.4. Hypothesen und Erkenntnisse

Im Zentrum der Untersuchung standen die Fragen, ob sich Wissensmanagement über den gewählten Ansatz einführen lässt, welche Form eines Wissensmanagements dann tatsächlich überlebt und ob dieses Konstrukt steuerbar ist (Horsthemke, 2017, S. 7). Hierbei wird somit unterstellt, dass sich Wissensmanagement autogen bilden kann (Horsthemke, 2017, S. 145). Der Abteilung Wissensmanagement der beobachteten Organisation kam dabei die Aufgabe zu, Stimuli zu generieren, die die Aufmerksamkeit der Organisation auf die Vorteile eines veränderten Umgangs mit Wissen lenken sollten, um so die Entwicklung eines Wissensmanagements zu aktivieren (Horsthemke, 2017, S. 145). Dieses Vorgehen barg die Imponderabilie der Unberechenbarkeit der Form der Kompensation durch die Organisation. Entweder würde sie das für das Erreichen ihrer Ziele richtige Wissensmanagement selbständig identifizieren können und einführen (Pircher, 2010, S. 23), nur so viel Wissensmanagement zulassen wie es im Rahmen der bestehenden Routinen möglich ist (Willke, 2001, S. 24) oder sogar lediglich ungesteuert und unreflektiert auf die Impulse reagieren (Horsthemke, 2017, S. 145). Ebenfalls stellte sich die Frage, ob die Organisation in der Lage sein würde, die Unsteuerbarkeit einer solchen Einführung eines Wissensmanagements zu akzeptieren (Horsthemke, 2017, S. 147). Um die Reaktion der Organisation bewerten und mit der Erwartungshaltung abgleichen zu können, wurden 10 Hypothesen aufgestellt, anhand derer die tatsächlich entstandenen Aktivitäten im Wissensmanagement überprüft wurden.

Tabelle 1: 10 Hypothesen. (Horsthemke, 2017, S. 153)

Nr.	Hypothese
1	Der bestehende Umgang mit Wissen wird solange nicht in Frage gestellt, wie er die Erreichung der Ziele nicht unverhältnismäßig behindert.
2	Eine latente Notwendigkeit, die tatsächlich eine Veränderung im Umgang mit Wissen begründet, führt nicht automatisch zur Etablierung eines (geeigneten) Wissensmanagements.
3	Interventionen können so im Sinne eines Wissensmanagements platziert werden, dass sie eine Reflexion des aktuellen Umgangs mit Wissen auslösen.
4	Eine Reflexion des Umgangs mit Wissen kann schließlich wissenskooperatives Verhalten anregen und die Bereitschaft erhöhen, den Umgang mit Wissen tatsächlich zu verändern.
5	Eine erhöhte Bereitschaft, den Umgang mit Wissen zu verändern, führt dazu, dass Wissensnetzwerke und Initiativen zur Optimierung des Umgangs mit Wissen begründet werden.
6	Eine entsprechende Unterstützung durch Beratung und Reflexion führt dazu, dass man sich im Rahmen der Initiativen auf ein für den jeweiligen Bedarf geeignetes Vorgehen konzentriert.
7	Erfolgreiche Initiativen, die überlebt haben, fungieren als Leuchttürme, die den Erfolg sichtbar machen und zum Kopieren anregen.
8	Durch die Sichtbarkeit des Erfolgs von Leuchtturmprojekten erkennt die Organisation den Vorteil eines Wissensmanagements und unterstützt seine Ausweitung über die verschiedenen Organisationsebenen hinweg.
9	Die Organisation beauftragt eine organisatorische Einheit damit, die Konstituierung des Wissensmanagements zu überwachen.
10	Es entsteht ein Wissensmanagement (in Form eines verbesserten und effizienteren Umgangs mit Wissen), das in der Lage ist, sich aus dem kulturimmanent gewordenen Selbstverständnis wissenskulturförderlicher Vorgänge selbst zu steuern.

In Summe wurden über einen Zeitraum von über zwei Jahren 35 Interventionen aktiviert. Unter Zuhilfenahme des Modells der organisationalen Absorption (vgl. Tabelle 2) wurde geprüft, inwieweit diese Interventionen zu einer nachhaltigen Veränderung im Umgang mit Wissen beitragen konnten (Horsthemke, 2017, S. 231).

Tabelle 2: Modell der organisationalen Absorption. (Horsthemke, 2017, S. 232)

Rezeption	Aktivierung	Inkubation	Konsolidierung	Evolution
Positive Aufnahme. Impuls löst Reflexion des bisherigen Verhaltens aus.	Reflexion auf den Impuls löst eine Aktivität aus.	Aktivität wird von der Organisation wahrgenommen und positiv bewertet. Sie löst ihre eigene Reproduktion aus.	Die Organisation beginnt bewusst auf die einzelnen Aktivitäten zu reagieren und beginnt diese zu konsolidieren.	Wissensmanagement ist fest in den organisationalen Routinen verankert. Es überprüft, reflektiert und entwickelt sich selbständig.

Grundsätzlich war die Erwartungshaltung der Abteilung Wissensmanagement, dass eine Intervention eine Reaktion auslöst, die zur Bildung einer Form von Wissensmanagement führt (Horsthemke, 2017, S. 234). Die Studie zeigt jedoch, dass Interventionen nicht nur reaktionslos bleiben konnten, sondern dass sie über dies eine unterschiedliche Eignung für das Auslösen einer Reaktion in der Organisation hatten. Reine Impulse, Vorstudien und Prototyping erwiesen sich dabei als weitestgehend ungeeignet, nachhaltige Veränderung zu stimulieren (Horsthemke, 2017, S. 246–247). Kam der Aspekt einer beratenden Begleitung hinzu, stieg die Wahrscheinlichkeit deutlich, dass die Organisation eine Veränderung im Wissensmanagement wirklich nachhaltig anging (Horsthemke, 2017, S. 247). Es war ferner beobachtbar, dass eine Beratung insbesondere dann zum Zuge kam und eine größere Chance auf Erfolg hatte, wenn das Klientensystem sich im Vorfeld der Intervention bereits aktiv mit ihrem Wissensmanagement auseinandergesetzt und sich entschieden hatte, es zu verändern (Horsthemke, 2017, S. 247). Die Untersuchung ergab weiterhin, dass Communities, denen regelmäßig eine große Bedeutung für das Teilen von Wissen zugeschrieben wird, ihrem Zweck zwar gerecht werden konnten, nicht jedoch ohne einen aktiven Treiber eigenständig überlebensfähig waren (Horsthemke, 2017, S. 247). Auffällig war darüber hinaus, dass die Wahrscheinlichkeit auf erfolgreiche Stimulierung eines Wissensmanagements stieg, wenn eine Folge von Interventionen zum Einsatz kam, die stringent begleitet wurde (Horsthemke, 2017, S. 242). Da die Reaktion eines Systems auf eine Intervention nicht vorherbestimmbar ist und sich Systeme in der Regel in ihrem Wirken nicht selbst beobachten, ist anzunehmen, dass die Begleitung (durch einen systemischen [Wissensmanagement-]Berater) unreflektierte Reaktionen des Systems verhinderte und die Aufrechterhaltung der Veränderungsaktivitäten stimulierte. Aus der Studie ergab sich ferner auch, dass sich einige Organisationseinheiten teilweise sogar bewusst dafür entschiedenen, die Reaktion auf einen Impuls vollkommen eigenständig zu verarbeiten (Horsthemke, 2017, S. 247). Die Verarbeitung der Intervention konnte von der Zentralabteilung Wissensmanagement dann nicht mehr beobachtet werden (Horsthemke, 2017, S. 246).

Da ein elementarer Bestandteil der Einführung des Wissensmanagements beim beobachteten Unternehmen die Generierung von Pilotprojekten war, bestand die Erwartung, dass am Ende einer Intervention oder Interventionsreihe ein Projekt stehen würde, das im besten Falle Nachahmer in der Organisation findet. Tatsächlich waren die Interventionen in erster Linie geeignet, Aufmerksamkeit für die Thematik Wissensmanagement zu erzeugen (Horsthemke, 2017, S. 248–249). Sie erreichten somit die Stufe der Rezeption. Selbst vom Klientensystem beauftragte Begleitung im Rahmen von Pilotprojekten führte häufig nur zur Rezeption, ohne dass eine Aktivierung oder Inkubation ausgelöst worden wäre (Horsthemke, 2017, S. 248). Waren de facto Projekte aus den Interventionen entstanden, stieg zwar die Wahrscheinlichkeit, dass auf die Aktivierung die Inkubation folgte – allerdings mit bemerkenswert niedriger Erfolgsquote (Horsthemke, 2017, S. 248). Während des gesamten Beobachtungszeitraums konnte ferner – mit Ausnahme der Einführung eines zentralen Wissensmanagements als eigene Intervention selbst – keine von der Abteilung Wissensmanagement ausgelöste oder begleitete Intervention die Stufen Konsolidierung oder Evolution erreichen (Horsthemke, 2017, S. 249).

3.5. Ableitungen

Zunächst kann festgehalten werden, dass die beobachtete Organisation tatsächlich bereits Wissensmanagement betrieb ohne sich dessen explizit bewusst sein zu müssen (Horsthemke, 2017, S. 249). Wissensmanagement wies dabei eher Kultur- als Managementelemente auf. Ebenso wie kulturelle Regeln erst beobachtbar werden, wenn sie nicht mehr eingehalten werden (Simon, 2011, S. 97), wurde das bestehende Wissensmanagement erst wahrgenommen, wenn es nicht mehr wie erwartet funktionierte (Horsthemke, 2017, S. 250). Obgleich das bestehende Wissensmanagement dann oft in Frage gestellt wurde, konnte nicht festgestellt werden, dass das Erkennen eines Mangels automatisch zu einem Wunsch nach Besserung, geschweige denn einer tatsächlichen Aktion zur Behebung des Mangels, führte (Horsthemke, 2017, S. 251). Auffällig war dabei, dass der erste organisationale Reflex meist darin bestand, zu versuchen, dem identifizierten Missstand mit vertrauten Mitteln beizukommen (Horsthemke, 2017, S. 252). Halfen diese nicht, begann die Suche nach einem Allheilmittel, dessen organisatorische Zuschreibung scheinbar unreflektiert erfolgte und nicht zwingend beim Wissensmanagement liegen musste (Horsthemke, 2017, S. 249). Dabei war offensichtlich nachrangig, was Wissensmanagement tatsächlich ist oder kann (Horsthemke, 2017, S. 249–250). Im Vordergrund stand eher die Suche nach einer schnellen, pragmatischen Lösung (bevorzugt über ein technisches Mittel der Informationstechnologie) (Horsthemke, 2017, S. 249), der in der Regel zu Lasten einer nachhaltigen Auseinandersetzung der Vorrang gegeben wurde (Horsthemke, 2017, S. 251).

Interessant ist ferner, wie die Organisation dann auf die Aktivierung der Abteilung Wissensmanagement, die im ersten Schritt das jeweilige organisationale Muster über Interventionen perturbierte, reagierte. Interventionen scheinen dabei an sich ein probates Mittel zu sein, eine Reflektion auszulösen (Horsthemke, 2017, S. 252). Sie führten aber nur selten direkt zu nachhaltiger Veränderung (Horsthemke, 2017, S. 253). Aufeinanderfolgende Interventionen, bei denen die Folgeintervention auf der vorangegangenen Intervention aufbaute, waren offensichtlich besser geeignet, mittelfristig zu einem Umdenken und einem veränderten Handeln beizutragen (Horsthemke, 2017, S. 253). Dabei konnte beobachtet werden, dass die Zahl notwendiger Interventionen bedeutend war und dass diese in Bezug auf den Erkenntnisprozess des Klientensystems in der Regel einem bestimmten Muster folgten (vgl. Abbildung 3). Wissenskooperation entstand hierbei jedoch nicht zwingend automatisch (Horsthemke, 2017, S. 255–256). Sie musste extrinsisch motiviert werden (Horsthemke, 2017, S. 256). Hinter der Motivation stand dann meist ein aktiver, selbst intrinsisch motivierter Treiber (Horsthemke, 2017, S. 256). Ähnliches galt ebenfalls für Wissensnetzwerke. Ihre Existenz wurde zwar positiv konnotiert, sie bildeten sich jedoch nicht automatisch und waren ebenfalls ohne einen motivierten Treiber nicht aus sich selbst heraus überlebensfähig (Horsthemke, 2017, S. 258–259).

Blinder Fleck

- Performance lässt nach, ist aber noch akzeptabel
- Handlungsnotwendigkeit noch nicht erkannt

Funktionales Versagen

- vertraute Muster greifen nicht mehr wie gewohnt
- Ziele werden nicht mehr wie erwartet erfüllt

Sicherung des Status Quo

- Veränderungsnotwendigkeit wird noch nicht als zwingend angesehen
- reflexartiger Aktionismus auf Basis bewährter Mittel

Irritation

- nachhaltige Verbesserung bleibt aus
- Einlassen auf Reflexion
- Erkennen von Veränderungen im System

Leugnung

- Flucht in Variation bekannter Muster oder Suche nach schneller Erlösung (in Form eines innovativen Arkanums)
- Aktionismus auf Basis neuer Mittel im Rahmen bewährter Vorgehensweisen oder Variation bewährter Mittel und Vorgehensweisen

Erwachen

- Veränderungen greifen nicht oder nicht nachhaltig
- Einlassen auf vertiefte Auseinandersetzung
- Erkenntnisgewinn

Operationaler Schock

- Bewusstwerden des tatsächlichen Veränderungsumfangs
- Ablehnung und temporäre Rückkehr zu vertrauten Mustern
- Hoffnung auf Autoregeneration

Emotionale Akzeptanz

- Einsetzen einer (nachhaltigen) Verbeseserung bleibt weiter aus
- Akzeptanz der Echtheit des Erkenntnisgewinns

Konkretisierung

- Beschäftigung mit dem Lösungskorridor
- Konkretisierung der Handlung, Abgleich zwischen Wunsch und Wirklichkeit
- Initiierung der Zustandsänderung

Abbildung 3: Phasen der Bewusstwerdung der Systemrelevanz von Wissen. (Horsthemke, 2017, S. 255)

In Summe konnte beobachtet werden, dass begleitende Beratung einen positiven Einfluss auf die Entwicklung des Reifegrads eines Wissensmanagements und seine kulturelle Akzeptanz hat, jedoch kein Erfolgsgarant ist (Horsthemke, 2017, S. 262–263). Die Erwartungshaltung, ein Leuchtturmprojekt zu generieren, das von der Organisation gesehen und kopiert wird, konnte während des Untersuchungszeitraums bei keiner Initiative beobachtet werden (Horsthemke, 2017, S. 263). Da sich allerdings das Entstehen einiger Leuchtturmprojekte gegen Ende des Beobachtungszeitraums andeutete (Horsthemke, 2017, S. 263), scheint die Annahme berechtigt, dass Zeit eine bedeutende Rolle spielt. Während sicherlich unterstellt werden kann, dass die kulturelle Immersion einer Veränderung so größere Erfolgschancen hat, darf hingegen angezweifelt werden, dass eine Organisation einen Implementierungszeitraum von mehreren Jahren im Normalfall zulässt.

Somit scheint eine Verkettung von Interventionen mit dem Ziel, die Entstehung von Leuchtturmprojekten im Wissensmanagement zu stimulieren, die von der Organisation gesehen und kopiert werden, geeignet, ein Wissensmanagement entstehen zu lassen (Horsthemke, 2017, S. 267). Allerdings ist dieser Prozess offensichtlich nur schwer kontrollierbar, da die Organisation nicht unterscheidet, wo ein Impuls herkommt und ebenso wenig bewusst reflektiert, wie sie mit ihm umgehen sollte (Horsthemke, 2017, S. 267–268). Folglich ist das, was dann entstehen kann, eher ein System agiler Wissensstrukturen als ein konsistentes Wissensmanagement (Horsthemke, 2017, S. 268). Werden solche Wissensinseln als ausreichend verbessertes Wissensmanagement angesehen, generiert sich allerdings nicht automatisch der Wunsch nach Abstimmung oder Konsolidierung der Wissensmanagementaktivitäten (Horsthemke, 2017, S. 268). Die Wissensinseln sind bereits der (vorläufige) Endzustand, ohne dass zwingend organisationsumspannende Wissensnetzwerke oder Wissenskooperation entstanden sein müssen (Horsthemke, 2017).

Die folgende Tabelle zeigt nun die an den eingangs aufgestellten Hypothesen gespiegelten Ergebnisse in der Übersicht (vgl. Tabelle 3).

Tabelle 3: Bewertung der 10 Hypothesen. (Eigene Darstellung aus Basis der Ausführungen von Horsthemke, 2017, S. 249–271)

Nr.	Hypothesen und Erkenntnisse
1	**Hypothese:** Der bestehende Umgang mit Wissen wird solange nicht in Frage gestellt, wie er die Erreichung der Ziele nicht unverhältnismäßig behindert. **Erkenntnis:** Eine Organisation verfügt implizit auch über eine Form von Wissensmanagement. Dieses muss jedoch weder organisiert sein, noch bewusst erfolgen. Wahrgenommen wird ein implizites Wissensmanagement in der Regel dann, wenn es nicht mehr wie gewohnt funktioniert.
2	**Hypothese:** Eine latente Notwendigkeit, die tatsächlich eine Veränderung im Umgang mit Wissen begründet, führt nicht automatisch zur Etablierung eines (geeigneten) Wissensmanagements. **Erkenntnis:** Das Erkennen eines Mangels im Wissensmanagement führt nicht automatisch zu Bestrebungen, ihn zu beheben. Es besteht offensichtlich vielmehr ein organisationaler Reflex, dem Mangel mit bekannten Routinen und vertrauten Mitteln beizukommen zu wollen.
3	**Hypothese:** Interventionen können so im Sinne eines Wissensmanagements platziert werden, dass sie eine Reflexion des aktuellen Umgangs mit Wissen auslösen. **Erkenntnis:** Interventionen scheinen ein probates Mittel, Reflexion auszulösen. In der Regel führt aber offensichtlich erst eine kontinuierliche und durch einen Berater begleitete, aus verschiedenen, aufeinander aufbauenden Interventionen bestehende Perturbation zum Einsetzen einer tatsächlichen Veränderung. Dabei ist ein organisationaler Erkenntnisprozess erkennbar, der nach dem folgenden Muster verläuft: (1) Wissensmanagement liegt im **blinden Fleck** der organisationalen Muster, (2) das **funktionale Versagen** des bisherigen Wissensmanagements wird sichtbar, (3) die Organisation versucht reflexartig, den **Status Quo** über vertraute Mittel **zu sichern**, (4) das Ausbleiben einer Verbesserung führt zu **Irritation**, die darin mündet, dass die Organisation sich für eine vertiefte Auseinandersetzung mit dem Mangel im Wissensmanagement öffnet, (5) über diese Auseinandersetzung wird die tatsächliche Notwendigkeit einer Veränderung erkennbar, die jedoch zunächst **geleugnet** wird und zu einer Flucht in Aktionismus auf Basis bewährter Vorgehensweisen oder Variation bewährter Mittel auf der Suche nach einem pragmatischen Allheilmittel führt, (6) erst das erneute Ausbleiben einer Verbesserung führt zum **Erwachen** in Form der Akzeptanz der Echtheit der Handlungsnotwendigkeit, (7) die Wiederaufnahme der Auseinandersetzung mit dem Handlungsbedarf führt zum Erkennen seines Umfangs, das einen **operationalen Schock** in Form der erneuten Ablehnung und Rückkehr in vertraute Muster auslöst, (8) erst das weiterhin ausbleibende Einsetzen einer Verbesserung führt zur **emotionalen Akzeptanz** und damit zur (9) Bereitschaft, den Handlungsbedarf zu **konkretisieren** und eine Zustandsänderung zu initiieren.

Tabelle 3: Fortsetzung

Nr.	Hypothesen und Erkenntnisse
4	**Hypothese:** Eine Reflexion des Umgangs mit Wissen kann schließlich wissenskooperatives Verhalten anregen und die Bereitschaft erhöhen, den Umgang mit Wissen tatsächlich zu verändern. **Erkenntnis:** Wissenskooperation entsteht offensichtlich nicht ohne weiteres autogen. Vielmehr scheint es eines (im besten Fall selbst intrinsisch motivierten) Treibers zu bedürfen.
5	**Hypothese:** Eine erhöhte Bereitschaft, den Umgang mit Wissen zu verändern, führt dazu, dass Wissensnetzwerke und Initiativen zur Optimierung des Umgangs mit Wissen begründet werden. **Erkenntnis:** Wissensnetzwerke werden positiv konnotiert, bilden sich aber über persönliche Netzwerke hinaus nur unterproportional selbständig. Für Bildung und Aufrechterhaltung organisationsumspannender Wissensnetzwerke, die über persönliche Beziehungsnetzwerke hinausgehen, ist ebenfalls ein motivierter Treiber nötig. Solche Netzwerke sind meist nur dann auf Dauer überlebensfähig, wenn sie konsequent moderiert werden.
6	**Hypothese:** Eine entsprechende Unterstützung durch Beratung und Reflexion führt dazu, dass man sich im Rahmen der Initiativen auf ein für den jeweiligen Bedarf geeignetes Vorgehen konzentriert. **Erkenntnis:** Interventionen erzeugen Aufmerksamkeit, initiieren aber nicht zwingend Veränderung. Begleitende Beratung ist nicht nur in der Lage, Reflexion und für den jeweiligen Bedarf stimmige Optimierung auszulösen, sondern sichert auch die prozessuale Kontinuität.
7	**Hypothese:** Erfolgreiche Initiativen, die überlebt haben, fungieren als Leuchttürme, die den Erfolg sichtbar machen und zum Kopieren anregen. **Erkenntnis:** Die Bildung von Leuchtturmprojekten wurde erst gegen Ende der Untersuchung erkennbar. Obwohl sie im Verlauf der Untersuchung selbst also noch nicht entstanden waren, deutete sich an, dass die Verkettung von Interventionen geeignet ist, Leuchttürme entstehen zu lassen.
8	**Hypothese:** Durch die Sichtbarkeit des Erfolgs von Leuchtturmprojekten erkennt die Organisation den Vorteil eines Wissensmanagements und unterstützt seine Ausweitung über die verschiedenen Organisationsebenen hinweg. **Erkenntnis:** Die Untersuchung ergab, dass es für das Einsetzen eines Kopierverhaltens nicht zwingend „echter" Leuchttürme bedarf. Auch kleinere Attraktionen werden gesehen und nachgeahmt. Allerdings erweckt dieses Kopierverhalten den Anschein einer gewissen, nur teilweise reflektierten Willkürlichkeit. Weder das Entstehen von Referenzprojekten noch das Kopierverhalten erwiesen sich dabei als planvoll oder kontrollier- geschweige denn steuerbar.

(*fortgeführt*)

Tabelle 3: Fortsetzung

Nr.	Hypothesen und Erkenntnisse
9	**Hypothese:** Die Organisation beauftragt eine organisatorische Einheit damit, die Konstituierung des Wissensmanagements zu überwachen. **Erkenntnis:** Eine Beauftragung an eine zentrale organisatorische Einheit, das Wissensmanagement zu konstituieren, erfolgte nicht. Vielmehr wurden die autonomen, fallweise kooperierenden Wissensinseln, die sich gebildet hatten, als ausreichendes Wissensmanagement deklariert.
10	**Hypothese:** Es entsteht ein Wissensmanagement (in Form eines verbesserten und effizienteren Umgangs mit Wissen), das in der Lage ist, sich aus dem kulturimmanent gewordenen Selbstverständnis wissenskulturförderlicher Vorgänge selbst zu steuern. **Erkenntnis:** Ein Konstrukt, das als in sich stimmiges Wissensmanagement beschrieben werden könnte, bildete sich im Verlauf der Untersuchung nicht. Das System agiler Wissensstrukturen, dass entstanden war, wies weder Elemente einer Wissenskultur auf, noch war es in der Lage, sich selbst reproduzieren oder zu steuern.

3.6. Fazit

Kann die Einführung eines Managementsystems über die Verstörung eingespielter organisationaler Muster gelingen? Die Studie zeigt ein differenziertes Bild, das nicht nur Rückschlüsse auf die Einführung eines Systems des Wissensmanagements, sondern auch grundsätzliche Ableitungen für die Begleitung von Veränderungsprozessen zulässt. So waren die Aktivitäten der Abteilung Wissensmanagement tatsächlich in der Lage, Wahrnehmungen teilweise sogar Verhalten in Bezug auf den Umgang mit einer Ressource Wissen zu verändern. Anderseits entstand weder ein in sich geschlossenes System noch ein Netzwerk verschiedener, aufeinander abgestimmter Systeme, das die Kultur der Organisation in ihrer Gesamtheit durchdrungen oder einen zufriedenstellenden Grad an Selbststeuerung erreicht hätte. Natürlich stellt sich die Frage, ob ein solches System oder Netzwerk zwingend zweckdienlicher sein muss als „autonome, fallweise kooperierende Wissensinseln" (Horsthemke, 2017, S. 285), solange sie den Zweck erfüllen, organisationales Wissen in die Regelsysteme der Organisation einzuspeisen. Im Fall des Untersuchungsobjekts erweckt es indes den Anschein, dass das notwendige Wissensmanagement noch nicht entstanden war.

Interessant ist ferner die Erkenntnis, dass sich die Organisation augenscheinlich selbst in ihrem eigenen Potential dadurch beschränkte, dass sie in den meisten Fällen nur so viel Wissensmanagement zuließ, wie es die bestehenden Mechanismen und Muster nicht über Gebühr behinderte (Horsthemke, 2017, S. 271). In einem solchen Fall kann dann sicherlich aus Implementierungs-, Steuerungs- oder Vermarktungssicht der Vollzug der Einführung eines Wissensmanagements prinzipiell zügiger argumentiert werden. Auch wenn dies mit Blick auf eine Rechtfertigung eingesetzter Ressourcen hilfreich ist, bleibt fraglich, ob sich die Funktionsweise der Organisation dadurch grundlegend geändert hat oder eine wahrnehmbare Verbesserung eingetreten ist.

Anderseits kann aus der Studie gefolgert werden, dass die Art und Weise der Einführung dazu beitrug, dass die Organisation begann, sich mit der Thematik des Wissensmanagements auseinanderzusetzen. Auch wenn es sich aus betriebswirtschaftlicher, in der Regel auf Geschwindigkeit und Effizienz fokussierter Perspektive um einen vermeintlich schleichenden Prozess handelte, verbesserte sich der Reifegrad der Organisation in Bezug auf den Umgang mit der Ressource Wissen kontinuierlich. Aufschlussreich wäre nun sicherlich der Blick darauf, wie die Organisation heute tatsächlich in Bezug auf ihr Wissensmanagement dasteht. Allerdings sind seit Abschluss der Beobachtung im Jahr 2014 mehrere Jahre vergangen. Da wir in Zeiten großer organisationaler und unternehmerischer Disruption leben, ist daher davon auszugehen, dass das Unternehmen heute nicht mehr mit dem von 2014 vergleichbar ist und sich auch sein Anspruch an ein Wissensmanagement dementsprechend verändert haben dürfte.

Anderseits gibt uns eine solche Aussicht auf Kontinuität in der an Geschwindigkeit zunehmenden Welt der Veränderung den Hinweis darauf, dass eine ebenso kontinuierlich beobachtende wie korrigierend eingreifende Begleitung von Veränderungsprozessen über die Stimulierung der eigenen organisationalen Reflexion ein probates Mittel zur Bewältigung gegenwärtigen und kommenden Wandels sein kann. Somit bildet sich hier ein Gegenstück zu einem Change Management, das stilisierend formuliert, eine Veränderung durch eine Organisation hindurch koordinieren will und den Abschluss der Veränderung zu einem meist vordefinierten Zeitpunkt als erreicht und erledigt proklamieren soll. Der Nachteil eines solchen Change Managements wird schnell offensichtlich. Nicht erst seit Einführung des VUKA-Begriffs für eine volatile, unsichere, komplexe und ambiguose Realität verändern sich Weg und Ziel bereits beim Gehen als Resultat der Unvorhersehbarkeit der Umwelteinflüsse und der Unberechenbarkeit der Reaktion einer Organisation hierauf. Ruft dann ein klassisches Change Management das zu Beginn definierte Veränderungsziel als erreicht aus, ist die Wahrscheinlichkeit, dass das Ergebnis – bildlich gesprochen – neben der tatsächlichen Realität liegt, erheblich.

Somit ergibt sich aus Sicht des Autors, dass ein Prozess eines kontinuierlichen und begleiteten Wechselspiels aus Intervention und Beobachtung und der Evaluation der Reaktion hierauf eine sinnvolle Methode zur Steuerung von Veränderungsprozessen ist. Steuerung soll hier tatsächlich auch maritim verstanden werden, denn auch ein Schiff muss manchmal kurzfristig vom Kurs abweichen, um ihn langfristig zu halten. Dass das Ende eines Veränderungsprozesses auf diese Weise kaum vorherbestimmbar ist, sollte aufgrund der Unausweichlichkeit der Stetigkeit von Wandel nicht irritieren. Stellt sich eine Organisation dieser Unvermeidbarkeit und entscheidet sich in der Folge, Wandel bewusst und konsequent zu begleiten, kann Veränderung es schaffen, alle kulturellen Ebenen zu erreichen, um so tatsächlich Einzug in die Kultur zu halten. Abbildung 4 zeigt eine solche Durchdringung am Beispiel eines organisationalen Wissensmanagements.

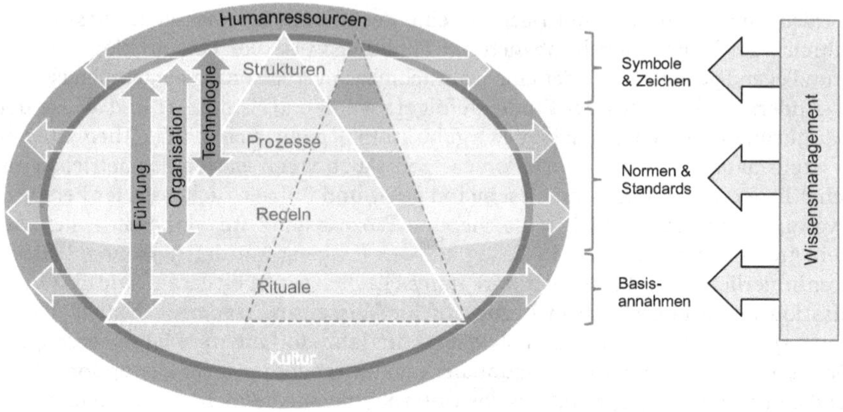

Abbildung 4: Grad notwendiger Systemdurchdringung am Beispiel Wissensmanagement. (Horsthemke, 2017, S. 257, in Anlehnung an Willke, 2003, S. 90–92, Reinmann-Rothmeier, 2001, S. 22–27 und Schein, 2010, S. 21–32)

Literaturverzeichnis

Back, A., von Krogh, G., Seufert, A., & Enkel, E. (2005). *Putting Knowledge Networks into Action: Methodology, Development, Maintenance.* Berlin u. a.

Binner, H. F. (Juli 2008). Pragmatisches prozessorientiertes Wissensmanagement. *Leistung und Lohn – Zeitschrift für Arbeitswirtschaft, BDA Bundesvereinigung der Deutschen Arbeitgeberverbände* (Hrsg.), Leistung und Lohn - Zeitschrift für Arbeitswirtschaft, Berlin, 450/451/452/453 Juli 2008.

Flohr, U. (2012). Alle Wissenschaften haben einen gemeinsamen Ursprung. *Technology Review – Das Magazin für Innovation.* http://www.heise.de/-1629716 (Stand: 06.12.2014).

Horsthemke, V. C. (2017). *Zur Implementierbarkeit eines Systems des Wissensmanagements im Unternehmen.* (Repositorium der Zeppelin Universität, Hrsg.) Abgerufen am 19. März 2019 von Repositorium der Zeppelin Universität: https://repositorium.zu.de/frontdoor/deliver/index/docId/21/file/Zur+Implementierbarkeit+eines+Systems+des+Wisssensmanagements+im+Unternehmen_Dissertation+ZU_Volker+C.+Horsthemke.pdf

Königswieser, R., & Hillebrand, M. (2004). *Einführung in die systemische Organisationsberatung.* Heidelberg.

Knaut, C. (2013). Wissensmanagement ist doch auch (k)eine Lösung. *Wissensmanagement – das Magazin für Führungskräfte* (August/September, Heft 5/2013), 10–12.

Krizanits, J. (2013). *Einführung in die Methoden der systemischen Organisationsberatung.* Heidelberg.

Lackner, K. (2009). Beratung – (k)eine Wissenschaft? In H. Möller, & B. Hausinger (Hrsg.), *Quo vadis Beratungswissenschaft?* Wiesbaden.

Lehner, F. (2012). *Wissensmanagement: Grundlagen, Methoden und technische Unterstützung*. München.

Moser, K. S., & Schaffner, D. (2004). Die Bedeutung der Wissenskooperation für ein nachhaltiges Wissensmanagement. In B. Wyssusek (Hrsg.), *Wissensmanagement komplex – Perspektiven und soziale Praxis*. Berlin.

Nonaka, I., & Takeuchi, H. (2012). *Die Organisation des Wissens – Wie japanische Unternehmen eine brachliegende Ressource nutzbar machen*. Frankfurt a. M.

North, K. (2005). *Wissensorientierte Unternehmensführung: Wertschöpfung durch Wissen*. Wiesbaden.

North, K., & Güldenberg, S. (2008). *Produktive Wissensarbeit(er) – Antworten auf die Management-Herausforderung des 21. Jahrhunderts*. Wiesbaden.

Oesterdiekhoff, G. W. (2013). *Die Entwicklung der Menschheit von der Kindheitsphase zur Erwachsenenreife*. Wiesbaden.

Pircher, R. (2010). Organisatorisches Wissensmanagement. In R. Pircher (Hrsg.), *Wissensmanagement Wissenstransfer Wissensnetzwerke: Konzepte Methoden Erfahrungen*. Erlangen.

Probst, G. J., Raub, S. P., & Romhardt, K. (2012). *Wissen managen: Wie Unternehmen ihre wertvollste Ressource optimal nutzen*. Wiesbaden.

Rücker, B. (2002). Überlebensfrage für Großunternehmen und mittelständische Wirtschaft – das neue magische Dreieck: Human Ressource, Organisation und IT-Basis. In F. J. Radermacher (Hrsg.), *Band 19: Wissensmanagement – Überlebensfrage für Großunternehmen und mittelständische Wirtschaft – Das magische Dreieck: Humanressourcen, Organisation und IT-Basis*. Ulm: Wissensverarbeitung und Gesellschaft: Die Publikationsreihe des FAW Ulm.

Reinmann-Rothmeier, G. (2001). *Wissen managen: Das Münchener Modell*. Forschungsbericht Nr. 131, Ludwig-Maximilians-Universität München, Lehrstuhl für Empirische Pädagogik und Pädagogische Psychologie, München.

Schein, E. H. (2010). *Organizational Culture and Leadership*. San Francisco.

Simon, F. B. (2011). *Einführung in die systemische Organisationstheorie*. Heidelberg.

Simon, F. B. (2013). *Einführung in Systemtheorie und Konstruktivismus*. Heidelberg.

Willke, H. (2001). *Systemisches Wissensmanagement*. Stuttgart.

Willke, H. (2003). Auf dem Weg zur intelligenten Organisation: Lektionen für Wirtschaft und Staat. In N. Thom (Hrsg.), *Wissensmanagement im öffentlichen und privaten Sektor – Was können beide Sektoren voneinander lernen?* Zürich.

Willke, H. (2007a). *Einführung in das systemische Wissensmanagement*. Heidelberg.

Willke, H. (2007b). *Smart Governance: Governing the Global Knowledge Society*. Frankfurt u. a.

4. Führungsstil der fragmentierten Wissenselemente

Dr. Wolfgang Illig, MSc

Abstract: Unternehmen, vor allem Banken, sind mitarbeiter- bzw. führungstechnisch in zunehmenden Schwierigkeiten. Führungskräfte brennen beispielsweise oft an Ideenlosigkeit aus und viele Mitarbeiter glauben oft auch nicht mehr, was das Management der Institute von sich gibt. Auch eklatante Führungsmängel sind feststellbar. Neue Ideen und Wege, insbesondere bei der Führung in den Banken, sind unerlässlich. Solche Ideen wurden mithilfe der PhD-Forschungsstudie auf wissenschaftliche Aussagekraft und praktikable Anwendungsmöglichkeiten überprüft. Es ist gelungen, die Umsetzbarkeit eines Führungssystems fragmentierter Wissenselemente in den Banken nachzuweisen. Zudem konnten die bei der Realisierung entstehenden Vorteile für die Banken, die Mitarbeiter in den Banken sowie die dortigen Führungskräfte herausgearbeitet werden.

Bei dem Inhalt des folgenden Artikels handelt sich um Auszüge der Dissertation des Autors (Illig, 2015).

4.1. Einleitung

Nichts ist beständiger als der Wandel (Burkhardt, 2008). Diese Weisheit des Forschers Charles Darwin ist über 150 Jahre alt. In all diesen Jahren hat die Wissenschaft viele Erkenntnisse über die Führung von Mitarbeitern hervorgebracht (Schalk, 2015, S. 50). In dieser Zeit hat sich Führung zunehmend verändert. Moderne Ansätze der praktischen Führung in den Unternehmen hinterfragen Hierarchien und Führung immer häufiger (Hoffmann, 2017, S. 42). Es werden Fragen wie „können Mitarbeiter ohne Führung effizient arbeiten" (Gondorf, 2018) oder „brauchen Mitarbeiter wirklich einen Boss" offen diskutiert. Viele Unternehmen werben mit flachen Hierarchien (Bergmann & Garrecht, 2016). Doch warum schaffen sie diese nicht ganz ab, oder benötigt der Mensch, gerade in unserer schnelllebigen Welt, doch Führung? Sucht nicht jeder Mensch nach Führung, nach Halt und Sicherheit? (Zimmer, 2016, S. 107). Die Geschichte zeigt, dass es bestimmte Situationen gibt, in denen Menschen sich gerne vermeintlich starken Führern unterwerfen (Bringmann, 2019, S. 78). Aus Sicht des Autos lässt sich ein Hang zur Ein- beziehungsweise Unterordnung beobachten. Dies trifft nicht nur auf den staatlichen, sondern auch auf den wirtschaftlichen Bereich zu (Beck, 2008, S. 16). Führung entlastet die Mitarbeiter, indem sie ihnen Verantwortung abnimmt (Seiwert, 2014, S. 92). Der Autor stellt sich hierzu unter anderem die folgenden Fragen:

- Sind es nicht Zwänge, wie beispielsweise gesetzliche Rahmenbedingungen[1], die uns hindern, Führung abzuschaffen?
- Haben wir nicht auch, weder in der Schule noch später in der Ausbildung oder im Studium ein Handwerkszeug erlernt, mit dem wir ohne Führung im Alltag bestehen können?
- Sind es letztendlich nicht die kleinen Dinge des Lebens, von denen wir uns nicht trennen können und die dadurch einen Wegfall von Führung verhindern?
- Mit wem verhandelt ein Mitarbeiter z. B. über eine Gehaltserhöhung? Diskutiert er dies in der Gruppe mit Kollegen, muss er sein Gehalt allen offenlegen, werden die Kollegen nicht neidisch, wenn ein anderer Kollege eventuell mehr verdient? Gibt es damit überhaupt noch Gründe, unterschiedliche Gehaltsstrukturen vorzuhalten oder Mitarbeiter unterschiedlich zu bezahlen, wenn keiner mehr Verantwortung zu übernehmen hat?

All dies sind Gründe, weshalb der Autor der Auffassung ist, dass es zukünftig ganz ohne Führung nicht funktionieren wird. In der Praxis wird es also keine Teams geben, die ganz ohne Führung auskommen (Halder-Schüssel, 2016, S. 20). Aber wie muss Führung in Zukunft aussehen, damit notwendige Mitarbeiterpotentiale vollständig ausgenützt und die am Markt erforderliche Agilität, Flexibilität und Innovationsfähigkeit gehoben werden?

Der Autor beschäftigte sich in seinem Forschungsprojekt mit dem Führungssystem der fragmentierten Wissenselemente, das er für geeignet hält, die vorgenannten Herausforderungen zu meistern.

4.2. Wissenselemente

Vor der Darstellung des Führungssystems soll zunächst einmal auf die Wissenselemente eingegangen werden, die elementarer Baustein des Führungssystems sind.

Wissensmanagement (englisch: knowledge management) beschäftigt sich mit dem Erwerb, der Entwicklung, dem Transfer, der Speicherung sowie der Nutzung von Wissen (Brossmann & Mödinger, 2011, S. 157). Wissensmanagement ist damit weit mehr als Informationsmanagement (Prange, 2002, S. 160). Information ist eine notwendige Voraussetzung zur Generierung von Wissen (Ihne & Wilhelm, 2013, S. 247). Informationen kann man wie andere Güter handeln, Wissen hingegen nicht (Osterloh & Frost, 2006, S. 203). Information ist ein Fluss von Nachrichten (Teichert, von Wartburg & Valta, 2006, S. 576). Wissen hingegen entsteht nicht durch eine Anhäufung von Informationen, sondern erst durch die Verknüpfung der Informationen mit bereits vorhandenem Vorwissen (Ihne & Wilhelm, 2013, S. 247). Informationen werden erst dann zu Wissen transformiert, wenn sie auf dem Hintergrund von Vorwissen interpretiert und Bestandteil der persönlich verfügbaren

1 Jede juristische Person braucht mindestens eine Person, die im Handelsregister als Geschäftsführer eingetragen ist, die letztendlich auch für Entscheidungen des Unternehmens haftbar gemacht werden kann.

Handlungsschemata werden (Osterloh & Frost, 2006, S. 203). Deshalb kann Wissen nicht wie Informationen gekauft, verkauft oder zurückgegeben werden (Wilkesmann, 2009, S. 165). Wissen muss auch jene Fähigkeiten umfassen, die Kommunikation und Interaktion erst ermöglichen, ohne dass sie jedoch explizit formuliert werden können (Teichert, von Wartburg & Valta, 2006, S. 576). Als ein Ergebnis des heutigen wissensorientierten Kommunikationszeitalters wird das vorhandene Wissenskapital immer mehr zum entscheidenden Produktionsfaktor (Gronau, Pethoff & Schildhauer, 2004, S. 412). Die Bedeutung des Managements von Wissen ist in den letzten Jahren stetig und teilweise sprunghaft angestiegen (Heiß, 2011). Zum Wissensmanagement existieren die verschiedensten Modelle und Theorien (Qattawi, 2006, S. 5). Eines der am weitesten verbreiteten Modelle sind die Merkmale des Wissensmanagements nach Probst, Raub & Romhardt (Werner, 2004, S. 29). Diese Methode weist acht Bausteine auf, die in der folgenden Abbildung dargestellt sind:

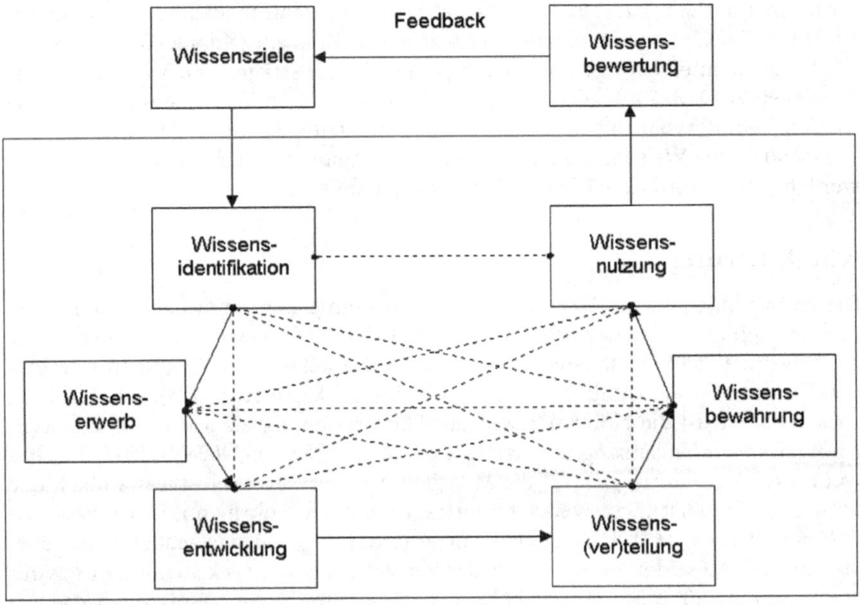

Abbildung 1: Bausteine des Wissensmanagements (Quelle: Probst, Raub & Romhardt, 2012, S. 34)

Die ersten sechs Bausteine bilden die Kernprozesse des Wissensmanagements für die operativen Aufgaben (Bäppler, 2008, S. 49). Bei diesen Bausteinen handelt es sich um die Wissensidentifikation, den Wissenserwerb, die Wissensentwicklung, die Wissensverteilung, die Wissensnutzung und die Wissensbewahrung (Probst, Raub & Romhardt, 2012, S. 34 ff). Um diesen Kernprozessen einen orientierenden und koordinierenden, strategischen Rahmen zu geben, wurden diese um die beiden Bausteine Wissensziele und Wissensbewertung ergänzt (Wiater, 2007, S. 107). Die kleinste Einheit des Wissen bzw. des Wissensmanagements sind die einzelnen Wissenselemente (Maier, 2014). In allgemeiner Beschreibung kann Neues dadurch erzeugt werden, dass wir vorhandene Wissenselemente – gedanklich als Bausteine vorstellbar – zu neuen Gestalten verbinden (Aner & Karl, 2010, S. 430). Das Kreative liegt dabei nicht unbedingt in der Schaffung weiterer Bausteine, sondern in der neuen, durch das Kombinieren, entstandenen Struktur (Schlicksupp, 1995, S. 115). Da bei den Mitarbeitern der Vorrat an neuen Wissenselementen sehr groß ist, wenn diese sich auf „vertrautem Gebiet" bewegen und kein Handlungszwang vorhanden ist, können fortwährend neue Wissenselemente erzeugt bzw. bestehende Wissenselemente modifiziert werden (Meyer, 2002, S. 15). Wissenselemente sind regelmäßig vernetzt (Scherm & Pietsch, 2007, S. 313). Die Komplexität des Vernetzungsniveaus ist unter anderem abhängig von der Qualität und Quantität der betreffenden Wissenselemente (Lau, 2011, S. 16). Das Vernetzungsniveau recht hierbei von einem einfachen Fakt bis hin zu einem übergeordneten Konzept (Knobloch, 2011, S. 15). Wissenselemente benötigen regelmäßig einen Wissensträger, den Mitarbeiter (Siedenbiegel, 2010, S. 240). Wissenselemente, die von ihren Wissensträgern gebildet werden, beeinflussen zudem andere Wissenselemente (Zehrer, 2014, S. 139).

Nachdem die Wissenselemente im Zusammenhang mit der Führung untersucht werden sollen, wird als nächstes die Führung näher dargestellt.

4.3. Führung

Die Notwendigkeit von Führung lässt sich aus einer eher mitarbeiterorientierten und auch einer tendenziell arbeitgeberorientierten Sichtweise ableiten (Bea, Friedl & Schweitzer, 2005, S. 4). Aus der Sicht des Mitarbeiters ist Führung erforderlich, um ihm eine Entwicklung zu ermöglichen (Kauschke, 2010, S. 135). Aus Sicht der Arbeitgeber wird die Notwendigkeit der Führung häufig als Mittel zur Zielerreichung bzw. zur Umsetzung der Strategie gesehen (Alznauer, 2006, S. 134). Die Notwendigkeit der Führung ist für die Mitarbeiter in der Regel selbstverständlich und wird deshalb meist nicht weiter hinterfragt (Doppler, Fuhrmann, Lebbe-Waschke & Voigt, 2011, S. 161). Unterschiedliche Anschauungen liegen jedoch meist über die Art und Weise der Führung bzw. der Verwendung des passenden Führungsstils vor (Hammer, 2011, S. 11). Der Führungsstil beschreibt die charakteristische Art und Weise, wie Führung durch die Führungskraft umgesetzt wird (Hofbauer, Kauer, 2009, S. 18). Nachdem es eine Vielzahl an verschiedenen Führungsstilen in der Literatur gibt, werden die aktuell bekannten, wichtigsten Führungsstile abgebildet.

4.4. Führungsstile

Als Führungsstil kann ein zeitlich überdauerndes, in Bezug auf bestimmte Situationen *konsistentes* Führungsverhalten von Führungskräften gegenüber den Mitarbeitern, verstanden werden (Wagner & Patzak, 2007, S. 189). Die heute in der täglichen

Praxis immer noch vorhandenen, idealtypischen Führungsstile basieren auf den empirischen Forschungen von Lewin, Lippitt & White im Jahre 1939 (Hentze, Graf, Kammel & Lindert, 2005, S. 237). Hierbei handelt es sich um den autoritären, den kooperativen und den „laissez-fairen" Führungsstil (Pelzer, 2009, S. 60).

Bei dem autoritären Führungsstil, auch befehlender oder direktiver Führungsstil genannt, gibt die Führungskraft vor, was zu tun ist (Lieber, 2007, S. 70). Das wichtigste Führungsmittel hierbei sind Anweisungen (Schön, 2011, S. 45). Die autoritäre Führungskraft verlangt, dass ihre Anweisungen hierbei sofort befolgt werden (Pinnow, 2012, S. 82). Flexibilität, Handlungsspielraum oder gar individuelle Belange des Mitarbeiters finden keine Berücksichtigung (Lieber, 2007, S. 70).

Den Gegensatz zu dem autoritären Führungsstil stellt der kooperative Führungsstil dar (Neges, 2007, S. 30). Bei diesem Führungsstil lenkt und koordiniert die Führungskraft die Mitarbeiter, die als Partner gesehen werden (Erdmann, Popp & Tolksdorf, 2006, S. 169). Es ist hierbei die Trennung von Entscheidung, Ausführung und Kontrolle der zu verrichtenden Tätigkeiten gemildert (Jung, 2006, S. 219). Durch Delegation werden Entscheidungen auf diejenige Ebene verlagert, welche die größte fachliche Kompetenz besitzt (Hentze, Graf, Kammel & Lindert, 2005, S. 246). Der Mitarbeiter wird zudem in den Zielbildungsprozess mit einbezogen (Hentze, Graf, 2005, S. 270).

Bei einem „laissez-fairen" Führungsstil werden die Mitarbeiter von der Führungskraft als isolierte Individuen betrachtet, deren Motivation durch Freiheit bewirkt wird (Jung, 2006, S. 219). Hierbei werden den Mitarbeitern sehr viele Freiheiten und ein sehr hoher Grad an Selbstbestimmung gewährt (Freytag, 2008, S. 17). Die Führungskraft gibt zwar auf Nachfrage die notwendigen Informationen, vereinbart aber keine Ziele, gibt weder Anweisungen noch Hilfestellungen (Pelzer, 2009, S. 60). Diese Art der Führung ist damit durch Inaktivität und einen weitgehenden Verzicht auf Führung gekennzeichnet (Klaußner, 2009, S. 197). Dieser Führungsstil (in seiner Reinform; Anmerkung des Verfassers) enthält einen Widerspruch in sich, da er ein Führungsverhalten der „Nicht-Führung" beschreibt (Jung, 2006, S. 219).

Seit dieser Zeit hat es in der Literatur immer wieder Abwandlungen oder Modernisierungen dieser idealtypischen Führungsstile gegeben (Wiendieck, Wiswede, 1990, S. 14). So z. B. erstellten Tannenbau und Schmidt 1958 mit dem Führungskontinuum ein Führungsmodell mit einer siebenstufigen Typologie alternativer Führungsstile anhand des Kriteriums der Partizipation in Entscheidungssituationen (Hintz, 2013, S. 25). Lattmann unterscheidet hingegen in seiner alternativen Klassifikation in sechs unterschiedliche Ausprägungen (despotischer, paternalistischer, pädagogischer, partizipativer und partnerschaftlicher Führungsstil sowie die Selbstverwaltung) (Conrad, Staehle & Sydow, 2014, S. 335). Das Managerial Grid (Verhaltensgitter) nach Blake und Mouton basiert abweichend auf der Annahme, dass es zwei Orientierungen im Führungsverhalten gibt (Withauer, 2011, S. 172). Die eine ist eine Sach- oder Produktionsorientierung, die andere tendenziell eher eine Menschen- oder Mitarbeiterorientierung, welche den zwischenmenschlichen Beziehungen große Bedeutung einräumt (Hornstein, 2009, S. 19 ff). Weber unterteilt hingegen in seinem idealtypischen Ansatz des tradierenden Führungsstils in die Ausprägungen patriarchalischer, charismatischer, autokratischer und bürokratischer Führungsstil (Klaußner, 2009, S. 36). Der Ansatz von Mintzberg fokussiert sich dagegen eher auf die Gestaltung einer Geisteshaltung (Mindset) von Führungskräften (Schwuchow & Gutmann, 2013, S. 85). Das Besondere an diesem Ansatz ist die lernende Reflexion über sich selbst, die persönlichen Beziehungen und das organisatorische Umfeld (Pinnow, 2012, S. 85 ff). Die transformationale Führung nach Bass und Avolio legt dagegen Wert auf die Klärung der Erwartung an die Mitarbeiter, die Durchführung korrigierender Maßnahmen zur Sicherstellung der Zielerreichung, die Unterstützung von Mitarbeitern (wenn sie sich anstrengen) und auf klare Abgrenzungen von Zuständigkeiten und Verantwortung (Bohne, 2014, S. 14 ff). Eines der aktuellsten Modelle ist die dialogische Führung nach Dietz und Kracht. Inhalt dieses Führungsansatzes ist der Gedanke, dass Mitarbeiter zunehmend aus eigener Einsicht und in eigener Verantwortung handeln (Dietz & Kracht, 2011, S. 2). Insgesamt ist ein Trend in Richtung der Weiterentwicklung zu zielbezogenen Führungs- und Managementkompetenzen zu erkennen (Schmidt, 2011, S. 2). Da es sich bei vielen in der Literatur beschriebenen und vorstehend kurz aufgezählten Führungsstilen oder Ausprägungen von Führungsstilen zumeist um Abwandlungen der genannten, idealtypischen Führungsstile handelt und diese alle zwischen den beiden Polen der idealtypischen Führungsstile liegen und nichts grundlegend Neues bzw. für diese Arbeit relevantes Führungswissen enthalten (Hentze, Graf, Kammel & Lindert, 2005, S. 253), werden diese nicht tiefergehend behandelt.

Der ebenfalls häufig verwendete situative Führungsstil bezieht alle vorgenannten Führungsstile je nach Situation ein, und die Führungskraft muss situativ entscheiden, welcher der Führungsstile angebracht ist (Jetter & Skrotzki, 2008, S. 43). Eines der Modelle zum situativen Führen ist das Modell nach Hersey und Blanchard (Köppel, 2007, S. 54). Sie unterscheiden zwischen einem eher aufgabenbezogenen und einem eher personenbezogenen Führungsstil in Abhängigkeit des jeweiligen Reifegrades der geführten Mitarbeiter (Glöckler & Maul, 2010, S. 35). Ebenfalls dem situativen Führungsstil zuzurechnen ist die Kontingenztheorie bzw. das Kontingenzmodell von Fiedler (York-Urban, 2008, S. 120). Er untersuchte Führung vor allem in der Abhängigkeit der Führungskraft von deren persönlichen Eigenschaften und der Beziehung zu dem geführten Mitarbeiter (Gläser, 2014, S. 877 ff). Auch die 3-D-Theorie von Reddin geht davon aus, dass es den ausnahmslos richtigen Führungsstil nicht gibt und dass unterschiedliche Situationen ein unterschiedliches Führungsverhalten erfordern (Paustian & Gries, 2014, S. 445). Er argumentiert hierbei mit den Faktoren Führungsstil, Situation und Effektivität, die als dreidimensionales Modell dargestellt werden (Klafl & Beck, 2013, S. 158). Rahn hingegen richtet sich in seinem gruppenbezogenen Führungsstil an den einzelnen Gruppenmitgliedern bzw. der ganzen Gruppe aus (Störkle, 2014, S. 198). Jeder Mitarbeiter wird entsprechend seinem Verhalten, Benehmen und Ansehen in der Gruppe anders behandelt (Volkelt, 2014, S. 105). Er gliedert hierbei in die Bereiche integrierend, anspornend, fördernd, wertschätzend, bremsend und ermutigend (Wanzel, 2010, S. 205). Auch hier ist es so, dass sicherlich noch weitere Ansätze und Modelle vorhanden sind und das Aufgezählte weiter vertieft werden könnte.

Nachdem dies aber im weiteren Verlauf nicht benötigt wird, für den Kontext dieser Arbeit keinen Mehrwert bietet und nur Abänderungen des bisher Bekannten hervorbringt, wird dies nicht weiter vertieft.

4.5. Traditionelle Strukturen

Seit Jahrzehnten sind Unternehmen in gleicher Art und Weise strukturiert und in ihrer traditionellen Aufbau- und Ablauforganisation verwurzelt (Ili, 2012, S. 364). Diese Struktur setzt sich aus den fachlichen und zwischenmenschlichen Ressourcen einer Person bzw. eines Mitarbeiters zusammen (Faßnacht & Käse, 2002, S. 176). Dies bedeutet, dass das, was ein Mitarbeiter an Wissen und Können einbringt, auf eben dies im Unternehmen beschränkt bleiben wird (Richta, 2012, S. 63). Dies führt zu daraus resultierenden Begrenzungen, sobald, egal welcher Art, Anders- oder Überforderungen auftreten (Jones & Bouncken, 2008, S. 249). Zusätzlich „zementiert" wird diese traditionelle Strukturvorstellung aus deren organisationstheoretischer „Festschreibung" auf die zweidimensionale Aufbau- und Ablauforganisation (Scheer, 2011, S. 41). Es findet somit eine doppelte Festigung der traditionellen Strukturvorstellungen statt (Krüger, 2012, S. 119), die einerseits bei den im jeweiligen Mitarbeiter beinhalteten Möglichkeiten und andererseits in der Eingliederung in eine festgeschriebene Organisationsform liegen. Vor allem die festgeschriebenen Organisationsformen hemmen die Möglichkeiten der Mitarbeiter, rasch auf sich einstellende Änderungen reagieren zu können (Kämper, 2004, S. 28 ff). Von einem „tradionierten" Stelleninhaber wird insoweit genau das erwartet, was in der Stellenbeschreibung steht (Tschumi, 2014, S. 128), und nicht das, was – aufgrund erforderlicher, rasch umzusetzender Änderungen – von dem Mitarbeiter in der Zukunft erwartet wird, weil die Zeitsprünge so schnell vonstattengehen, dass quasi eine permanente, immer mehr beschleunigte Änderung der Stellenbeschreibung die Folge wäre, was derzeit gänzlich unterbleibt. Zeitverlust und brachliegende menschliche Potenziale sind die Folge solch traditioneller Strukturvorstellungen (Bornewasser, 2009, S. 160).

4.6. Lösungsansatz: Wissenselemente in der Aufbauorganisation

Zur Lösung dieses organisationstheoretischen und führungstheoretischen sowie führungspraktischen Problems ist deshalb angedacht, die Vernetzung verschiedener Wissensfragmente von unterschiedlichen (natürlichen) Personen (partielles Spitzen-Fachwissen, Wissensfragmente) durch die Führungskraft und die Akkumulation dieser Wissensfragmente auf eine, also nicht mehr nur auf eine (natürliche) Person verankerte, sondern eine fiktive, organisatorische „Wissens-Stelle" vorzunehmen. Diese organisatorische „Wissen-Stelle" soll insoweit aus den Wissensfragmenten unterschiedlichen Personen-Fachwissens, nun kumuliert auf eine fiktive, organisationstheoretische bzw. organisatorische „Wissens-Person", bestehen. Es wird damit die Aufbauorganisation eine erste fiktionale Dimension, die zugleich eine zweite Dimension von Wissenselementen verschiedener nun natürlicher Personen zur Seite gestellt bekommt.

Eine graphische Gegenüberstellung einer beispielhaften aktuellen bzw. „traditionellen" sowie der möglichen, zukünftig „neuen" Aufbauorganisation ist in der nachfolgenden Abbildung dargestellt:

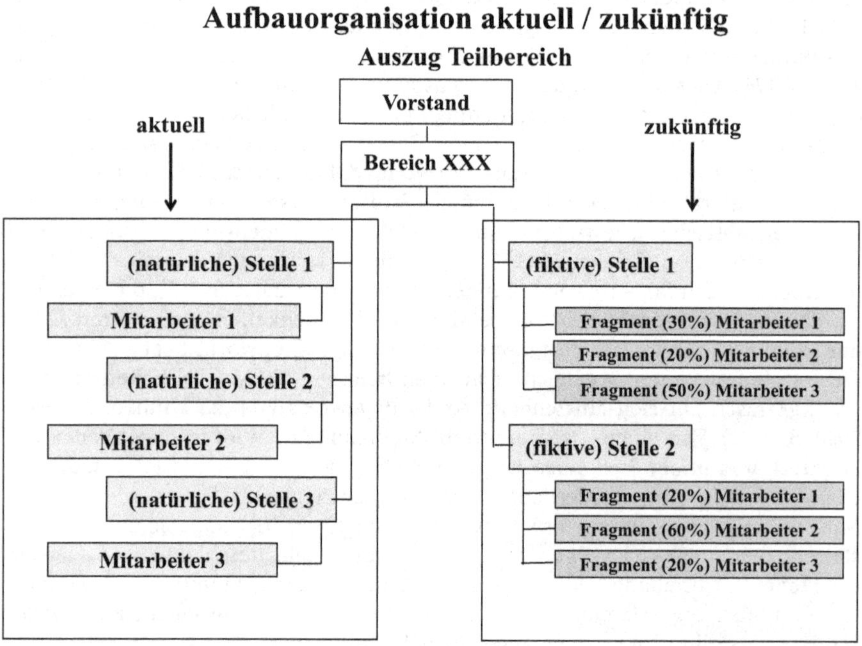

Abbildung 2: Aufbauorganisation aktuell und zukünftig (eigene Grafik)

Ausgehend von der beschriebenen, zukünftig „neuen" Aufbauorganisation kann mit dem gleichen Ansatz der Wissenselemente auch die Ablauforganisation „neu" gestaltet werden.

4.7. Lösungsansatz: Wissenselemente in der Ablauforganisation

In der folgenden graphischen Darstellung sind ebenfalls beispielhaft eine aktuelle bzw. „traditionelle" sowie eine mögliche, zukünftige „neue" Ablauforganisation abgebildet:

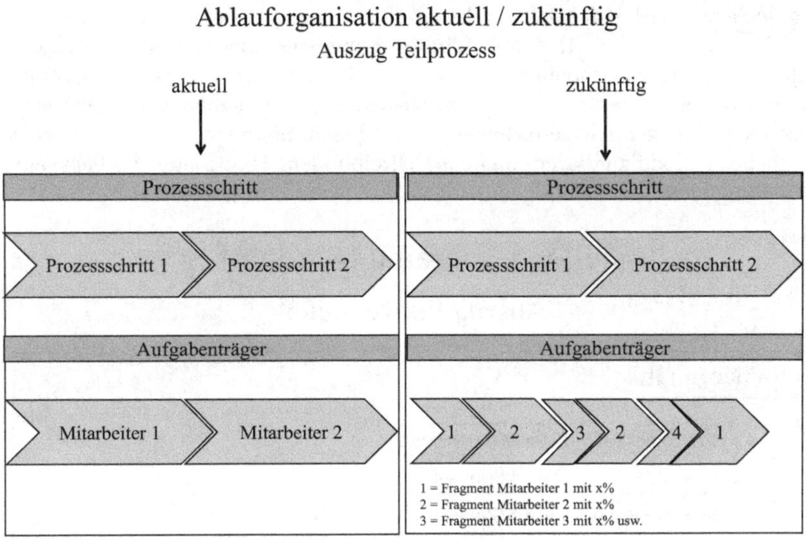

Abbildung 3: Auszug Teilprozess (eigene Grafik)

Das zuvor Beschriebene zeigt aus Sicht des Autors, dass die oben dargestellte „Festschreibung" der Aufbauorganisation aus den daraus abgeleiteten Stellenbeschreibungen (natürlichen Personen) und den zudem hieraus abgeleiteten Erwartungen an Wissen und Können (derselben natürlichen Personen) quasi die Anpassung von rasch umzusetzenden Änderungen lähmt.

4.8. Lösungsansatz: Wissenselemente in der Stellenbeschreibung

Die Lähmung bei Änderungen entsteht unter anderem auch dadurch, dass die Stellenbeschreibung an sich genau das widerspiegelt, was ja in der Vergangenheit – stets mit Blick in den „Rückspiegel" – vom Stelleninhaber erwartet wurde (Harss, Liebich & Michalka, 2011, S. 171). Genau dies hatte dieser zu erfüllen, andernfalls sah er sich mit disziplinarrechtlichen Konsequenzen konfrontiert (Westermayer & Stein, 2006, S. 31). Gerade vor diesem Hintergrund konnte aus Sicht des Autors von den Stelleninhabern nicht erwartet werden, dass rasch umzusetzende Änderungen eigenständig und rasch aufgegriffen wurden. Die Mitarbeiter verlassen sich demnach auf die Steuerung durch Führungskräfte und die jeweilige Umsetzung in die Aufbau- und Ablauforganisation (Janowsky, 2000, S. 155). Es scheint so zu sein, dass all dies Organisationen (künstlich) langsam und anfällig für die Nichtumsetzung rasch umzusetzender Änderungsbedürfnisse macht. Zur Lösung des Problems wird deshalb vorgeschlagen, dass jeder Stelleninhaber einer bislang auf eine (natürliche körperliche) Person konzentrierten Stelle künftig in die Lage kommen muss, seine eigene Stelle so flexibel zu modellieren, dass zukünftige Veränderungen (Innovationen) schneller realisiert werden können. Dies bedeutet eine Abkehr von starren (bedarfsweise vom Management verordneten) Stellenbeschreibungen, hin zu flexiblen, von Mitarbeitern modifizierbaren, Stellenbeschreibungen. Eine mögliche, beispielhafte Darstellung kann der nachfolgenden Abbildung entnommen werden:

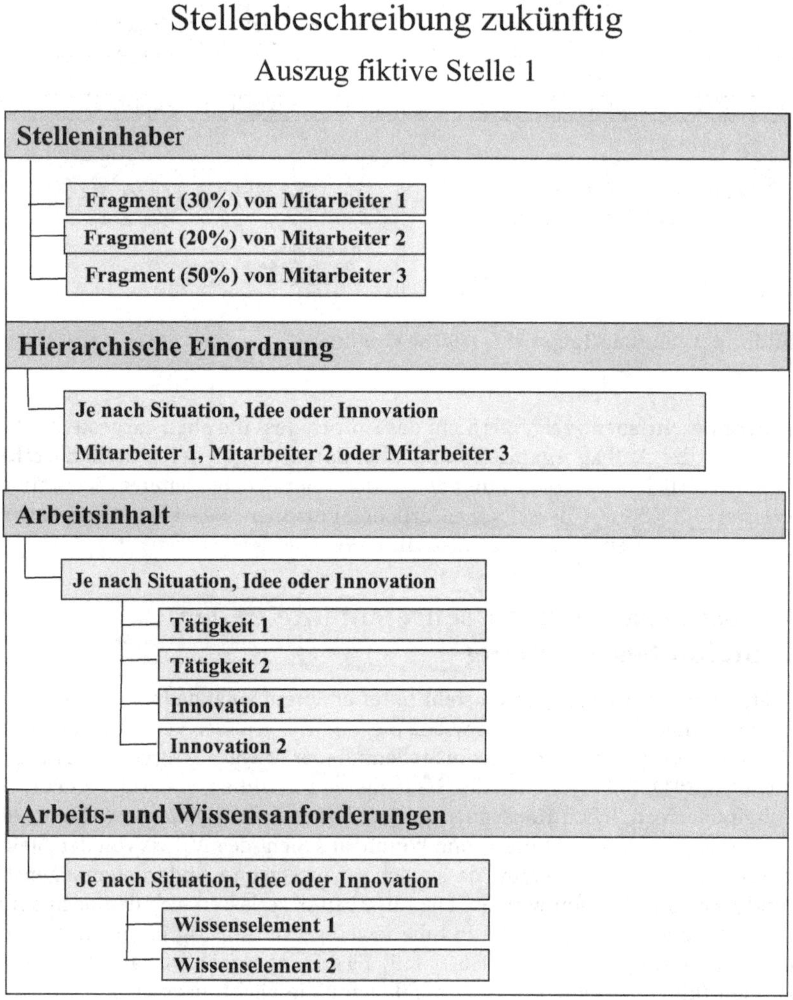

Abbildung 4: zukünftige Stellenbeschreibung (eigene Grafik)

Neben dem vorgenannten wird ebenfalls ein „Umkippen“ der Aufbauorganisation, quasi „auf den Kopf“ erforderlich. Es liegen unzählige, in der Literatur beschriebene, Erfahrungen vor, dass es gerade die klassische Hierarchie ist, die das Durchsetzen erforderlicher Änderungen hemmt (Walter, 2005, S. 245). Sei es, weil der Vorgesetzte das für die Änderung erforderliche Know-how nicht hat und die Änderung deshalb „blockiert“, sei es, weil der Vorgesetzte die Dringlichkeit in einer Prioritätenliste falsch einordnet und Änderungen deshalb „liegenbleiben“ (Knaese, 2004, S. 45). Zusätzlich deutet viel darauf hin, dass von den Führungskräften quasi verlangt wird, solche Neuerungen „auf die Bahn zu bringen“, welche jedoch noch nicht alltäglich verfügbar sind. Bleiben diese aus, kommt es dadurch zu Blockaden von erforderlichen Veränderungen, da der Impuls hierzu von Untergebenen kommt, die allein dadurch schon den Vorgesetzten kompromittieren (Müller, 2008, S. 82). Dies schadet aus Sicht des Autors dem Änderungsadaptionsvermögen einer Organisation sowie auch deren Möglichkeit, proaktiv Innovationen den dringend notwendigen Raum zu geben.

4.9. Lösungsansatz: Führungssystem der fragmentierten Wissenselemente

Zur Lösung des Problems wird deshalb Folgendes angedacht:

Wer eine innovative Idee hat, muss demnach – kühn formuliert – auch zu deren Durchsetzung bzw. Realisierung, also bis hin zu einer wirtschaftlich nutzbaren Innovation, die Führung übernehmen und braucht sich nicht mehr der bisherigen Führungsstruktur unterzuordnen. Wer Ideen hat, muss demnach – in eben völligem „auf-den-Kopf-stellen“ der Aufbauorganisation – auch führen dürfen. Wer keine Ideen (mehr) hat, muss demnach auch zurückstecken können, und zwar insoweit natürlich, als ihm aus dem Zurückstecken keine Nachteile ins Haus stehen dürfen. Ansonsten würde allein die Beobachtung des Untergangs betroffener Führungskräfte durch Dritte bzw. durch den Ideengeber selbst eine erneute bzw. zukünftige Blockadehaltung für alle Änderungen oder Neuerungen auslösen. Wird also eine (innovative, praktikable) Idee formuliert, setzt dies quasi einen Führungsanspruch frei. Die Prüfungskompetenz und Realisierungsentscheidung (das Veto-Recht) hierüber darf deshalb nicht mehr (allein) bei der bisherigen Führungskraft sein.

4.10. Ergebnisse der Forschungsstudie und Fazit

Kann das theoretisch Beschriebene aber funktionieren?

Um dies zu beweisen, führte der Autor eine umfassende Forschungsstudie (Fragebogen) bei Mitarbeitern und Führungskräften durch. Insgesamt 817 verwertbare Rückläufer wurden hierzu ausgewertet.

Zusammengefasst konnte die Funktionsfähigkeit des Führungssystems der fragmentierten Wissenselemente nachgewiesen werden. Ebenfalls konnte das latente Potenzial, welches in der Anwendung eines solchen Führungssystems fragmentierter Wissenselemente liegt, herausgearbeitet werden.

Nachfolgend sind Auszüge der Ergebnisse der Forschungsstudie, die sich auf die vorgenannte Thematik beziehen, aufgeführt:

- Nur 30 % der Teilnehmer halten die heutigen Führungsstile in der Zukunft noch für ausreichend.
- Rund 69 % der Teilnehmer halten weitreichende Veränderungen der heutigen Führungsstile für erforderlich.
- Rund 89 % finden eine Berücksichtigung der Individualität in der Führung unverzichtbar.
- Rund 95 % sind der Auffassung, dass die Berücksichtigung der Individualität eines jeden Mitarbeiters den Unternehmenserfolg maximal beeinflussen würde.
- Nur noch knapp 45 % der Befragten können bei allen ihren Aufgaben laut Stellenbeschreibung derzeit ihr volles Potenzial ausschöpfen.
- Rund 85 % der befragten Mitarbeiter glauben, dass sie bessere Leistungen erzielen könnten, wenn sie eher Tätigkeiten verrichten, die sie gerne machen.
- Bei rund 90 % aller Teilnehmer würden sich die Motivation im Allgemeinen, die Zufriedenheit und die Arbeitsproduktivität verbessern, wenn sie eher Tätigkeiten verrichten, die sie gerne erledigen.
- Mehr als 75 % der Mitarbeiter glauben, dass in einem fragmentierten Arbeitsbereich deutlich mehr wirkliche Innovationen möglich wären.
- Knapp 45 % der Mitarbeiter glauben, dass bestehende Strukturen (Über- bzw. Unterordnungsverhältnisse) ihre Kreativität und Innovationsfähigkeit einengen.
- Rund 59 % aller Befragten glauben, dass ein „Aufbrechen“ solcher starrer Strukturen die Innovationsfähigkeit steigern könnte.

Die aus der Studie gewonnenen Ergebnisse sollten neue Erkenntnisse für die Wirtschaftswissenschaften erzielen lassen. Gleichzeitig konnten aus diesen wissenschaftlichen Erkenntnissen praktikable Anwendungsmöglichkeiten für

- die Mitarbeiter,
- die Führungskräfte,
- die Unternehmen selbst

abgeleitet werden.

Die Nutzung bzw. Anhebung solcher Ressourcen und der erwarteten Steigerung der Arbeitsproduktivität könnte erhebliche Kapazitäten freisetzen, die zur Bewältigung zukünftiger Anforderungen, ohne die Rekrutierung von weiterem Personal, genutzt werden könnten. Die erforderlichen Innovationen würden sich zudem leichter und schneller realisieren lassen. Auch für zukünftiges Wachstum würden eher keine neuen Mitarbeiter, die auch aufgrund des Fachkräftemangels immer aufwändiger auf dem Markt akquiriert werden müssten, benötigt werden. Der Verfasser weist klar darauf hin, dass es ihm nicht um den Abbau von Arbeitsplätzen geht, sondern ausdrücklich um die Bewältigung von anstehenden Herausforderungen in der Zukunft. Bei der Hebung eines Potenzials von nur 5 % bei den Mitarbeiterkapazitäten könnten enorme Ressourcen für die Bewältigung neuer

Herausforderungen ohne zusätzliche Kosten zur Verfügung gestellt werden. Selbst bei einem Unternehmen mit „nur" rund 200 Mitarbeitern wären dies schon 10 Mitarbeiterkapazitäten.

Auch für die Mitarbeiter sieht der Verfasser vermehrt Potenzial für Verbesserungen oder persönliche Weiterentwicklung. Wenn Mitarbeiter vermehrt Tätigkeiten verrichten könnten, die diesen liegen, wäre ihre Arbeitszufriedenheit höher und die Motivation auch im Allgemeinen höher. Die Mitarbeiter hätten zudem die Möglichkeit, traditionell starre Organisationsstrukturen aufzubrechen, und auch mehr Innovationen „unter ihrer Leitung" umzusetzen.

Führungskräfte hätten es aus Sicht des Verfassers bei einem Führungssystem fragmentierter Wissenselemente vermutlich ein wenig einfacher. Dadurch, dass Mitarbeiter als generell zufriedener und motivierter einzuschätzen sind, deutet viel darauf hin, dass diese damit auch leichter zu führen wären. Es dürfte sich wahrscheinlich nachweisen lassen, dass der mentale Druck auf Führungskräfte sinken würde. Eine grundlegende Ausbildung von Führungskräften, die erforderlichen Rahmenbedingungen zur Umsetzung solch eines Führungssystems sowie eine spezifische, auf die Anforderungen dieses Führungssystems, zugeschnittene Qualifikation, werden aber erforderlich sein. Diese gilt es durch weitergehende Studien noch zu erforschen bzw. in die Praxis umzusetzen und dort zu etablieren.

Bestehendes Führungswissen und die Angemessenheit der bestehenden Führungsstile soll weder angezweifelt noch widerlegt werden. Es geht einzig und alleine darum, aufzuzeigen, dass bisheriges für die zukünftigen Anforderungen nicht mehr vollständig geeignet ist. Zudem sollen mit dem Führungssystem fragmentierter Wissenselemente die vorhandenen Strukturelemente der Führung sinnvoll an die Gegebenheiten oder Anforderungen der jeweils geführten Mitarbeiter angepasst werden. Auch soll der geführte Mitarbeiter mit seinem „persönlichen Führungsstil" abgeholt werden, um die maximal vorhandene Leistungsfähigkeit abzurufen. Durch die Forschungsstudie konnte bewiesen werden, dass dies gelingen kann.

Fazit:

Der Autor ist der Auffassung, dass es zukünftig ganz ohne Führung in den Unternehmen nicht funktionieren kann. Mit dem Führungssystem der fragmentierten Wissenselemente konnte im Rahmen der Forschungsstudie nachgewiesen werden, dass dieser innovative Führungsansatz eine Möglichkeit wäre, Führung positiv zu verändern bzw. zu verbessern, um bisher brachliegendes Potential zu nutzen.

Literaturverzeichnis

Alznauer, M. (2006). *Evolutionäre Führung, der Kern erfolgreicher Führungspraxis.* Wiesbaden: Gabler.

Aner, K., & Karl, U. (2010). *Handbuch Soziale Arbeit und Alter.* Wiesbaden: Verlag für Sozialwissenschaften.

Bea, F., Friedl, B., & Schweitzer, M. (2005). *Allgemeine Betriebswirtschaftslehre – Bd. 2: Führung – Planung und Steuerung, Organisation, Controlling, Bilanzen, Kostenrechnung, Prognose.* Stuttgart: UTB.

Bäppler, E. (2008). *Nutzung des Wissensmanagements im Strategischen Management.* Wiesbaden: Gabler.

Beck, B. (2008). *Volkswirtschaft verstehen.* Zürich: cdf Hochschulverlag

Bergmann, R., & Garrecht, M. (2016). *Organisation und Projektmanagement.* Berlin: Springer Gabler.

Bohne, C. (2014). *Blended Coaching als Instrument der Personal- und Organisationsentwicklung.* Hamburg: Diplomica.

Bornewasser, M. (2009). *Organisationsdiagnostik und Organisationsentwicklung.* Stuttgart: Kohlhammer.

Bringmann, W. (2019). *Preussen im Jahr 1806.* Stuttgart: ibidem-Verlag.

Brossmann, M., & Mödinger, W. (2011). *Praxisguide Wissensmanagement: Qualifizieren in Gegenwart und Zukunft.* Heidelberg: Springer.

Burkhardt, F. (Hrsg.). (2008). *Charles Darwin: Nichts ist beständiger als der Wandel, Briefe 1822 – 1859.* Frankfurt am Main: Insel Verlag.

Conrad, P., Staehle, W., & Sydow, J. (2014). *Management, eine verhaltenswissenschaftliche Perspektive.* Stuttgart: Vahlen.

Dietz, K., & Kracht T. (2011). *Dialogische Führung, Grundlagen, Praxis, Fallbeispiele.* Frankfurt: Campus.

Doppler, K., Fuhrmann, H., Lebbe-Waschke, B., & Voigt, B. (2011). Unternehmenswandel gegen Widerstände, Change Management mit den Menschen. Frankfurt: Campus.

Erdmann, G., Popp, H., & Tolksdorf, M. (2006). *Betriebswirtschaft/Volkswirtschaft.* Karlsruhe: Versicherungswirtschaft.

Faßnacht, M., & Käse, I. (2002). *Marketingstrategie und Preisfindung für Unternehmensgründer in Dimension der Unternehmensgründung.* Berlin: Erich Schmidt.

Freytag, K. (2008). *Das Spannungsverhältnis von Teamarbeit und Führung.* Hamburg: Diplomica.

Gläser, M. (2014). *Medienmanagement.* Stuttgart: Vahlen.

Glöckler, U., & Maul, G. (2010). *Ressourcenorientierte Führung als Bildungsprozess.* Wiesbaden: VS.

Gondorf, L. (2018). *Ein Unternehmen braucht keine Hierarchien. Können Mitarbeiter ohne Führung effizient arbeiten?* Abgerufen am 04. Aug. 2019 von https://www.absatzwirtschaft.de/koennen-mitarbeiter-ohne-fuehrung-effizient-arbeiten-und-sind-sogar-motivierter-126942/

Gronau, N., Petkoff, B., & Schildhauer, T. (2004). *Wissensmanagement, Wandel, Wertschöpfung, Wachstum.* Berlin: GITO.

Harss, C., Liebich, D, & Michalka, M. (2011). *Konfliktmanagement für Führungskräfte*. München: Vahlen.

Halder-Schüssler, N. (2016). *Kaum ein Team kommt ganz ohne Führung aus?* Hernsteiner 1/2016, S. 20.

Hammer, R. (2011). *Planung und Führung*. München: Oldenbourg.

Hentze, J., & Graf, A. (2005). *Personalwirtschaftslehre 2*. Bern: Haupt.

Hentze, J., Graf, A., Kammel, A., & Lindert, K. (2005). *Personalwirtschaftslehre: Grundlagen, Funktionen und Modelle der Führung*. Bern: Haupt.

Heiß, M. (2011). *Yes she can: Die Zukunft des Managements ist weiblich*. München: Redline.

Hintz, A. (2013). *Erfolgreiche Mitarbeiterführung durch soziale Kompetenz*. Wiesbaden: Gabler.

Hofbauer, H., & Kauer, A. (2009). *Einstieg in die Führungsrolle, Praxisbuch für die ersten 100 Tage*. München: Carl Hanser.

Hoffmann, G. (2017). Organisationale Resilienz, Kernressource moderner Organisationen. Berlin: Springer.

Hornstein, J. (2009). *Modellgestützte Optimierung des Führungsstils während eines Turnarounds*. Wiesbaden: Gabler.

Ihne, H., & Wilhelm, J. (2013). *Einführung in die Entwicklungspolitik*. Berlin: Lit.

Ili, S. (2012). *Innovation Excellence, wie Unternehmen ihre Innovationsfähigkeit systematisch steigern*. Düsseldorf: Symposion Publishing.

Illig, W. (2015). *Führung bei Veränderungsprozessen* (doctoral dissertation). Abgerufen am 04. Aug. 2019 von doktori.nyme.hu/479/1/Wolfgang_Illig_Disszertacio.pdf

Janowsky, K. (2000). *Wandel und Veränderung in der Betriebsgemeinschaft*. Renningen: Expert.

Jetter, F., & Skrotzki, R. (2008). *Führungskompetenzen*. Regensburg: Walhalla und Praetoria.

Jones, G., & Bouncken, R. (2008). *Organisation: Theorie, Design und Wandel*. München: Pearson.

Jung, H. (2006). *Allgemeine Betriebswirtschaftslehre*. München: Oldenbourg.

Kämper, M. (2004). *Persönlichkeit und berufliche Leistung*. Hamburg: Diplomica.

Kauschke, J. (2010). *Reflexive Führung*. Frankfurt am Main: Peter Lang.

Klafl, D., & Beck, C. (2013). *Menschen und Arbeitsaspekte in der Organisation*. Hamburg: Diplomica.

Klaußner, A. (2009). *Phasenangepasste Unternehmensführung von Wachstumsunternehmen*. Lohmar: Josef Eul.

Knaese, B. (2004). *Das Management von Know-how-Risiken*. Wiesbaden: DUV.

Knobloch, R. (2011). *Analyse der fachinhaltlichen Qualität von Schüleräußerungen und deren Ein-fluss auf den Lernerfolg*. Berlin: Logos.

Köppel, P. (2007). *Konflikte und Synergien in multikulturellen Teams*. Wiesbaden: DUV.

Krüger, J. (2012). *Kooperationen und Wertschöpfungen*. Heidelberg: Springer.

Lau, A. (2011). *Passung und vertikale Vernetzung im Chemie und Physikunterricht*. Berlin: Logos

Lieber, B. (2007). *Personalführung leicht verständlich*. Stuttgart: Lucius & Lucius.

Maier, R. (2014). *State of the Art des Einsatzes von Wissensmanagement-Systemen*. Internet-veröffentlichung abgerufen am 09. Jun. 2014 von http://www.uibk.ac.at/iwi/publications/kms/downloads/kms_maier_questionnaire_german.pdf

Meyer, W. (2002). *Grundlagen des ökonomischen Denkens*. Tübingen: Mohr Siebeck.

Müller, V. (2008). *Nachfolgertypen und Rollenkonflikte im Nachfolgeprozess von Familienunter-nehmen*. München: Rainer Hampp.

Neges, R., & Neges, G. (2007). *Führungskraft und Persönlichkeit*. Wien: Linde.

Osterloh, M., & Frost, J. (2006). *Prozessmanagement als Kernkompetenz*. Wiesbaden: Gabler.

Paustian, S., & Gries, M. (2014). *Das Buch zum Wirtschaftsfachwirt IHK*. Heilbronn: Lernstarter Bildungsmedien.

Pelzer, G. (2009). *Führen mit links*. Norderstedt: Books on Demand.

Pinnow, D. (2012). *Führen, worauf es wirklich ankommt*. Wiesbaden: Springer.

Prange, C. (2002). *Organisationales Lernen und Wissensmanagement*. Wiesbaden: Gabler.

Probst, G., Raub, S., & Romhardt, K. (2012). *Wissen managen, wie Unternehmen ihre wertvollste Ressource optimal nutzen*. Wiesbaden: Gabler.

Qattawi, L. (2006). *Barrieren im Wissensmanagement*. Salzburg: Grin.

Richta, H. (2012). *Organisationales Lernen als erfolgsrelevantes Konstrukt im Rahmen der Inter-nationalisierung von Unternehmen*. Wiesbaden: Springer.

Schalk, A. (2015). *Standardisierung von Führungsverhalten, eine Analyse der Internalisierung und Reproduktion von Führungskonzeptionen*. Wiesbaden: Springer Gabler.

Scheer, O. (2011). *Strategische Reorganisation in Wachstumsunternehmungen*. München: Rainer Hampp.

Scherm, E., & Pietsch, G. (2007). *Organisation: Theorie, Gestaltung, Wandel*. München: Oldenbourg.

Schlicksupp, H. (1995). *Führung zu kreativer Leistung: so fördert man die schöpferischen Fähigkeiten*. Renningen-Malmsheim: expert.

Schmidt, E. (2011). *Strategische Führungskräfteentwicklung: Mitarbeiterbindung und Effizienzsteigerung durch spielerische Methoden im Managementtraining.* Hamburg: Diplomica.

Schön, C. (2011). *Mehr als bloß ein Job: Als Führungskraft unternehmerisch denken und handeln.* Offenbach: Gabal.

Schwuchow, K., & Gutmann, J. (2013). *Personalentwicklung, Themen, Trends, Best Practices 2014.* Freiburg: Haufe-Lexware.

Seiwert, L. (Hrsg.). (2014). *Die besten Ideen für erfolgreiche Führung.* Offenbach: Gabal.

Siedenbiedel, G. (2010). *Organisation, leicht verständlich.* Stuttgart: Lucius & Lucius.

Störkle, C. (2014). *Praxishandbuch Büro.* München: neobooks Self-Publishing.

Teichert, T., Wartburg, I. v., & Valta, K. (2006). Arten generierten und ausgetauschten Wissens. In B. Wirtz, & C. Burmann (Hrsg.), *Ganzheitliches Direktmarketing.* Wiesbaden: Gabler.

Tschumi, M. (2014). *Praxisratgeber zur Personalentwicklung.* Zürich: Paxium.

Volkelt, L. (2014). *Geschäftsführer im Konzern.* Wiesbaden: Gabler.

Wagner, K., & Patzak, G. (2007). *Performance excellence.* München: Carl Hanser.

Walter, H. (2005). *Handbuch Führung.* Frankfurt: Campus.

Wanzel, C. (2010). *Handbuch der Entwicklung.* Norderstedt: Books on Demand.

Werner, M. (2004). *Einflussfaktoren des Wissenstransfers in wissensintensiven Dienstleistungs-unternehmen.* Wiesbaden: Gabler.

Westermayer, G., & Stein, B. (2006). *Produktionsfaktor betriebliche Gesundheit.* Göttingen: Hogrefe.

Wiater, W. (2007). *Wissensmanagement: Eine Einführung für Pädagogen.* Wiesbaden: VS.

Wiendieck, G., & Wiswede, G. (1990). *Führung im Wandel.* Stuttgart: Enke.

Wilkesmann, U., & Wilkesmann, M. (2009). Wissensmanagement. In M. Gessler (Hrsg.), *Handlungs-felder des Bildungsmanagements.* Münster: Waxmann.

Withauer, K. (2011). *Führungskompetenz und Karriere.* Wiesbaden: Gabler.

York-Urban, F. (2008). *Emotionen und Führung.* Wiesbaden: Gabler.

Zehrer, C. (2014). *Wissenskommunikation in der technischen Redaktion.* Berlin: Frank & Timme.

Zimmer, C. (2016). *Lebensfragen beantwortet aus der Geistigen Welt von EMANUEL.* Wien: Books on Demand.

5. Kryptowährungen, Kryptoassets & Blockchain – Innovation im Zahlungsverkehr oder Hype?

Markus Schindler, BA MA

Abstract: Kryptowährungen als Anwendungen der Blockchain und Community-basierte dezentrale Open-Ledger-Technologien sind seit ihrer Einführung sehr umstritten. Die zugrunde liegende Technologie von Kryptowährungen, die Blockchain, ist möglicherweise ein ebenso disruptiver Technologiesprung wie die Erfindung des Internets. In einfachen Worten handelt es sich bei der Blockchain-Technologie um eine Verkettung von Informationsblöcken – Transaktionen im Fall von Kryptowährungen – mit bestimmten Hash-Algorithmen, die die Hash-Werte vorheriger Blöcke mit den Folgeblöcken verketten. Eine Kopie der gesamten Blockchain wird auf dem Computer jedes aktiven Netzwerkteilnehmers gespeichert. Falls eine Blockchain-Kopie manipuliert wird, beispielsweise durch Ändern der Transaktionsdaten, bemerken die anderen Teilnehmer des Netzwerkes diese Manipulation und überschreiben die fehlerhaften Daten. Die Blockchain-Technologie ermöglicht also eine sichere Methode zum Speichern und Verarbeiten von Transaktionsdaten ohne einen vertrauenswürdigen Dritten. Der Zweck einer Kryptowährung wie Bitcoin könnte sein, eine Alternative zu unserem aktuellen Zahlungssystemen zu bieten oder es sogar vollständig abzulösen. Die folgende Untersuchung soll in Anlehnung an erhobene Umfragedaten erläutern, wie Kryptowährungen oder Kryptoassets bei potentiellen Usern wahrgenommen werden und aus diversen Einstellungsmessungen soll eine mögliche Zukunft dieser Technologien abgeleitet werden.

5.1 Einleitung

Die Geschichte der Kryptowährungen ist mittlerweile mehr als zehn Jahre alt. Das Konzept für die erste Kryptowährung wurde bereits 2008 erstellt. Das erste Projekt wurde als Bitcoin bezeichnet, und unter diesem Namen ist es heute immer noch als prominentester Vertreter im stark wachsenden und vor allem innovativen Kryptowährungsmarkt bekannt. Wer genau hinter dieser revolutionären Idee steckt, ist der Öffentlichkeit bisher nicht bekannt. Der einzige Hinweis auf den Urheber ist das Pseudonym „Satoshi Nakamoto", unter welchem 2008 der erste Artikel zu diesem Thema mit dem Titel „Bitcoin: A Peer-to-Peer Electronic Cash System" veröffentlicht wurde (Nakamoto, 2008).

Die Geschichte der Kryptowährungen ist auch die Geschichte von Bitcoin. Bitcoin war die erste digitale Währung und ist nach wie vor die bekannteste Kryptowährung der Welt. Die erste Idee einer auf Kryptographie basierenden digitalen Währung stammt aus dem letzten Jahrtausend, aus dem Jahr 1998. Damals veröffentlichte Nick Szabo seine Ideen zu einer ausschließlich digitalen Währung und sprach in diesem Zusammenhang von „Bit Gold".

Danach dauerte es noch etwa zehn Jahre, bis „Satoshi Nakamoto" das erste Konzept für Bitcoin als digitale Währung entwickelte. Aktiviert wurde das

Bitcoin-Netzwerk jedoch erst ein Jahr später, im Jahr 2009. Im Jänner des Jahres 2009 wurden die ersten 50 Bitcoin im sogenannten Mining-Prozess erstellt. Zu diesem Zeitpunkt konnte niemand erwarten, welche enormen Wellen diese Technologie schlagen würde (Swan, 2017, S. 3–4).

Nach der Einführung von Bitcoin dauerte es zwei weitere Jahre, bis mit Litecoin eine weitere Kryptowährung ins Leben gerufen wurde. Insgesamt gab es aber bis 2014 kaum mehr als zehn verschiedene digitale Währungen, der „Hype" setzte, betrachtet man die Anzahl unterschiedlicher Kryptowährungen, ab 2015 langsam ein. Zu den historisch ältesten digitalen Währungen mit dem jeweiligen Veröffentlichungsjahr gehörten:

Bitcoin: 2009
Litecoin: 2011
Bytecoin: 2012
Ripple: 2013
Dogecoin: 2013
Dash: 2014
Ethereum: 2015
(Quelle: Cryptocompare, 2019)

Kryptowährungen, wie deren bekannteste Vertreter Bitcoin und Ethereum, standen vor allem in den letzten Jahren im medialen Rampenlicht. In breiten Teilen der Bevölkerung herrscht jedoch die Meinung vor, dass diese digitalen Währungen nur von Computerexperten genutzt werden können und kein Potenzial haben, sich als Transaktionsmittel oder als Anlageform durchzusetzen. Mittlerweile sind Kryptowährungen jedoch vielen zumindest ein Begriff. Bitcoin und andere digitale Währungen bieten unzählige Möglichkeiten für den modernen Zahlungsverkehr, die derzeit von Konsumenten und Anlegern in diesem Bereich jedoch kaum genutzt werden (Antonopoulos, 2017, S. 4).

Im Gegensatz zu einer klassischen Währung, die auch in Form von Bargeld mitgeführt werden kann, ist eine Kryptowährung ein digitales Währungsmodell, welches auch nur im digitalen Raum ausgetauscht werden kann. Die teilweise Namensgebung dieser neuen Assetklasse resultiert aus der Kryptographie zu Sicherheits- und Verifikationszwecken während Transaktionen.

Ein Blick auf die Geschichte digitaler Währungen beinhaltet daher definitiv eine detaillierte Betrachtung der Preisentwicklung, die Bitcoin in den letzten zehn Jahren erfahren hat. Im ersten Jahr, 2009, bestand noch kein Wertverhältnis zu einer bekannten Zentralbankwährung. Zum ersten Mal begannen einige Marktteilnehmer im Jahr 2010 den Bitcoin in Relation zum US-Dollar zu setzen. Zwischen 2010 und 2013 war ein Bitcoin, abgesehen von kurzen Zwischensprüngen, selten mehr als einen US Dollar wert.

Allerdings gab es 2014 eine regelrechte Preisexplosion, als Bitcoin erstmals die Marke von 1.000 US Dollar erreichte. Trotzdem fiel der Wert relativ schnell wieder unter 500 US Dollar. Ein Bitcoin hatte Anfang Januar des Jahres 2017 noch nicht wieder die 1.000-US Dollar-Marke überschritten, Ende 2017 war er jedoch für einen kurzen Zeitraum mehr als 20.000 US Dollar wert, gefolgt von einem dramatischen Preisverfall.

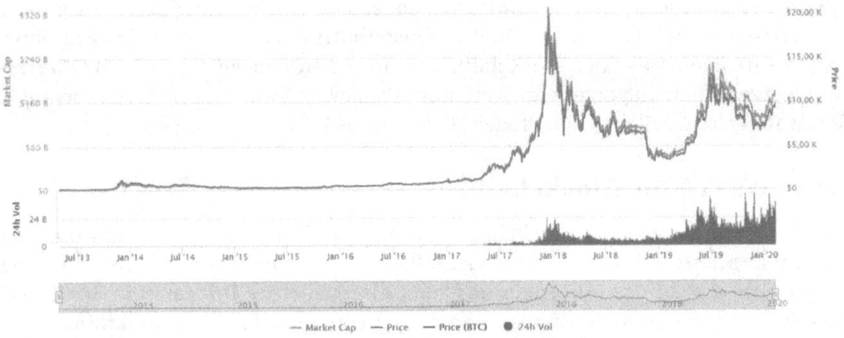

Abbildung 1: Bitcoin/USD – Preischart. (Coinmarketcap, 2020)

5.2. Blockchain, Bitcoin & Co.

Bei der Verwendung von Kryptowährungen für Zahlungsflüsse sind Nutzer nicht auf das Bankensystem angewiesen und könnten in Sekundenschnelle Werte ans andere Ende der Welt transferieren, zu einem Bruchteil der Transaktionsspesen, die im Bankensystem dafür entstünden (Pagliery, 2014, S. 80). Im Allgemeinen werden Kryptowährungstransaktionen über ein sogenanntes Blockchain-Netzwerk verarbeitet und abgewickelt. Die Blockchain ist so konzipiert, dass sie dezentral sind. Daher muss jeder Computer, der mit dem Netzwerk verbunden ist, die Transaktion erfolgreich bestätigen, bevor diese verarbeitet werden kann. Während Bitcoin das mit Abstand bekannteste und erfolgreichste Beispiel für eine Blockchain-basierte Technologie ist, sind die beiden Begriffe aber kein Synonym.

Die möglichen Einsatzzwecke einer Blockchain gehen weit über die Verwendung von Kryptowährungen hinaus: „Smart-Contracts", Verwaltungsbürokratie, Online-Voting oder eine neue Form der Interaktion im Internet – nicht nur der Finanzsektor könnte mit einem Umbruch auf Grund dieser neuen Technologie konfrontiert sein.

Am Anfang jeder Blockchain steht ein Netzwerk von Benutzern (Nodes), die miteinander verbunden sind (ein Peer-to-Peer-Netzwerk) und Transaktionen austauschen, die auf Vertrauen basieren. Dies können Finanztransaktionen sein, aber auch der Abschluss einer Versicherung oder die Übertragung von Eigentumsrechten an einer Immobilie oder jede beliebige Information (Swan, 2017, S. 94).

Aus heutiger Sicht wird für ein solches Geschäft ein Mittelsmann benötigt, ein sogenannter „vertrauenswürdiger Dritter". Bei einer Geldüberweisung wären dies beispielsweise die Banken, bei denen die überweisende Person oder Institution und der Empfänger der Transaktion ihre Konten haben. Für andere Zahlungsvorgänge werden andere Anbieter, wie beispielsweise Kreditkartenanbieter, zwischengeschaltet. Alle diese Zwischenhändler verlangsamen den Vorgang der Transaktion. Sie verlangen auch Gebühren für ihre Dienstleistungen, wodurch Transaktionskosten entstehen. Bei einer Blockchain ist kein „vertrauenswürdiger Dritter" erforderlich, weshalb man von einem „vertrauensbasierten System" spricht (Narayanan, Bonneau, Felten, Miller & Goldfeder 2016, S. 140–143).

5.2.1. Was ist die Blockchain?

Um zu verstehen was die Blockchain ist und wie sie funktioniert, muss man die technischen und mathematischen Grundlagen dazu verstehen. Zu Beginn jeder Blockchain gibt es eine Aufzeichnung über eine beliebige Information. In diesem Beispiel wird im Sinne des Zusammenhanges von einer Finanztransaktion ausgegangen (Drescher, 2018, S. 27–30).

Für jede Transaktion wird ein sogenannter Hashwert berechnet. Bei Kryptowährungstransaktionen wird den Daten der Transaktion durch eine definierte Hash-Funktion ein Zeichenwert mit definierter Länge zugewiesen. Dies kann man sich als größere Datenmenge vorstellen, die durch eine kleinere zusammengefasst wird – den Hashwert. Da es sich um eine mathematische Funktion handelt, bleibt immer nachvollziehbar, welcher Datensatz sich hinter dem Hashwert verbirgt. Aufgrund dieser Eigenschaft wird der Hashwert auch als „Fingerabdruck digitaler Daten" bezeichnet.

Einige dieser Transaktionen werden letztendlich zu einem Block zusammengefasst und abgewickelt. Jeder Block kann durch eine bestimmte Zeichenfolge identifiziert werden. Dieser Datenstrang, der sogenannte „Block-Header", enthält auch einen Hash-Wert. Dieser Hashwert ergibt sich aus der Zusammenfassung der Hashwerte aller Transaktionen des Blocks.

Diese Blöcke werden fortlaufend linear verkettet. Neben den Informationen zu den Transaktionen eines Blockes enthält der „Block-Header" auch den Hashwert des vorhergehenden Blocks (Narayanan et al. 2016, S. 106).

In diesem System können einzelne Transaktionen nicht manipuliert werden, ohne die gesamte Kette anzupassen. Denn durch das Ändern der Transaktionsdaten ändert sich auch ihr Hashwert und damit auch der Hashwert im Blockkopf des jeweiligen Blocks und anschließend auch alle nachfolgenden Blöcke. Jede neue Transaktion enthält die Summe aller vorherigen Transaktionen – in Form eines Hashwertes.

Diese Mechanik ermöglicht es, ohne einen Dritten oder Abwickler miteinzubeziehen, sicherzustellen, dass der Geschäftspartner tatsächlich über die finanziellen Mittel zur Zahlung eines bestimmten Betrags verfügt. Da alle vorherigen Transaktionen in der Blockchain verfügbar sind, kann jederzeit leicht überprüft werden, welchen Anteil jeder Teilnehmer des Netzwerks besitzt.

Aus Datenschutzgründen erscheinen alle Teilnehmer der Blockchain unter einem Pseudonym, welches aber öffentlich einsehbar ist. Somit ist die Blockchain vor Betrug geschützt, da es immer möglich ist, alle Transaktionen zu verfolgen und gleichzeitig aber die genaue Identität der Teilnehmer zu verbergen.

Das beschriebene System alleine wäre in dieser Form allerdings nicht vollständig manipulationssicher. Eine sicherere Blockchain muss verhindern, dass neue Blöcke nach Belieben erstellt werden können. Daher ist das Erstellen neuer Blöcke in der Blockchain an das Lösen eines mathematischen Rätsels gebunden. Durch umfangreiches Testen muss eine bestimmte Zeichenkombination (Nonce) gefunden werden, deren Hashwert in Kombination mit allen anderen blockrelevanten Informationen, einem vorgegebenen Zielwert entspricht. Dieser Vorgang wird als „Mining" bezeichnet. Die Schwierigkeit des zu lösenden Rätsels wird durch einen Algorithmus stetig angepasst, um je nach Gesamtrechenleistung des Netzwerkes in regelmäßigen Abständen neue Blöcke zu erzeugen (Pagliery, 2014, S. 49).

Das Lösen dieser mathematischen Aufgabe erfordert Zeit und Rechenleistung. Welcher Netzwerkteilnehmer zuerst die richtige Lösung liefert, erhält eine Belohnung. Wie genau diese Belohnung aussieht, unterscheidet sich von Blockchain zu Blockchain. Im Bitcoin-Netzwerk werden Blockchain-Miner mit neu erstellten Bitcoins belohnt.

Grundsätzlich weisen Blöcke eine sehr einfache Struktur auf. Es gibt einen Bereich mit Metadaten, die Kopfzeile, sowie einen Bereich für Informationen, welche die einzelnen Transaktionen in einem Block zusammenfassen (Meinel, Gayvoronskaya & Schnjakin, 2018, S. 36–40).

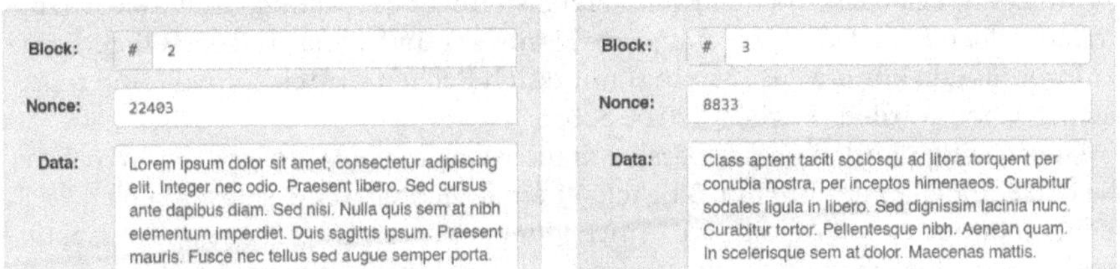

Abbildung 2: Schematische Darstellung einer Blockchain (eigene Darstellung)

Abbildung 2 zeigt den schematischen Aufbau einer Blockchain. Die Abbildung zeigt die wichtigsten Werte wie die Anzahl der Blöcke, die Nonce, die Information (Daten), den Hashwert des vorherigen Blocks und den neuen Hashwert des aktuellen Blocks. Das Bild zeigt, dass der Block „3" Hashwertinformationen des vorhergehenden Blocks enthält, um letztendlich eine Kette von zusammenhängenden Blöcken zu bilden.

Das Besondere an den Hash-Werten innerhalb der Bitcoin Blockchain ist, dass alle mit „00000000000000000" beginnen. Dies ist das Ergebnis des Proof-of-Work-Konsensus-Algorithmus, des kryptographischen Rätsels, das gelöst werden muss, um einen neuen Block zu erstellen. Das Ziel ist es, einen Hash zu einem Block zu finden, der gerade mit dieser Reihe von Nullen beginnt. Dies funktioniert, indem die so genannte „Nonce" geändert wird, bis der gesamte Datenstring des Blocks einen bestimmten Wert erhält, ohne dabei die Transaktionsdaten selbst zu ändern (Drescher, 2018, S. 90).

Da das „Mining" je nach Rechenleistung des Netzwerkes sehr kostenintensiv und zeitaufwändig sein kann, ist es für nicht gewerbliche Teilnehmer kaum möglich, kostendeckend und effizient an der Dezentralisierung des Netzwerkes durch eigene Rechenleistung mitzuwirken (Narayanan et al. 2016, S. 191–195).

Im ursprünglichen Blockchain-Konzept von „Satoshi Nakamoto" waren Miner, Nodes und User identisch. Um Bitcoin verwenden zu können, musste zuerst ein Node (Knotenpunkt) eingerichtet werden. Dazu musste die gesamte Blockchain mit allen Transaktionen heruntergeladen und gespeichert werden, um an der Überprüfung von Transaktionen und Blöcken teilzunehmen und selbst Transaktionen durchzuführen (Nakamoto, 2008).

Mit der Spezialisierung und Kommerzialisierung des „Mining" trennten sich die Rollen jedoch bald. Durch spezialisierte Hardware und stetig steigende technische Anforderungen konnte das „Mining" nur durch Rechenzentren sinnvoll und rentabel betrieben werden (Pagliery, 2014, S. 33).

Gleichzeitig wurden immer bessere digitale Geldbörsen (Wallets) veröffentlicht, die den Handel an der Bitcoin-Blockchain ermöglichten, ohne selbst am Netzwerk teilnehmen müssen. Wallets sind Anwendungen, deren Zweck es ist, Transaktionen auf der Blockchain zu initiieren und zu lesen. Ein einzelner Server übernimmt dabei die Rolle eines Nodes, über den verschiedene Benutzer mit dem Netzwerk kommunizieren können, ohne eine Kopie der Blockchain selbst speichern zu müssen (Narayanan et al., 2016, S. 76).

5.2.2. Zentralisiert vs. dezentral vs. verteilt

In einer dezentralisierten oder verteilten Struktur gibt es keine zentralen Institutionen, die den Datenverkehr regeln, das Währungstransfersystem kontrollieren und/oder überwachen. Diese Vorgänge erfolgen bei dezentralen Netzwerken wie Bitcoin von den Teilnehmern selbst.

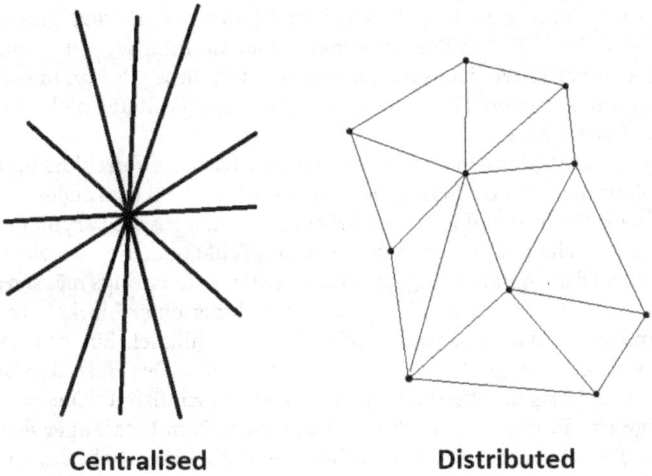

Abbildung 3: Systematische Darstellung zentraler bzw. dezentraler Strukturen (eigene Darstellung)

Für dezentrale Kryptowährungen gibt es keinen einzelnen Ausfallpunkt. Wenn eine Komponente des Systems ausfällt, kann das Netzwerk ohne beträchtliche Einbußen weiterbetrieben werden. Dies ist bei Banken in der Regel nicht der Fall. Wie es 2008 und darüber hinaus geschehen ist, mussten Steuerzahler für ein gescheitertes System bezahlen. Systematisch wurden „systemrelevante" Banken von Regierungen gerettet (Swan, 2017, S. 5).

Obwohl die meisten Kryptowährungen dezentral sind, werden nicht alle dezentral erstellt. Einige werden zentral von inhabergeführten, privaten Unternehmen wie Ripple erschaffen. (Meinel et al., 2018, S. 74)

Ripple (XRP) wird von dem gewinnorientierten Unternehmen Ripple Labs in Umlauf gebracht, welches 80 % der Neuemissionen behält und nach eigenem Ermessen verteilt (Schwartz, 2018).

5.2.3. Sicherheit, Kryptographie und Anonymität

Alle Bitcoin-Transaktionen werden öffentlich und dauerhaft im Netzwerk gespeichert. Das bedeutet, dass jeder den Saldo und die Transaktionen jeder Bitcoin-Adresse einsehen kann. Die Identität des Inhabers kann jedoch nicht mit der Bitcoin-Adresse verknüpft werden, bis der Eigentümer Informationen als Teil einer Transaktion oder auf andere Weise preisgibt. (Drescher, 2018, S. 111–113)

Kryptographie ist das Herzstück zahlreicher Kryptowährungen. Die einzige Herausforderung in Zusammenhang mit moderner Kryptographie ist, dass sie schwer verständlich ist. Die einfachste Definition einer Notwendigkeit für

Verschlüsselung könnte lauten, dass Informationen vor Dritten geschützt werden sollen – ob im Krieg, in der Diplomatie oder im Internet. Um jemandem ein Geheimnis anzuvertrauen, ist es am besten, sich mit dieser Person in einem sicheren Raum privat zu treffen. Dies ist aus naheliegenden Gründen nicht immer möglich (Churchhouse, 2002, S. 1–3).

Kryptographie ist Mathematik. Bei der asymmetrischen Verschlüsselung werden Daten mit einem bestimmten Schlüssel verschlüsselt und mit dem anderen entschlüsselt. Blockchain-Kryptographie basiert auf einer asymmetrischen kryptographischen Methode, die zwischen öffentlichen und privaten Schlüsseln unterscheidet.

Beim Senden des digitalen Fingerabdrucks eines Datenstrings müssen die Daten vor Manipulation geschützt werden. Jeder Teilnehmer einer Blockchain hat einen privaten und einen dazu passenden öffentlichen Schlüssel. Ein privater Schlüssel erstellt eine eindeutige digitale Signatur der Daten. Der Hash der Daten wird mit einem zugehörigen öffentlichen Schlüssel verschlüsselt. Die resultierende Zeichenfolge ist mit einer Signatur gleichzusetzen. Dem Empfänger des digitalen Fingerabdrucks wird ebenso der öffentliche Schlüssel innerhalb der Transaktion übermittelt. Dies ist eine Ableitung des privaten Schlüssels und ermöglicht die Überprüfung der erstellten Signatur. Folglich erhält der Empfänger den Hashwert der Daten (Meinel et al., 2018, S. 21–22).

Der Empfänger des öffentlichen Schlüssels kann auf diese Weise auch überprüfen, dass nur der Absender in der Lage dazu ist, den Datenstrang zu signieren. Nur der veröffentlichte öffentliche Schlüssel des Absenders kann den verschlüsselten Hash auch wieder entschlüsseln. Somit können Besitzrechte an Informationen in der Blockchain klar geregelt werden, vor allem aber regelt diese Technologie den Austausch absolut verlässlicher Informationen, bei denen sich die beiden interagierenden Parteien nicht vertrauen müssen und das alles geschieht ohne einen Dritten bzw. eine zentralen Autorität (Drescher, 2018, S. 100).

5.2.4. Angriffspunkte und Schwachstellen der Blockchain

Blockchain-Systeme basieren auf bewährten Verschlüsselungssystemen, die grundsätzlich Angriffe auf das System und unrechtmäßige Eingriffe in das System verhindern sollen. Beispielsweise können Angreifer keine Transaktionen von Konten generieren, deren Berechtigungsnachweis (privater Schlüssel) ihnen nicht gehört. Alle ausgehenden Transaktionen müssen mit diesen Zugangsdaten kryptografisch signiert werden.

Wenn ein Angreifer das Bitcoin-Netzwerk kontrolliert, indem er beispielsweise mehr als 50 % der Rechenleistung des gesamten Netzwerks übernimmt, ist ein betrügerischer Angriff theoretisch möglich. Der Angreifer kann seinen Teil des Netzwerks isolieren, Transaktionen und Guthaben manipulieren und „seine" Kopie der Blockchain im Netzwerk verteilen. Da es sich bei Datenintegrität in der Blockchain um Mehrheitsentscheidungen handelt, gelten jene Datenstände als korrekt, welche von der Mehrzahl der Netzwerkteilnehmer als korrekt angesehen werden (Meinel et al., 2018, S. 49–51).

In der Praxis ist allerdings noch kein Hack einer Blockchain bekannt. Zahlreiche Blockchain-Teilnehmer verloren jedoch durch unachtsamen Umgang mit ihrem privaten Schlüssel ihr Guthaben. Angreifer können Computer auch durch Phishing oder Ausnützen von Sicherheitslücken kontrollieren. Damit kann der Angreifer die auf dem Computer gespeicherten Zugriffsdaten auslesen. Es wird also nicht die Blockchain gehackt, sondern die gelegentlich unzureichend geschützte Technik des Benutzers (Swan, 2017, S. 82–83).

Darüber hinaus gab es bereits zahlreiche dokumentierte Angriffe auf Kryptowährungs-Börsen. Beispielsweise wurden rund 850.000 Bitcoin im Jahr 2014 von Angreifern von der Bitcoin-Börse Mt. Gox erbeutet (Pagliery, 2014).

5.3. Kryptowährungen als Innovation im Zahlungsverkehr

Kryptowährungen haben eine enorme Entwicklung hinter sich. Ausgehend von einer Nischen-Währung für Darknet-Benutzer sind Kryptowährungen wie Bitcoin zu einem beliebten Spekulationsobjekt geworden. Im Alltag gibt es jedoch immer noch zahlreiche Hürden beim Einsatz von digitalen Währungen.

Was unterscheidet Bitcoin oder andere Kryptowährungen von einer klassischen Währung? Es wird nicht von einer zentralen Institution kontrolliert und reguliert. Das Netzwerk an sich benötigt auch keine Banken. Das macht die Verwendung von Kryptowährung günstig – theoretisch. Es können zwar relativ rasch Geldbeträge in Form von Auslandsüberweisung über eine herkömmliche Bank angewiesen werden, im Vergleich zu den anfallenden Gebühren ist die Gebühr für eine Bitcoin-Transaktion jedoch unerheblich. Normalerweise sind es etwa 0,00001 Bitcoin. Darüber hinaus dauert die Transaktion nur Sekunden, unabhängig davon, wie groß die geografische Entfernung zwischen zwei Netzwerkteilnehmern ist.

Zusammenfassend haben Kryptowährungen gegenüber den herkömmlichen Währungen folgende Vorteile und könnten somit soziale Gerechtigkeit und einen Mehrwert schaffen:

Kein Kredit oder keine Verschuldungschance: Da nur so viel übertragen werden kann, wie der jeweilige Benutzer tatsächlich zur Verfügung hat, gibt es derzeit keine Form von Verschuldung.

Transparenz/Pseudonymität: Jede Transaktion wird in der Blockchain anonymisiert bzw. pseudonymisiert. Dies bedeutet, dass die entsprechende Wallet-Adresse des Benutzers hinter einem aus alphanumerischen Zeichen bestehenden Pseudonym verborgen wird. Im Fall von Bitcoin kann daher jede Zahlung zu einer Bitcoin-Adresse zurückverfolgt werden und kann von jedem Benutzer eingesehen werden. Ein Zusammenhang zu einer konkreten Identität kann damit allerdings nicht von Dritten verknüpft werden.

Unveränderlichkeit, Unaufhaltsamkeit und Unwiderruflichkeit: Das Ziel des Abschlusses einer Transaktion mithilfe der Blockchain-Technologie ist jedenfalls die Unveränderlichkeit, Unaufhaltsamkeit und Unwiderruflichkeit der entsprechenden Informationen. Wird dieser Zustand erreicht, könnte selbst das Einschreiten von Gerichten und Behörden überflüssig werden.

Den genannten Vorteilen steht jedoch auch eine Reihe von Nachteilen gegenüber, die den Adaptierungsprozess in Teilen der Bevölkerung blockieren und verzögern.

Verlustrisiko: Selbst Kryptowährungen können „gestohlen" werden oder verloren gehen, beispielsweise durch unsachgemäßen Umgang mit dem privaten Schlüssel oder durch einen Hackerangriff auf den Computer, auf dem der private Schlüssel abgespeichert ist.

Kostenrisiko: Die Transaktionskosten können steigen.

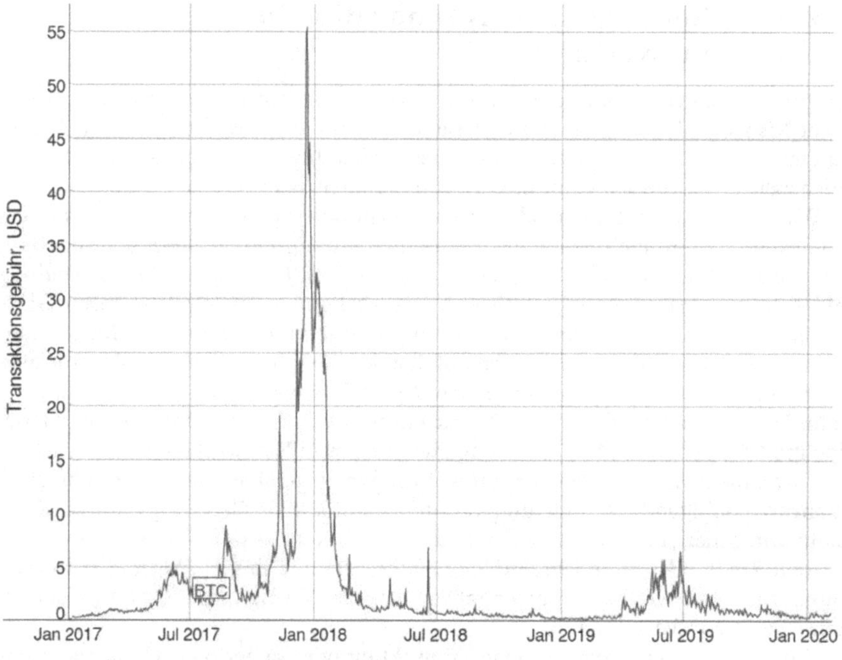

Abbildung 4: Bitcoin Transaktionskosten, USD je Transaktion
(Quelle: Bitinfocharts, 2020)

Abbildung 4 zeigt eindrucksvoll die Schwankungsbreite von Transaktionskosten im Bitcoin Netzwerk. Am bisherigen Kurshoch Ende 2017 betrugen die durchschnittlichen Transaktionskosten im Bitcoin Netzwerk bis zu 55 USD.

Wertschwankungsrisiko: Der Wert von Kryptowährungen ergibt sich derzeit, mit wenigen Ausnahmen, aus Angebot und Nachfrage, was zu enormen Schwankungen und Blasen-Bildung führen kann.

5.3.1. Forschungsschwerpunkt

Eine durchgeführte Befragung soll zeigen, ob Kryptowährungen als technologische Innovation die Art und Weise verändern können, wie wir als Gesellschaft kommerziell interagieren. Die Einführung neuer Technologien benötigt Zeit, um in der Gesellschaft verankert zu werden. Viele rechtliche und technische Fragen, beispielsweise im Zusammenhang mit sogenannten „Smart Contracts", müssen noch gelöst werden. Datenschutz- und Steuerbehörden würden in einer globalisierten Krypto-Gesellschaft sicherlich vor großen Herausforderungen stehen. Der enorme Stromverbrauch, der durch rechenintensives Mining und Verschlüsselung verursacht wird, muss zwangsläufig reduziert werden. Außerdem haben kryptografische Technologien und digitale Währungen noch nicht bewiesen, dass sie auf die benötigten Größenordnungen skalierbar sind, sodass sie den Anforderungen sehr großer oder sogar globaler Systeme standhalten können.

Bei zu schnellem Wachstum kann die komplexe Struktur von Blockchain- oder blockchainähnlicher Technologien sicherlich zu Leistungsproblemen führen. Transaktionen würden sich verzögern, Staus oder stagnierender Verkehr auf den Datenautobahnen wären nur eine Folge davon. Für kleinere Projekte, wie zum Beispiel private Blockchains, kann nur die Zukunft zeigen, ob diese Technologie schlussendlich für diesen Zweck geeignet und ökologisch und ökonomisch vertretbar ist.

Diese Umfrage befasst sich mit der Einstellung und Meinung der Öffentlichkeit zu diesem innovativen jungen Wirtschaftszweig. Daher wurden im Zusammenhang mit der österreichischen Bevölkerung zwei Schwerpunkte definiert, welche durch die Ergebnisse dieser Umfrage beleuchtet werden sollen.

Forschungsschwerpunkt I:
Besitzt eine Mehrheit der österreichischen Bevölkerung Kryptowährungen oder plant eine Mehrheit, Kryptowährungen innerhalb der nächsten fünf Jahre zu besitzen?

Forschungsschwerpunkt II:
Krypto-Währungen als Spekulationsinstrument werden immer wichtiger. Aber glaubt die österreichische Bevölkerung, dass es in den nächsten fünf Jahren eine übliche Zahlungsmethode sein wird und somit eine Innovation im Zahlungsverkehr darstellen kann?

Es wurden noch zahlreiche weitere Datensätze erhoben, die auch einen tiefen Einblick in die gegenwärtige und zukünftige Koexistenz von Kryptoassets und deren Benutzer ermöglichen sollen.

5.3.2. Methodik

Die Erstellung und Auswertung eines Fragebogens dient dazu, Informationen von Personen oder Personengruppen zu einem bestimmten Themenbereich zu erhalten, die dann ausgewertet und interpretiert werden können. Im Falle dieser Umfrage liegt ein klarer Fokus auf der Einstellungsmessung der Probanden zu Kryptowährungen und dem klassischen Banken- und Währungssystem. Es sollte mittels Fragebogen erforscht werden, wie weit dieses Thema bereits in der Stichprobe vorgedrungen ist und wie der potentielle Ausblick für die zukünftige Integration dieser alternativen Währungsform im gesellschaftlichen Alltag aussehen könnte.

Der Online-Fragebogen besteht aus 17 Hauptfragen, eingerechnet sind dabei 6 Fragen zur demografischen Erhebung. Unter den 11 Fragen zum Thema Kryptowährungen wurden verschiedene Fragetechniken verwendet:

- Likert Skala
- Semantisches Differential
- Offene Fragen
- Dichotome Fragen

Der Fokus in der Fragebogengestaltung lag unter anderem darauf, den Teilnahmeaufwand so gering wie möglich zu halten, um möglichst viele Teilnehmer für die Umfrage zu gewinnen.

In den ersten Testläufen wurde die Umfrage von Probanden in weniger als 2 Minuten abgeschlossen – die Umfrage während dieser Zeit durchführen zu können, war auch das ursprüngliche Ziel. Der Median der Bearbeitungszeit einer abgeschlossenen Umfrage für alle Teilnehmer beträgt jedoch 2 Minuten und 51 Sekunden.

Die Stichprobe dieser Studie bezieht sich auf die österreichische Gesamtbevölkerung. Nach Angaben von Statistik Austria betrug die Gesamtbevölkerung Österreichs im Jahr 2018 8.822.267 Einwohner. Um ein repräsentativeres Ergebnis zu erzielen, wurde die Bevölkerung auf in Österreich lebende Personen zwischen 19 und 65 Jahren beschränkt. Laut Statistik Austria beläuft sich die Größe der Grundgesamtheit mit den erwähnten demographischen Einschränkungen somit auf 5.644.134 Personen.

Insgesamt haben 415 Personen an der Umfrage teilgenommen. 308 Personen haben die Umfrage auch abgeschlossen. 3 Personen, die nicht in Österreich leben, wurden von der Auswertung ausgeschlossen. Außerdem wurden 1 Umfrageteilnehmer unter 19 Jahren und 7 Teilnehmer über 65 Jahren von der Bewertung ausgeschlossen. Das Umfrageergebnis besteht aus 297 fertigen, relevanten und auswertbaren Datensätzen.

Die willkürliche Auswahl wurde als Methode zur Stichprobenauswahl gewählt. Der Fragebogen wurde hauptsächlich im Social-Media-Umfeld beworben und ausgefüllt. Es wurden verschiedene Anreize geschaffen, um die Attraktivität der Umfrage und somit die Anzahl der Teilnehmer zu maximieren. Es wurde darauf geachtet, sich nicht auf die direkte soziale Umgebung der Versuchsleitung zu konzentrieren, um somit eine Verzerrung der demographischen Homogenität zu vermeiden.

Demographie der Stichprobe

Tabelle 1: Demografische Verteilung Geschlecht

Tabelle 1: Geschlecht (eigene Darstellung)

Geschlecht					
		Häufigkeit	**Prozent**	**Gültige Prozent**	**Kumulative Prozent**
Gültig	männlich	120	40,4	40,4	40,4
	weiblich	175	58,9	58,9	99,3
	nicht spezifiziert	2	,7	,7	100,0
	Total	297	100,0	100,0	

Die Geschlechterverteilung in der Stichprobe ergibt sich aus 120 männlichen und 175 weiblichen Teilnehmern. 2 Personen haben ihr Geschlecht nicht angegeben.

Tabelle 2: Demografische Verteilung Alter (eigene Darstellung)

		Häufigkeit	**Prozent**	**Gültige Prozent**	**Kumulative Prozent**
Gültig	19–25 Jahre	36	12,1	12,1	12,1
	26–35 Jahre	130	43,8	43,8	55,9
	36–50 Jahre	86	29,0	29,0	84,8
	51–65 Jahre	45	15,2	15,2	100,0
	Total	297	100,0	100,0	

5.3.3. Auswertung und Feldbericht

Die folgende Grafik zeigt den Anteil der Befragten, die angaben, vor Beginn dieser Umfrage bereits von Kryptowährungen gehört haben. Die Medienberichterstattung in traditionellen und neuen Medien hat dieses Thema offenbar innerhalb sämtlicher Altersgruppen und sozialen Schichten der österreichischen Bevölkerung publik gemacht.

Tabelle 3: Bekanntheit von Kryptowährungen (eigene Darstellung)

Haben Sie bereits von Kryptowährungen gehört? (z.B. BITCOIN)					
		Häufigkeit	**Prozent**	**Gültige Prozent**	**Kumulative Prozent**
Gültig	Ja	283	95,3	95,3	95,3
	Nein	14	4,7	4,7	100,0
	Total	297	100,0	100,0	

95,3 % der Stichprobe haben bereits von Kryptowährungen gehört, 4,7 % haben jedoch weder von Kryptowährungen noch von ihrem berühmtesten Vertreter, Bitcoin, gehört.

Überraschenderweise zeigen die gesammelten Daten, dass ein erheblicher Teil der Stichprobe bereits Kryptowährung besitzt.

Tabelle 4: Besitz von Kryptowährungen (eigene Darstellung)

Sind Sie im Besitz von Kryptowährungen?					
		Häufigkeit	**Prozent**	**Gültige Prozent**	**Kumulative Prozent**
Gültig	Ja	50	16,8	17,7	17,7
	Nein	228	76,8	80,6	98,2
	Nicht spezifiziert	5	1,7	1,8	100,0
	Total	283	95,3	100,0	
Fehlend	-77	14	4,7		
Total		297	100,0		

Die Daten zeigen, dass 16,8 % der Befragten bereits Kryptowährungen besitzen. Bei denjenigen, die von Kryptowährungen gehört haben, liegt dieser Wert bei 17,7 % innerhalb der Stichprobe.

Im der folgenden Kreuztabelle wird untersucht, ob das Alter einen Einfluss darauf hat, bereits von Kryptowährungen gehört zu haben.

Tabelle 5: Bekanntheit von Kryptowährungen (eigene Darstellung)

Haben Sie bereits von Kryptowährungen gehört? (z.B. BITCOIN) * Alter – Kreuztabelle						
Zählung						
		Alter				**Total**
		19–25 Jahre	**26–35 Jahre**	**36–50 Jahre**	**51–65 Jahre**	
Haben Sie bereits von Kryptowährungen gehört? (z.B. BITCOIN)	Ja	35	125	82	41	283
	Nein	1	5	4	4	14
Total		36	130	86	45	297

Tabelle 6: Direktionale Messung – Bekanntheit von Kryptowährungen (eigene Darstellung)

Direktionale Messung			
			Wert
Nominal by Interval	Eta	Haben Sie bereits von Kryptowährungen gehört? (z.B. BITCOIN), abhängig	,087
		Alter, abhängig	,078

Der kreuztabellierte ETA-Wert als Maß für die Stärke des Zusammenhanges der Variablen zeigt an, dass ein Zusammenhang zwischen dem Alter und der Kenntnis von Kryptowährung besteht, wenn auch kein besonders starker.

Tabelle 7: Durchführung von Krypto-Transaktionen (eigene Darstellung)

Haben Sie bereits eine Transaktion mittels Kryptowährungen durchgeführt?					
		Häufigkeit	**Prozent**	**Gültige Prozent**	**Kumulative Prozent**
Gültig	Ja	21	7,1	42,0	42,0
	Nein	28	9,4	56,0	98,0
	Nicht spezifiziert	1	,3	2,0	100,0
	Total	50	16,8	100,0	
Fehlend	-77	247	83,2		
Total		297	100,0		

7,1 % der Befragten bzw. 47 % der Kryptowährungsbesitzer geben an, bereits eine Transaktion mittels Kryptowährungen abgeschlossen zu haben. Dieses Ergebnis sollte jedoch nicht den Eindruck erwecken, dass eine Transaktion ein Kauf einer Dienstleistung oder Ware sein muss, es kann sich auch lediglich um eine Transaktion einer Kryptowährung zu einer sogenannten Wallet oder um eine Transaktion von einer Börse zu einer anderen Börse handeln. 9,4 % der Befragten gaben an, niemals eine Transaktion mit Kryptowährungen durchgeführt zu haben (obwohl sie solche besitzen). Es kann daher abgeleitet werden, dass 56 % der Besitzer von Kryptowährungen kaum Erfahrung mit einem praktischen Nutzen dieser neuen Technologie haben.

Das nachfolgende Polaritätsprofil gibt die Einstellungen zu Kryptowährungen im Vergleich zum klassischen Bankensystem an.

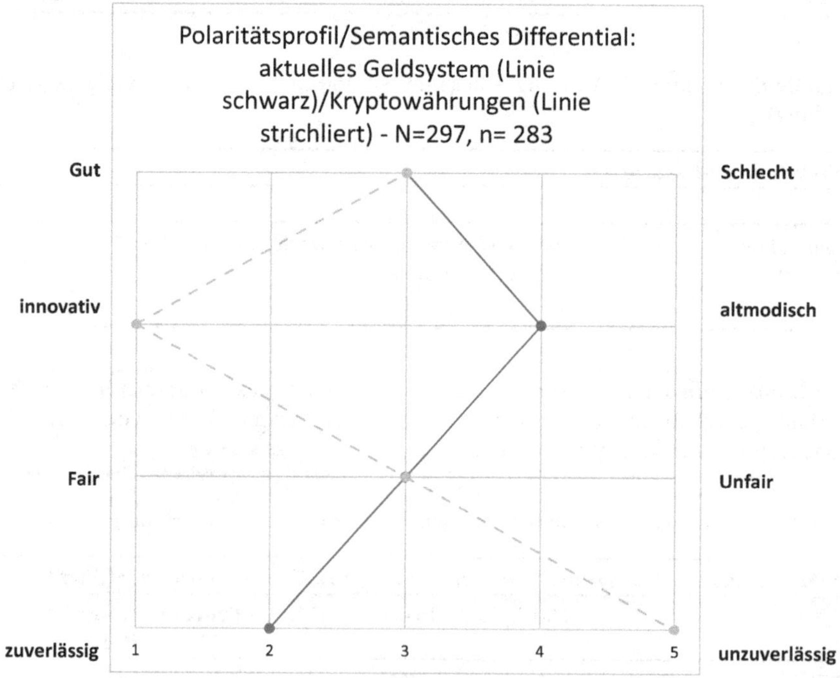

Abbildung 5: Polaritätsprofil (eigene Darstellung)

Wenig überraschend zeigt das Profil, dass Kryptowährungen als sehr innovativ wahrgenommen werden. Damit verbunden ist eine gewisse Skepsis was die Zuverlässigkeit betrifft.

Tabelle 8: Planung des Kaufs von Kryptowährungen I (eigene Darstellung)

Planen Sie innerhalb der nächsten 5 Jahre (weitere) Kryptowährungen zu kaufen?					
		Häufigkeit	**Prozent**	**Gültige Prozent**	**Kumulative Prozent**
Gültig	Ja	40	13,5	14,1	14,1
	Nein	214	72,1	75,6	89,8
	Nicht spezifiziert	29	9,8	10,2	100,0
	Total	283	95,3	100,0	
Fehlend	-77	14	4,7		
Total		297	100,0		

Tabelle 9: Planung des Kaufs von Kryptowährungen II (eigene Darstellung)

Planen Sie innerhalb der nächsten 5 Jahre (weitere) Kryptowährungen zu kaufen? (Nur Fälle, die bereits im Besitz von Kryptowährungen sind)					
		Häufigkeit	**Prozent**	**Gültige Prozent**	**Kumulative Prozent**
Gültig	Ja	23	46,0	46,0	46,0
	Nein	24	48,0	48,0	94,0
	Nicht spezifiziert	3	6,0	6,0	100,0
	Total	50	100,0	100,0	

Nur 46 % der Testpersonen, die bereits über Kryptowährungen verfügen, geben an, in den nächsten 5 Jahren ihren Besitz zu erhöhen. Dies spiegelt die aktuelle Stimmung auf dem Spekulationsmarkt für Kryptowährungen wider. Viele Menschen, die auf dem Höhepunkt der Spekulationsblase Ende 2017 und Anfang 2018 Investitionen in den Kryptowährungsmarkt getätigt haben, bedauern diese Investition vermutlich.

Tabelle 10: Kryptowährungen als Zahlungsinstrument I (eigene Darstellung)

Kryptowährungen werden mittelfristig (in den kommenden 5 Jahren) ein gängiges Zahlungsinstrument

		Häufigkeit	Prozent	Gültige Prozent	Kumulative Prozent
Gültig	Stimme voll und ganz zu	6	2,0	2,1	2,1
	Stimme eher zu	83	27,9	29,3	31,4
	Stimme eher nicht zu	121	40,7	42,8	74,2
	Stimme gar nicht zu	56	18,9	19,8	94,0
	Keine Angabe	17	5,7	6,0	100,0
	Gesamtsumme	283	95,3	100,0	
Fehlend	-77	14	4,7		
Gesamtsumme		297	100,0		

Der Median der Testgruppe ist eher nicht der Meinung, dass sich Kryptowährungen in ihren Alltag integrieren werden, bei einer längerfristigen Perspektive (10 Jahre) verlagert sich dieser Median allerdings zu Gunsten der Kryptowährungen.

Tabelle 11: Kryptowährungen als Zahlungsinstrument II (eigene Darstellung)

Kryptowährungen werden längerfristig (in den kommenden 10 Jahren) ein gängiges Zahlungsinstrument

		Häufigkeit	Prozent	Gültige Prozent	Kumulative Prozent
Gültig	Stimme voll und ganz zu	30	10,1	10,6	10,6
	Stimme eher zu	111	37,4	39,2	49,8
	Stimme eher nicht zu	83	27,9	29,3	79,2
	Stimme gar nicht zu	37	12,5	13,1	92,2
	not specified	22	7,4	7,8	100,0
	Gesamtsumme	283	95,3	100,0	
Fehlend	-77	14	4,7		
Gesamtsumme		297	100,0		

5.4. Conclusio

Kryptowährungen als Innovation im Zahlungsverkehr bieten die Möglichkeit als Geld oder Tauschmittel für jeden zu dienen, der Zugang zum Internet hat. Wie in den vorhergehenden Abschnitten gezeigt, erfüllen sie die drei Hauptfunktionen des Geldes (Tauschmittel, Recheneinheit, Wertaufbewahrungsmittel), jedoch nur in begrenztem Umfang. Kryptowährungen haben nicht zuletzt auf Grund der hohen Volatilität nicht den Charakter eines liquiden Vermögenswerts und haben bisher nicht die Akzeptanz erreicht, die einen flächendeckenden Zahlungsverkehr ermöglichen würde.

Kryptowährungen stellen für die meisten Benutzer in erster Linie ein sehr innovatives Spekulationsvehikel dar. Unter der Annahme, dass der Wert der jeweiligen Kryptowährung steigen wird, wird auch der rege Tausch gehemmt, was wiederum ebenso gegen den Einsatz als effektives Tauschmittel spricht. Da die Quantität der meisten Kryptowährungen begrenzt ist, kann sich das Angebot aufgrund der Nachfrage nicht ändern, was zu einer hohen Preisvolatilität führt. Die potenziell hohe Preisvolatilität erschwert es Verbrauchern und Unternehmen, eine Kryptowährung als Zahlungsmethode zu verwenden, und daher ist die Fähigkeit, als stabiler und zuverlässiger Wertspeicher zu fungieren, nicht gewährleistet. Die Volatilität könnte durch eine zentrale Stelle gesteuert werden, wie es in unserem derzeitigen Zentralbankensystem der Fall ist, nicht aber in einem unregulierten Markt, wie er derzeit im Bereich der meisten Kryptowährungen gegeben ist.

Es gibt Berichte österreichischer Banken, die versuchen, die mit Kryptowährungen verbundene Technologie der Blockchain in ihre Geschäftsprozesse zu integrieren, um Innovation zu schaffen (Erste Group, 2018). Tatsächlich werden dabei aber eher zentrale Infrastrukturen auf einer Blockchain abgebildet, welche viel Angriffsfläche bieten, da es sich um eine sogenannte private Blockchain mit nur wenigen Nodes (Teilnehmern) handelt und kein öffentliches System wie die Bitcoin-Blockchain mit tausenden Nodes und Kontrollinstanzen (Erste Group, 2018). Ein konventionelles, redundantes Datenbanksystem hätte wohl mit weniger Aufwand einen ähnlichen Effekt. Interessanter hingegen ist ein Beispiel der Oesterreichischen Kontrollbank AG (OeKB), nicht aber weil hier von einem sinnvollen Einsatz der neuen Technologie gesprochen werden kann (OeKB, 2018), sondern vielmehr weil hier auf eine echte dezentrale öffentliche Blockchain (Ethereum) aufgesetzt wird (Vilgut, 2018). Sollte es sich durchsetzen, dass bestimmte Daten auf einer öffentlichen Blockchain abgespeichert werden und dies auch einen kommerziellen oder gesellschaftlichen Nutzen hat, wird auch weiterhin ein gewisses Belohnungssystem existieren müssen, welches den Coins und Tokens der jeweiligen Blockchain einen Wert geben wird. Somit wäre zumindest längerfristig der Einsatz als Wertspeicher, wenngleich dieser mit einer gewissen Volatilität einhergeht, verbunden.

Abschließend kann aus den Ausführungen geschlossen werden, dass echte Innovation im Zahlungsverkehr oder Bankenumfeld durch Kryptowährungen oder dessen technologische Basis derzeit ausbleiben. Dieses neue technologische

Umfeld hat jedoch noch viel Potenzial, sich in viele Richtungen zu entfalten und tatsächlich Innovation in viele Bereiche unseres Lebens zu bringen.

Literaturverzeichnis

Antonopoulos, A. (2017). *Mastering Bitcoin: Programming the open Blockchain.* Sebastopol: O'Reilly Media, Inc.

Bitinfocharts (2020). *Bitcoin Transaktionsgebühren.* Abgerufen von https://bitinfocharts.com/de/comparison/bitcoin-transactionfees.html

Churchhouse, R. F. (2002). *Codes and ciphers: Julius Ceasar, the Enigma, and the Internet.* Cambridge: Cambridge University Press.

Coinmarketcap (2020). *Bitcoin Kurs.* Abgerufen von https://coinmarketcap.com/currencies/bitcoin/

Cryptocompare (2019). *Einführungsdaten von Kryptowährungen.* Abgerufen von www.cryptocompare.com

Drescher, D. (2017). *Blockchain Basics: A non-technical introduction in 25 Steps.* Frankfurt am Main: Springer.

Erste Group (2018). *Erste Group und ASFINAG bringen die erste in Europa zur Gänze auf Blockchain basierende Kapitalmarktemission erfolgreich auf den Markt.* Abgerufen von https://www.erstegroup.com/de/news-media/presseaussendungen/2018/10/23/papierlose-ssd-blockchain

Vilgut, V. (2018). *Bundesanleihen-Auktion: Österreich setzt auf Ethereum-Blockchain.* Abgerufen von Kleine Zeitung, https://www.kleinezeitung.at/wirtschaft/5502515/115-Milliarden-Euro_BundesanleihenAuktion_Oesterreich-setzt-auf

Meinel, C., Gayvoronskaya T., & Schnjakin M. (2018). *Blockchain: Hype oder Innovation.* Potsdam: Universitätsverlag Potsdam.

Nakamoto, S. (2008). *Bitcoin: A Peer-to-Peer Electronic Cash System.* Abgerufen von bitcoin.org https://bitcoin.org/bitcoin.pdf

Narayanan, A., Bonneau J., Felten E., Miller A., & Goldfeder S. (2016). *Bitcoin 12.5: A Compehensive Introduction.* New Jersey: Princeton University Press.

OeKB (2018). *Neue Daten-Notarisierung der OeKB AG.* Abgerufen von https://www.oekb.at/oekb-gruppe/presse/pressemitteilungen/2018/blockchain-einsatz-bei-bundesanleihebegebungen-gestartet.html

Pagliery, J. (2014). *Bitcoin: And the Future of Money.* Chicago: Triumph Books LLC.

Schwartz, D., Youngs N., Britto, A. (2018). *The Ripple Protocol Consensus Algorithm.* Abgerufen von Ripple https://ripple.com/files/ripple_consensus_whitepaper.pdf

Swan, M. (2017). *Blockchain: Blueprint for a new economy.* Sebastopol: O'Reilly Media, Inc.

6. Von Brüssel nach Salzburg – Dissemination intelligenter Spezialisierung

Andreas Van-Hametner, MSc und Madeleine Koch, MSc

Abstract: Das standortstrategische Konzept *Smart Specialisation* zielt auf Strukturwandel und Wettbewerbsfähigkeit durch wissensgeleitetes endogenes Wirtschaftswachstum ab und steht aktuell im Fokus der europäischen FTI-Politik. Es setzt auf Spezialisierung regionaler Stärkefelder. Eine Besonderheit stellt die Betonung eines partizipativen, quasi-unternehmerischen Aushandlungsprozesses dieser regionalen Schwerpunkte dar. Die Umsetzung von RIS3 ist Vorbedingung für die Gewährung bestimmter Förderungen aus den europäischen Strukturfonds. Zwischen akademischer Idee, supranationalen Vorgaben und regionaler Umsetzung liegen aufgrund seiner kurzen Genese und praktischen Anwendungszeit noch große Divergenzen. Für Verständnis und Weiterentwicklung von RIS3 ist die Analyse konkreter Implementierungen wesentlich. In vorliegendem Beitrag zeigen wir deshalb erstens die Entstehung und Entwicklung des Konzepts auf und untersuchen zweitens den *policy transfer* von RIS3 anhand der konkreten Implementierung in der Wissenschafts- und Innovationsstrategie für Salzburg. An diesem Beispiel zeigen wir auf, dass die Implementierung von RIS3 in nationalen und regionalen Strategiepapieren pfadabhängig von Vorwissen und bisheriger FTI-Praxis ist. Allerdings war die Notwendigkeit zur Umsetzung von RIS3 in Salzburg der exogene Anlass die FTI-Politik sowie das institutionelle Gefüge zu hinterfragen und läutete somit einen Paradigmenwechsel der regionalen FTI-Politik ein. Die Entwicklung von RIS3 muss somit als iterativer und kontinuierlicher Prozess verstanden werden, dessen Entwicklung noch nicht abgeschlossen ist. *Smart Specialisation* kann wesentlich zur Weiterentwicklung der europäischen Regional- und FTI-Politik beitragen.

6.1. Einleitung

Das standortstrategische Konzept *Smart Specialisation* bzw. RIS3 (für *research and innovation strategies for Smart Specialisation*) stellt derzeit eine wesentliche Komponente der regionalökonomischen Diskussion und praktischen FTI-Politik dar. Das Konzept forciert regionale Spezialisierung auf bestehende und erwünschte regionale Stärkefelder, um Investitionen anzuziehen und die regionale Wettbewerbsfähigkeit zu erhöhen. Die europäische FTI-Politik sieht es als Schlüssel für Strukturwandel und wissensgeleitetes endogenes Wirtschaftswachstum.

Wie für andere regionalökonomische Konzepte stellen auch hier die räumlich-geographische Nähe von Akteuren sowie Agglomerationsvorteile einen wesentlichen argumentativen Aspekt dar. Eine weitere Prämisse ist die Relevanz und Effektivität (regional-)staatlicher FTI-Politik für (unternehmerische) Innovation. Dem Konzept folgend, ist es wesentlich, dass sich regionale FTI-Politiken bei ihrer Förderung auf regionale Schwerpunkte konzentrieren. Eine Besonderheit stellt die Betonung eines partizipativen, quasi-unternehmerischen Aushandlungsprozesses regionaler (zu fördernder) Stärkefelder dar. Die Akzeptanz regionalpolitischer Wettbewerbslogik ist immanent.

Die auf Arbeiten von Dominique Foray basierenden Überlegungen wurden innerhalb kurzer Zeit die neue „große Idee“ der Regionalentwicklung und von EU-Kommission, OECD und Weltbank forciert. Das Konzept RIS3 ist relativ jung und wurde rasch von der wissenschaftlichen Theorie in die Praxis von Regionalentwicklung und FTI-Politik überführt. Gerade diese rasche Überführung in die Praxis wirft viele Fragen auf. Die Implementierung von RIS3 in (regional-)staatliche Programme ist eine ex-ante-Bedingung zur Teilnahme an bestimmten EFRE-Förderungen. Deshalb müssen sich viele nationale wie regionale Stellen intensiv mit dem Konzept beschäftigen. Es findet dementsprechend auf mehreren politischen Ebenen Rezeption: Basis des Konzepts sind unterschiedliche wissenschaftliche Diskussionsfelder. Eingang in die europäische FTI-Politik fand RIS3 über die Expertengruppe Knowledge for Growth – K4G (Foray, 2015; McCann, 2015) und wurde in verschiedene rahmensetzende Dokumente integriert (zB. Abl. EU. 2013 L 347/320, 2013). Aus Brüssel kommend, wird RIS3 in die nationale FTI-Politik überführt und findet Anwendung in staatlichen Dokumenten und Rahmenrichtlinien. Die regionalen Gebietskörperschaften – in Österreich die Bundesländer – erstellten auf Grundlage der europäischen und nationalen Vorgaben eigene FTI-Strategiepapiere (ÖROK, 2016).

Das Land Salzburg hat in den vergangenen Jahren die Wissenschafts- und Innovationsstrategie 2025 (kurz WISS 2025) unter Berücksichtigung von RIS3 entwickelt. Diese ist nun Grundlage für die regionale Forschungs- und Innovationspolitik (Land Salzburg, 2016b). Mit vorliegender Analyse untersuchen wir die Entwicklung und Verbreitung von RIS3 anhand des Beispiels Salzburgs und stellen dabei folgende Fragen: Wie verändert sich das Konzept RIS3 durch den *policy transfer* von Brüssel nach Salzburg? Wird RIS3 mit allen Parametern (siehe unten) umgesetzt oder nur teilweise realisiert? Haben sich durch die Anwendung des Konzepts RIS3 Regionalentwicklung und Innovationspolitik in Salzburg geändert?

In Abschnitt 2 stellen wir den konzeptuellen und theoretischen Rahmen von *Smart Specialisation* vor und gehen dabei auf den Entstehungsprozess des Konzepts ein. Im dritten Abschnitt erläutern wir das Forschungsdesign. In Abschnitt 4 analysieren wir die konkrete Umsetzung der Politik intelligenter Spezialisierung in Salzburg. Abschnitt 5 stellt dann die theoretischen Aspekte, Forschungsfragen und wichtigsten Befunde in einer konzentrierten Schlussfolgerung zusammen und leistet damit einen Beitrag zu Verständnis und Weiterentwicklung des Konzepts der intelligenten Spezialisierung.

6.2. *Smart Specialisation* – Konzeptueller und theoretischer Rahmen

Innovationspolitik und Regionalentwicklung sind im Wandel. Globaler Wettbewerb, gesellschaftliche Grand Challenges (Sachs & McArthur, 2005) und wirtschaftlicher Strukturwandel hin zur Wissensgesellschaft stellen herausfordernde Rahmenbedingungen dar (Bundeskanzleramt, 2011; Foray, 2015). Für diese

Herausforderungen suchen Wissenschaft und Politik neue Lösungsansätze. Das aktuelle standortstrategische Konzept *Smart Specialisation* bzw. RIS3 betont die Bedeutung von Wissen und Innovation für regionales Wirtschaftswachstum und setzt dabei auf die Konzentration von Förderungen und Aktivitäten in regional besonders erfolgsversprechenden Themenbereichen und Projekten. RIS3 soll bei der Erarbeitung regionaler Politikmaßnahmen wie FTI-Strategien eingesetzt werden und ist aktuell eines der maßgeblichen Konzepte wissensgeleiteter Regionalentwicklung (Foray, 2015). Es ist eingebettet in den orthodoxen Wachstums- und Entwicklungsdiskurs und hinterfragt nicht das ihm immanente Wettbewerbs- und Wachstumsparadigma. Die Entstehung des Konzepts der intelligenten Spezialisierung fällt in eine Zeit deutlicher Änderungen wirtschaftlicher und wirtschaftspolitischer Rahmenbedingungen und ist im Lichte dieser Änderungen zu sehen. Diese skizzieren wir in den folgenden Absätzen.

6.2.1. Europäisches Paradoxon, Kohäsionspolitik und Vernetzungspolitik

Innovation ist ein wesentlicher Treiber von Regionalentwicklung und Wirtschaftswachstum. Deshalb ist Innovationsförderung ein integrales Feld europäischer Wirtschaftspolitik. Unter dieser Prämisse und den Zielen von Europa 2020 folgend, z. B. Ziel 3% F&E-Quote (European Commission, 2010b), setzte sich die europäische Union mit ihrer *Innovation Flagship Initiative* deutliche Ziele im Bereich Innovation: Europa soll weltweit führender Innovator sein (European Commission, 2011). Innovation im weitesten Sinne ist deshalb Prämisse allen politischen Handelns.

Die Finanzierung von Wissenschaft und Forschung alleine führt nicht zu Innovationen im Sinne neuer auf dem Markt angebotener Produkte, Dienstleistungen und Geschäftsmodelle. Europäischen Volkswirtschaften wird eine Schwäche bei der Umsetzung von wissenschaftlichem Fortschritt in Innovation attestiert. Im Verhältnis zu den USA besteht in Europa das Paradoxon einer schwächeren Realisierung von Wirtschaftswachstum aus wissenschaftlichem Fortschritt. Dieses – auch als *transatlantic productivity gap* bezeichnete Phänomen – wurde in den 1990er Jahren virulent (Van Ark, O'Mahony & Timmer, 2008). Kritiker widersprechen der Darstellung des Paradoxons teilweise und argumentieren, dass sowohl das *scientific system*, als auch die industrielle Überführung von Wissen schwach sind (Dosi, Llerena & Labini, 2006; Mazzucato, 2014, S. 74).

Die europäische Politik misst dem *transatlantic productivity gap* große Bedeutung bei und setzt deshalb auf die Förderung von Vernetzungsmaßnahmen zwischen Forschung und Wirtschaft. Der regionalen Ebene wird dabei seit einiger Zeit eine größere Bedeutung zugestanden (OECD, 2009), das Vertrauen in ihren Erklärungsgehalt liegt derzeit über jenem nationaler oder sektoraler Zusammenhänge (McCann & Ortega-Argilés, 2014, S. 411–412). Ziele sind verstärkte Kooperation und Wissenstransfer durch räumlich-geographische und teilweise auch nichtgeographische Nähe, z. B. soziale, organisatorische, institutionelle bzw. kognitive Nähe (Fitjar, Huber, & Rodríguez-Pose, 2016). Neben der Clustertheorie (Porter,

1998) fand vor allem die Vorstellung und Forcierung von regionalen Innovationssystemen (Landabaso & Mouton, 2005) sowie lernenden Regionen (Hassink, 1997) breite Anwendung in der europäischen FTI-Politik. Auch RIS3 betont die Bedeutung der Nähe von Akteuren für Kooperations- und Innovationsprozesse (Foray, 2015, S. 89). Ziel dieser Politik ist es, die Koordinationsschwäche zwischen Wirtschaft und Wissenschaft zu überwinden und regionale Potentiale anzusprechen (Camagni & Capello, 2013).

Eine wichtige Rolle zur Umsetzung der Innovationsziele von Europa 2020 wird der Kohäsionspolitik eingeräumt (McCann, 2015). Ende der 2010er Jahre wurde die bisherige Kohäsionspolitik einer kritischen Reflexion unterzogen, welche in der Forderung des sogenannten Barca-Reports nach verstärkter Schwerpunktsetzung und besserer Koordinierung von Regional- und Innovationspolitik über die europäische Kohäsionspolitik und in einer Abkehr vom Gieskannenprinzip mündete (Barca, 2009; McCann & Ortega-Argilés, 2014, S. 410–414). Kritisiert wurde vor allem der fehlende signifikante Impact der Strukturfondsausgaben für FTI auf das Wirtschaftswachstum (Foray, 2015, S. 34) und die Tendenz regionaler Innovationspolitik zu Imitation und Duplikation gleicher Themen (Foray, 2013, S. 58; 2015; OECD, 2013). Die mangelnde Koordination der bisherigen europäischen Regional- und Innovationspolitik führte zu starker Fragmentierung nationaler Forschungssysteme (Camagni & Capello, 2013; European Commission, 2011). Diese Fragmentierung hat Agglomerationsvorteile und *Spillover*-Effekte verhindert und im internationalen Vergleich zu kleine Forschungszentren hervorgebracht (Foray, 2015; Foray & Van Ark, 2007).

Wichtigen Einfluss auf die regionalpolitische Debatte in der EU hatten außerdem die finanziellen und geographischen Auswirkungen der Wirtschafts- und Finanzkrise. Die Austeritätspolitik verstärkte die Probleme der Innovationsdynamik. Die großen Probleme der südeuropäischen Peripherie stellte die Kohäsionspolitik vor neue Herausforderungen (McCann, 2015; McCann, Van Oort & Goddard, 2016). Zudem ging auch die grenzüberschreitende Investitionsbereitschaft zurück.

6.2.2. Entstehung und Dissemination des Konzepts: Von *Smart Specialisation* zu RIS3

Wesentliche Elemente von *Smart Specialisation* bestanden bereits, wurden mit RIS3 nun aber erstmals zusammen kodifiziert (McCann, 2015, S. 166–174; McCann & Ortega-Argilés, 2014, S. 411). Der aktuelle Stand des Ansatzes basiert auf Fragmenten der Literatur zu nationalen Innovationsystemen, der evolutorischen Ökonomie und den unterschiedlichen Strängen der Diskussion um Innovationsnetzwerke (vgl. zu weiteren theoretischen Bezügen: McCann et al., 2016). Anfänglich war *Smart Specialisation* eine Strategie zur Stärkung nationaler Innovationssysteme mit sektoraler Orientierung und kein regionales Konzept (McCann, 2015). In weiterer Folge wurde es im Zuge des Barca Reports (2009) zu einem *place-based* Konzept entwickelt (McCann & Ortega-Argilés, 2013). *Smart Specialisation* wird von Vertretern als Teil der *New Industrial Policy* Agenda (Rodrik, 2004) verstanden.

Aufgrund oben genannter Rahmenbedingungen und unter der Einschätzung, dass die bisherigen Rezepte alleine überholt sind, wurde 2005 von Janez Potocnik, EU-Kommissar für Wissenschaft und Forschung, die Expertengruppe *knowledge for growth (K4G)* eingesetzt (Foray, 2015; Goddard, Kempton & Vallance, 2013). Sie setzte sich aus 15 europäischen und 2 amerikanischen Ökonomie- und Innovationsprofessoren bzw. Ökonomen zusammen und tagte unter der operativen Leitung von Dominique Foray (Foray & Van Ark, 2008). Die K4G erhielt den Auftrag zur Erarbeitung eines neuen *policy concepts*, welches Regionalentwicklung und Innovationspolitik auf neuartige Weise verbinden sollte. Mangelnde Agglomerationsvorteile aufgrund geringer Spezialisierung und fragmentierter Forschungssysteme bzw. regionale Imitationen und damit einhergehende Doppelstrukturen sollten reduziert und ein Konzept gefunden werden, welches das Anziehen von Direktinvestitionen und „a world-class public research base" ermöglicht (Vorwort von Janez Potocnik in Foray & Van Ark, 2008). Die K4G erstellte von 2006 bis 2009 acht *policy reports* und neun *policy briefings*. Darin wird das europäische F&E-Defizit ausführlich diskutiert (Foray, 2006; Hall & Mairesse, 2009a, 2009b; O'Sullivan, 2007a, 2007b), und es werden erste Ansätze eine Spezialisierungsstrategie („*Smart Specialisation*") als Lösung für den „transatlantischen *gap*" erörtert (Foray, David & Hall, 2009; Foray & Van Ark, 2007; Giannitsis, 2009; Giannitsis & Kager, 2009). Besondere Beachtung wird dabei Universitäten und Forschungseinrichtungen (David & Metcalfe, 2007a, 2007b) sowie der Rolle von supranationaler Governance (Marimon & de Graca Carvalho, 2008a, 2008b) und Technologiediffusionsprozessen (Licht, 2009a, 2009b) beigemessen. Die schlussendlich zentrale Betonung von *Smart Specialisation* schildern Foray und van Ark (2007) bereits im ersten Policy Report. Folgerichtig schließt die Arbeit der Expertengruppe dann auch mit dem Policy Brief zu „*Smart Specialisation* – The Concept" (Foray et al., 2009), welcher bei der Abschlusskonferenz 2009 vorgestellt wurde. In dieser Phase der Konzepterstellung steht die supranationale Logik (Abkehr von Fragmentierung, Imitation und Duplikation von F&E-Anstrengungen) im Vordergrund. Dies ändert sich nun im Zuge der politischen Umsetzung von der Idee zur ex-ante Konditionalität. Relativ rasch wurde nun aus diesem Konzept, getrieben von der Politik, ein politischer Rahmen für die Forcierung von Innovationsaktivitäten entwickelt: *research and innovation strategies for Smart Specialisation* – RIS3 (Foray et al., 2012).

Schon 2010 fand *Smart Specialisation* Eingang in die zentrale europäische Strategie Europa 2020 (European Commission, 2010b) und ihrer flankierenden Leitinitiative „Innovationsunion" (European Commission, 2011) als Voraussetzung für intelligentes (auf Wissen und Innovation gestütztes) Wachstum und zur Lösung des Innovationsdefizits. Vor allem die Innovationsunion greift zentrale Aspekte und Ideen aus den Berichten der K4G auf.[1] Zusätzlich veröffentlichte die europäische

1 Die Konzentration erfolgt auf eine geringe Anzahl (bestehender oder sich herausbildender) eigener Stärkefelder bei gleichzeitiger Inklusion unterschiedlicher regionaler Akteure (auch BürgerInnen zur Förderung sozialer Innovation) und die Förderung

Kommission gemeinsam mit der Leitinitiative eine eigene Mitteilung über den Beitrag der Regionalpolitik zu intelligentem Wachstum (Europäische Kommission, 2010), sowie als Annex dazu ein *Staff Document*, welches bereits explizit auf die Erstellung regionaler Strategien für intelligente Spezialisierung eingeht (European Commission, 2010a). Bereits damals wurden alle wesentlichen Elemente von *Smart Specialisation* aus K4G übernommen. Mit dem 2012 durch die Europäische Kommission schließlich erstellten „Guide to Research and Innovation Strategies for *Smart Specialisations* (RIS3)" wird das Konzept intelligenter Spezialisierung – ab jetzt als RIS3 bezeichnet – als Orientierungsrahmen für die europäischen Regionen mit einer ausführlichen Beschreibung des Prozesses einer RIS3-Strategieerstellung vorgestellt (*6 Schritte zum regionalen RIS3*) und erläutert. 2013 folgte der zentrale Schritt zur Installierung von *Smart Specialisation* in die innovationspolitische Planungspraxis in der Europäischen Union durch die entsprechende Verordnung (Abl. EU. 2013 L 347/320, 2013). Sie macht die Implementierung von RIS3 in alle nationalen oder regionalen Strategiepapiere zur Vorbedingung (ex-ante-Konditionalität) für die Gewährung von Mitteln in den Förderprioritäten Forschung und Innovation *(research, technological development and innovation)* sowie IKT (*Enhancing access to and use of ICT*) des europäischen Fonds für regionale Entwicklung der aktuellen Förderperiode 2014–2020 und erlangt somit unmittelbare Relevanz für die Politik europäischer Regionen (European Commission, 2012). Diese rechtlich verbindliche Anweisung enthält zwar theoretische Bezüge, allerdings nicht so detailliert, wie etwa der Guide. Als Erfüllungskriterien für die ex-ante-Konditionalität werden u. a. eine verbindliche SWOT-Analyse (o. Ä.) bei der Erstellung einer regionalen Strategie für intelligente Spezialisierung, ein entsprechender Begleitmechanismus (Monitoring und Evaluation) sowie Maßnahmen zur Anregung von Investition in Forschung und in technische Entwicklung genannt. Für die Investitionspriorität IKT werden noch zusätzliche spezifische Kriterien genannt (Abl. EU. 2013 L 347/320, 2013). Einige der zentralen theoretischen Aspekte (siehe unten) von *Smart Specialisation* haben allerdings in den Text dieser Verordnung nicht Eingang gefunden.

Der gesamte Prozess ging sehr rasch voran, Pilotstudien und Evaluationen wurden aus Zeitgründen nicht durchgeführt (Foray, David & Hall, 2011; McCann, 2015). Diese so rasche Überführung aus der Theorie in die Praxis wird durchaus problematisierend konnotiert, vor allem hinsichtlich der noch mangelhaften theoretischen Fundierung, programmatischen Erarbeitung und der Fähigkeit bzw. Bereitschaft zur konzeptkonformen Umsetzung (Capello & Kroll, 2016; Morgan,

der Innovationskultur dieser Akteure, die Bedeutung der Kohäsionspolitik für die Wachstums- und Innovationspolitik und die über den technologischen Innovationsbegriff hinausgehende thematische Breite. Als Handlungsebene der intelligenten Spezialisierung wird sowohl der Nationalstaat als auch die Region angesprochen und jeweils zur Analyse und Strategie im Sinne einer intelligenten Spezialisierung aufgefordert.

2013, S. 104; Pugh, 2014). Foray, David und Hall (2011) bezeichnen RIS3 deshalb als typische Form von „policy running ahead of theory". Kroll (2015), Capello et al. (2016) und auch Foray (2013, 2015) selbst weisen auf viele noch bestehende theoretische und praktische Herausforderungen bei RIS3 hin.[2] In vielen zentralen Parametern des Konzepts besteht ein großer Gap zwischen akademischer Literatur und politischer Umsetzung (Marlow & Richardson, 2016, S. 1480), aber auch zwischen supranationalen Erwartungen und regionaler Umsetzungen. Querejeta und Wilson (2013, S. 128) schreiben dazu beispielsweise: "the concept itself is still very much being explored and defined at the same time as policy-makers are adopting it and putting it into use". Trotzdem ist *Smart Specialisation* allgegenwärtig in der aktuellen Innovations- und Regionalpolitik der EU. Zur Unterstützung der europäischen Regionen bei der Umsetzung dieser Anforderungen besteht seit 2011 die *Smart Specialisation* Plattform. Mittlerweile haben die meisten Regionen der Europäischen Union eine Strategie für intelligente Spezialisierung erstellt.

6.3. Zentrale Elemente des Konzepts

In diesem Abschnitt werden die sechs zentralen Elemente von RIS3 dargestellt.[3]

Erstens stellt RIS3 ein neues Konzept der wissensbasierten endogenen Regionalentwicklung dar, in welchem Innovation als zentrales Feld der Regionalentwicklung betrachtet, aber auch die mögliche Bedeutung von Regionalpolitik für die Förderung von Innovation betont wird (McCann & Ortega-Argilés, 2014, S. 411). In Anerkennung dieses wissensökonomischen Paradigmas soll die Förderung auf wissensbasierte Aktivitäten konzentriert werden. Das Verständnis von Innovation geht in der Diskussion um intelligente Spezialisierung über einen rein technologischen Innovationsbegriff hinaus. Explizit wird auch die Bedeutung sozialer Innovation, Dienstleistungsinnovationen und Kultur für die Regionalentwicklung betont (European Commission, 2010a, S. 23).

Zweitens ist *Smart Specialisation* ein regionalpolitischer Paradigmenwechsel inhärent. Dies bedeutet eine Abkehr von Kohäsion als Ziel horizontaler Förderregime mit regional ausgleichender Infrastruktur- und Regionalpolitik. Stattdessen wird Wachstum in allen Regionen durch eine stärker vertikale und

---

2 Die Konzeption von Spezialisierung in Kontrast zu Diversifizierung, die Problematik des Umgangs mit bestehenden etablierten Branchen, die Diskrepanz von funktionaler und administrativ-organisatorischer Region, der richtige Zeitpunkt der RIS3-Implementierung und die geringe politisch Fähigkeit bzw. Bereitschaft zur Entwicklung eines partizipativen EDP sowie von strategischer FTI-Politik.

3 Die vorliegende Darstellung der zentralen Elemente bezieht sich unter anderem auf Dominique Forays Standardwerk (2015) und dessen fünf Design-Prinzipien für *Smart Specialisation* sowie die Prinzipien und Anleitungen im *Guide to Research and Innovation Strategies for Smart Specialisation* der Europäischen Kommission (Foray et al., 2012).

sich entwickelnde FTI-Politik[4] forciert (Capello & Kroll, 2016, S. 1402; Foray, 2015; McCann, 2015). Dies steht im Gleichklang mit den kritischen Erkenntnissen über die europäische Kohäsionspolitik und der Forderung nach verstärkter Schwerpunktsetzung und besserer Koordinierung von Regional- und Innovationspolitik des Barca-Reports (Barca, 2009; Goddard et al., 2013). RIS3 setzt dabei zentral auf eine Spezialisierung durch Prioritätensetzung (regionaler) Innovationspolitik und -investitionen, die zu Exzellenz in bestimmten Feldern und zur Akkumulation kritischer Massen und zu Wettbewerbsvorteilen führen soll (Foray, 2015). Die Spezialisierung zielt auf die Generierung von Lokalisationseffekten ab, welche aus der räumlichen Ballung von Unternehmen derselben Wirtschaftsbereiche entstehen (Marshall, 1890). Mit Spezialisierung soll nicht eine Reduktion auf wenige Wirtschaftsbereiche mit der Gefahr von *„lock-in"* verstanden werden (Capello & Kroll, 2016; Kroll, 2015), sondern eine auf „bestehenden[n] wirtschaftlich-technologische[n] Kompetenzen aufbauende[...] Diversifizierung der regionalen Wirtschaftsstruktur in neue [...] Bereich[e] [...] [, die einer] Branchenspezialisierung [vorzuziehen ist, da davon] kaum Wachstumsimpulse zu erwarten sind (ÖROK, 2016). Der Terminus „Spezialisierung" wird deshalb auch als *„misleading"* verstanden (Kroll, 2015), denn ein Großteil des Wachstums einer Region entsteht durch das inkrementelle Ausbreiten von bestehenden Kernkompetenzen und -vorteilen in andere Wirtschaftsbereiche (Foray, 2015; McCann et al., 2016). RIS3 verfolgt zwei generelle strategische Ziele: 1. Aufbau neuer (Forschungs-)Kapazitäten (*radical foundation*) und in Folge dessen einer neuen wirtschaftlichen Nische und 2. den Wandel bestehender Strukturen, d. h. Transition, Modernisierung bzw. *Upgrading* eines bestehenden Wirtschaftsbereichs und Diversifizierung (Foray, 2013). Isaksen et al. (2018) folgend, können dabei die neue Pfadkreation, Pfadtransplantation, Pfaddiversifikation, Pfaderneuerung oder auch Pfadfortsetzung (und damit kein Strukturwandel) unterschieden werden. *Radical foundation* bzw. neue Pfadkreation bezeichnet dabei die Entstehung einer komplett neuen wirtschaftlichen Aktivität – basierend auf einer Innovation im Sinne einer Technologie, eines Produkts, Geschäftsmodells, einer Dienstleistung oder auch einer sozialen Innovation. Pfadtransplantation oder Transition bedeuten die Etablierung eines neuen wirtschaftlichen Entwicklungspfads auf Basis bestehender (für die Region neuer) Technologien, Produkte, Geschäftsmodelle, Dienstleistungen oder sozialer Innovationen. Pfaderneuerung meint dabei die organisatorische oder technologische Modernisierung eines wirtschaftlichen Schwerpunkts einer Region. Diversifizierung meint die Rekombination existierender Fertigkeiten (*capabilities*) einer Region für eine neue wirtschaftliche Aktivität. Aus der kritischen Haltung gegen „Spezialisierung" benutzt Foray (u. a. 2015) zunehmend den Begriff „Partikularisierung" der Spezialisierungsmuster und meint damit eine Schwerpunktsetzung,

4 Kritiker sehen generell seit den 1990er Jahren in der Regionalpolitik einen Paradigmenwechsel, von Kohäsion hin zu stärkerer Wettbewerbsorientierung (Reiner, Gassler & Sardadvar, 2015, S. 170).

die auf Basis der endogenen Ausstattung einer Region mit Wissen und Technologie reflektiert, zu Wettbewerbsvorteilen führt und nicht nur „more of the same" generiert. Im aktuellen Interreg-Projekt S3-4AlpCluster definieren die Projektpartner das Ziel dieser „Partikularisierung" mit dem Entstehen transformativer Aktivitäten aus der neuen Kombination existierender Ressourcen und Möglichkeiten (Keller, 2017).

Unter der Maßgabe europaweit budgetärer Engpässe (McCann et al., 2016) sind auch die Fördermittel für Forschung und Entwicklung sowie Regionalentwicklung begrenzt. Werden die beschränkten Mittel auf eine geringere Anzahl von Schwerpunkten konzentriert, können diese leichter kritische Massen und Exzellenz der Spitzenforschung erreichen bzw. erhalten. Aus Perspektive der EU macht es keinen Sinn, wenn an unterschiedlichen Standorten die gleichen Schwerpunkte samt Forschungsleistungen gefördert und fragmentiert betrieben werden (McCann et al., 2016). Eine räumliche Konsolidierung bringt Agglomerationsvorteile und Wissens-*Spillovers*. Konzentrieren sich alle Regionen auf partikulare Stärkefeldern werden Überschneidungen und Nachahmungen vermieden. Außerdem betrachtet die Europäische Kommission die Spezialisierungsbestrebungen der europäischen Regionen auch im Sinne einer kontinentalen Arbeitsteilung. *Leader regions* haben ihre Rolle in der Entwicklung von *general purpose technologies*, während *follower regions* diese Technologien anwenden bzw. sich mit *Co-inventions* auszeichnen können (European Commission, 2010a, S. 41).

Von wesentlicher Bedeutung ist drittens die Maßstabsebene bzw. Granularität der Schwerpunkte. Weder sollen Branchen noch die Ebene des Einzelakteurs (Unternehmen) angesprochen werden, sondern das *mid grain level* adressiert werden (OECD, 2013, S. 17). „Neither the whole sector nor one single firm but the growth of a new activity" (Foray, 2013, S. 60). Genau hier sieht Foray aber auch das Problem, da aus politischem Kalkül oftmals versucht wird, alle bestehenden Wirtschaftsbereiche zu stärken, statt zu partikularisieren (Foray, 2015, S. 81 ff). Zudem ist die Anzahl an ausgewählten Entwicklungsprioritäten relevant. Werden die beschränkten Mittel auf eine geringere Schwerpunktanzahl konzentriert, können diese leichter Exzellenz erreichen bzw. erhalten.

Wesentliches Novum ist viertens, dass RIS3 bei der Entscheidungsfindung auf einen quasi-unternehmerischen Bottom-up-Partizipationsprozess setzt (Marianelli & Perinez Forte, 2017). Der Annahme folgend, dass staatliche Bürokratie nicht allwissend ist (von Hayek, 2005) und Wissen (über erfolgsversprechende regionale Schwerpunkte bzw. transformative Aktivitäten) selbst erst entdeckt werden muss, nicht greifbar, fragmentiert und verstreut ist, schlägt RIS3 für die Identifikation der zukünftigen regionalen Schwerpunkte einen sogenannten *Entrepreneurial Discovery Process* (EDP) vor (Foray, 2013, 2015; Morgan, 2013, S. 106). Damit ist ein partizipativer Aushandlungsprozess zur Findung der Schwerpunkte bzw. Aktivitäten gemeint. In diesem sollen möglichst viele unterschiedliche Akteure einbezogen werden. Konträr zu früheren Ansätzen und Konzepten soll die Entscheidung über Ziele und Themen der Regionalentwicklung nicht *top-down*, also durch Politik und Verwaltung, sondern in einem *Bottom-up*-Prozess von den Akteuren selbst herbeigeführt werden (Foray et al., 2012). Der EDP-Prozess soll kontinuierlich sein und über die Design Phase hinaus auch für die Implementierungsphase gelten (Marianelli & Perinez Forte, 2017, S. 5). Zudem sollen die Partizipationsmöglichkeiten auch Anreiz für Investitionen aus dem privaten Sektor geben und ermöglichen, dass die Schwerpunkte sich an den Bedürfnissen von Wirtschaft und Gesellschaft der Region orientieren. Adressat dieses Prozesses sind die Akteure der sogenannten *triple helix* (Etzkowitz & Leydesdorff, 2000) bzw. *quadruple helix* (Marianelli & Perinez Forte, 2017; Vallance, 2017) also Unternehmen, Forschungseinrichtungen und Politik, aber auch Vertreter der Zivilgesellschaft, Konsumenten und NGOs (Aranguren, Navarro & Wilson, 2015, S. 165; Foray et al., 2011, S. 7). Denn diese „Entrepreneurs in the broadest sense" (Foray, 2013, S. 61) vereinen am ehesten *entrepreneurial knowledge* mit *economic knowledge* zur wirtschaftlichen Weiterentwicklung der Region (Foray, 2015, S. 26). Aus der bisherigen Praxis lässt sich allerdings ableiten, dass bislang vorwiegend Akteure der *triple helix einbezogen wurden* (Marianelli & Perinez Forte, 2017, S. 21). Den Regionen kommt bei der Aushandlung die Rolle eines Moderators zu (Kroll, 2015, S. 2), um die Interessen von etablierten Branchen und anderen Lobbies konsensual auszugleichen (Morgan, 2013). Wichtig ist bei einem EDP, welche Stakeholder in welcher Qualität und Quantität in den Prozess eingebettet wurden und in welcher Form ein Interessensausgleich stattfindet. Relevant ist dies vor allem da *Incumbents* („Platzhirsche") und neue Akteure unterschiedliche Kompetenzen mitbringen. Erfahrene Akteure weisen gute Kenntnisse der historischen Entwicklungen in der Region auf, können Auskünfte über die Struktur und Entwicklung von Stärkefeldern geben, neue Akteure können andere Gesichtspunkte, neue Themenfelder und einen unverbrauchten Blick auf den Status Quo beitragen (Moodysson, Trippl & Zukauskaite, 2016, S. 387). Mit der Auswahl der Akteure geht dabei auch die Gefahr eines *Bias* hinsichtlich *„usual suspects"* einher (Grillitsch, 2016). RIS3 braucht eine starke Partnerschaft und den aktiven Dialog der Sphären. Denn nicht nur der Aushandlungs- und Findungsprozess der Schwerpunkte soll partizipativ, sondern die Innovationsstrategie auf allen Ebenen von partnerschaftlichen Elementen geprägt sein. Neben der Entscheidungsfindung stellt auch die Mobilisierung von regionalen Stakeholdern einen wesentlichen Impetus für den EDP dar. Kräfte sollen mobilisiert werden und so zur *collaborative leadership* (Foray et al., 2012) führen. Der EDP ist in seiner Anwendung ein Versuch und Irrtum (McCann & Ortega-Argilés, 2014) und methodisch wie politisch eine Herausforderung. Die Europäische Kommission schreibt dazu: "Such a discovery process is at the heart of a *Smart Specialisation* strategy" (European Commission, 2010a). Für Foray (2013, S. 60) ist der EDP sogar das zentrale Unterscheidungsmerkmal zu bisherigen Ansätzen der Regionalentwicklung, sodass jede Strategie ohne EDP einen komplett anderen Charakter erhält.

Fünftens wird in RIS3 die Bedeutung von Institutionen auf regionaler Ebene für die Förderung von Innovation betont (McCann & Ortega-Argilés, 2014; Morgan, 2013). „The regional level is the one best suited to promoting creativity and innovation. Regions are large enough to matter and small enough to care for the people working and living there" (European Commission, 2010a, S. 24). Wesentlich ist dabei die Strategiekompetenz der Regionen. Der im EDP Ausdruck findenden

Ablehnung ausschließlicher staatlicher Planung und Kontrolle mit dem Hinweis auf die *New Industrial Policy* (Rodrik, 2004) steht hier eine deutliche Anerkennung der Bedeutung regionaler Innovationspolitik gegenüber (Morgan, 2013). RIS3 braucht starke *Policy*-Kompetenzen in der Region, da der (regionale) Markt bei der *entrepreneurial discovery* alleine versagt (Foray, 2015). RIS3 weist auch Parallelen zu den Ideen des unternehmerischen Staates auf, von dem eine proaktive Rolle auch in der Innovationspolitik gefordert wird (Mazzucato, 2014). Die Haltung zum Staat als Akteur ist somit ambivalent. Foray et al. (2011) lehnen die weitverbreitete Dichotomie von *top-down* und *bottom-up* ab und fordern einen beidseitsgerichteten iterativen Abstimmungsprozess. Die regionalen Steuerungsfähigkeiten sind dabei abhängig von der Erfahrung und der Ressourcenausstattung der Regionen. Vor allem in wirtschaftlich schwachen, peripheren Regionen ohne starke unternehmerische Akteure, wo Institutionen wesentlich wären, fehlen diese Fähigkeiten oftmals. Auch sind sie abhängig von der kompetenzrechtlichen Stellung von Regionen im jeweiligen staatlichen System (Detterbeck, 2018, S. 14).

Sechstens sind klare Governancestrukturen wesentlich. Unterschiedliche *Governance*-Formen und Prozesse können bei RIS3 gänzlich unterschiedliche Resultate zeitigen (Aranguren et al., 2015, S. 167). Unabdingbar sind deshalb die effiziente und transparente Allokation öffentlicher Mittel (ÖROK, 2017; Polt et al., 2016), die ausreichende Bereitstellung von Zeit und Mitteln, sowie klare Benchmarks und Kriterienkataloge zur Erfolgsmessung (Foray, 2015). Denn „the real challenge for the policy makers is about observation, detection and monitoring"(Foray, 2013, S. 75). Wie wichtig für beteiligte *policy maker* gutes Monitoring ist, zeigt sich daran, dass 60 % von ihnen in einer Befragung angaben, dass ihr Monitoringsystem noch ausgebaut werden sollte, und Monitoring generell als sehr wertvoll bewerteten (Kroll, 2016, S. 11). Monitoring und Evaluierung sollen entgegen dem konventionellen Politikverständnis hier nicht nur ex-post durchgeführt werden. Der generelle S3-Prozess mit Schwerpunktsetzung und Partizipation soll damit nicht einmalig und statisch, sondern in ständiger Transformation (*evolving prioritisation*) begriffen sein (Foray, 2015, S. 3). Das bedeutet, dass gewählte Schwerpunkte auch wieder aus dem Fokus der regionalen Förderung genommen werden können und durch ein Bündel neuer „Partikularisierungen" ersetzt werden (Foray, 2013). Jene Schwerpunktthemen, die sich bewähren, verlieren nicht vollständig die Unterstützung, sondern wechseln von „RIS3-Prioritätenunterstützung" in allgemeine horizontale Förderungsregime. Wichtig ist, dass die gewählten Policy-Werkzeuge die Partizipation über den gesamten Prozess hinweg ermöglichen und unterstützen. Gerade das Level an Support ist ein wesentliches Unterscheidungselement für RIS3 (Moodysson et al., 2016).

6.4. Forschungsdesign

Bislang gibt es erst wenige Erkenntnisse zum *policy transfer* von RIS3 und noch keine zu spezifisch österreichischen Prozessen (zur Anwendung von RIS3 in anderen europäischen Ländern vgl. Kroll, Böke, Schiller & Stahlecker, 2016; Piatkowski,

Szuba & Wolszczak, 2014; Pugh, 2014). Für die Evaluation des Konzepts ist es notwendig, die formellen Vorgaben mit den materiellen Umsetzungen zu vergleichen und dabei vor allem die regionale Rezeption zu untersuchen. Die rasche Implementierung von RIS3 bedingt Unklarheiten und Mehrdeutigkeiten in Bezug auf Umsetzung, zentrale Begriffe und Prozesse. Kenntnis über die Implementierung von RIS3 ist auch von Relevanz für die Gestaltung der nächsten EFRE-Förderperioden.

6.4.1. Methodik und Forschungsfragen

Wir analysierten die öffentlich zugänglichen FTI-Strategiepapiere Salzburgs sowie alle verfügbaren Dokumente *(grey literature)* des regionalen *Smart-Specialisation*-Prozesses. Hauptaugenmerk lag dabei auf der Analyse der Rezeption der im vorigen Abschnitt vorgestellten, dem Konzept immanenten Parameter in der regionalen (FTI-) politischen Praxis und Planungspraxis. Neben der Dokumentenanalyse führten wir qualitative Gespräche mit Personen, die den RIS3-Strategieprozess in Salzburg begleitet haben und stellten uns dabei folgende Forschungsfragen:

- Wie verändert sich das Konzept RIS3 durch den *policy transfer* von Brüssel nach Salzburg?
- Wird RIS3 mit allen Parametern (siehe oben) umgesetzt oder nur teilweise realisiert?
- Haben sich durch die Anwendung von RIS3 die Regionalentwicklung und Innovationspolitik in Salzburg geändert?

Der neueren Literatur über *policy transfer* (Benson & Jordan, 2011; McCann & Ward, 2012) folgend, betrachten wir dabei den Transfer von Politiken als einen sozialen Prozess (vgl. zur Entstehung, Entwicklung und Verbreitung des Konzepts des *National Innovation System* siehe Sharif, 2006). Wir gehen davon aus, dass die jeweilige Rezeption des Konzepts im Sinne einer kognitiven Pfadabhängigkeit variiert, u. a. nach Vorkenntnissen über das Konzept, über andere Konzepte und Theorien der Regionalentwicklung bzw. regionale FTI-Politik und bisheriger gelebter Planungspraxis (vgl. zu Deutschland: Kroll et al., 2016; Morgan, 2013, S. 107). Außerdem betrachten wir diesen Politiktransfer nicht statisch, sondern als Prozess pfadabhängiger Aushandlungen von sozialen Entitäten (Aranguren et al., 2015). Das ist wesentlich, weil RIS3 nicht bei null beginnt, sondern auf bestehenden Strukturen und Institutionen aufbaut. Dadurch kann es zur Ergänzung oder Überformung von bestehenden Politiken und Institutionen, aber auch zu Konflikten zwischen neuen und alten Politiken kommen (Morgan, 2017, S. 573).

6.4.2. Case Selection – Salzburg und sein Wirtschafts- und Innovationssystem

Wir untersuchen die Entwicklung und Verbreitung von RIS3 am Beispiel des österreichischen Bundeslands Salzburg. Salzburg eignet sich aus mehreren Gründen als Untersuchungsgegenstand: Die Größe der Region und ihrer Akteure ist überschaubar, die Region hat erst kürzlich eine neue Wissenschafts- und Innovationsstrategie erstellt, ist bislang noch nicht untersucht worden und aufgrund der Prozesseinbindung der Autoren liegen umfassende Hintergrunddokumente vor.

Salzburg hat knapp 550.000 Einwohner, eine Fläche von etwas mehr als 7.000 km², davon nur ein Fünftel Dauersiedlungsraum und ist eine erfolgreiche Wirtschaftsregion in Mitteleuropa. Nach dem Produktionswert (BIP) je Einwohner liegt Salzburg auf Rang 17 von 276 europäischen Regionen. Die Bruttowertschöpfung stammt größtenteils aus dem Dienstleistungssektor (75 %), knapp ein Viertel und damit unterdurchschnittlich im Verhältnis zu den anderen Bundesländern, ist dem Produktionssektor zuzurechnen. Das Bundesland hat eine deutlich unter dem bundesweiten Durchschnitt liegende Arbeitslosenquote von nur 3 %. Salzburg weist somit sehr gute grundsätzliche Makrodaten zu Wirtschaft und Arbeitsmarkt auf. Die Wirtschaftsstruktur Salzburgs ist geprägt von einem hohen Anteil an KMUs. Salzburg hat zwar viele große nationale und internationale Dienstleistungs- und Handelsbetriebe mit Headquarterfunktionen, allerdings nur wenige große industrielle Leitbetriebe (z. B. Palfinger, Liebherr, Kaindl, Sony DADC), weder stark ausgeprägten Leitbranchen noch forschungsintensive Cluster als Treiber für Forschung und Entwicklung. Stattdessen zeichnet sich Salzburg durch Leit- und Technologieunternehmen in unterschiedlichen Bereichen aus (Koch, 2019).

Salzburg hat sechs Hochschulen, deren Studierende zu ca. 30 % auf Naturwissenschaften, Medizin, Ingenieurwissenschaften und Technik entfallen (Steiner, Schwingsmehl, Radauer & Freischlager, 2016, S. 299). Generell weisen die Forschungseinrichtungen eine gering ausgeprägte Spezialisierung auf und sind wenig kongruent mit der regionalwirtschaftlichen Ausprägung. Vor allem die technischen-naturwissenschaftlichen Kompetenzfelder sind klein strukturiert, ihre Performance gemessen in eingeworbenen kompetitiven Fördermitteln jedoch national wettbewerbsfähig (convelop, 2018).

Die Forschungs- und Entwicklungsquote gemessen am Bruttoregionalprodukt lag 2015 bei 1,5 % und damit sowohl deutlich unter der gesamtösterreichischen Quote (3,09 %) als auch dem EU-weiten Durchschnitt. Dies ist der Fall, obwohl sich die Forschungsausgaben von 2002 bis 2015 mehr als verdoppelt haben und auch generell die Forschungslandschaft deutlich gestärkt wurde. Von den Ausgaben entfallen ca. 60 % auf den Unternehmenssektor und hierbei vor allem auf den Produktionsbereich (Steiner et al., 2016), das Wachstum der F&E Ausgaben seit 2013 wurde aber mehrheitlich vom institutionellen Forschungssektor getragen. Salzburg gehört wie die anderen Bundesländer der Region Westösterreich (AT3) zur Gruppe der *Strong+ Innovators* (European Commission, 2019).

Generell weist Salzburgs Wirtschafts- und Innovationssystem damit ein Paradoxon auf. Auf der einen Seite besteht ein hoher Wohlstand mit sehr guter wirtschaftlicher Dynamik, auf der anderen Seite geringe Forschungsaktivität, obwohl grundsätzlich gerade Forschung und Entwicklung und in weiterer Folge Innovation als Voraussetzung für Produktivitätssteigerungen und zusätzliche Wertschöpfung gesehen werden (Ranga & Garzik, 2015; Steiner et al., 2016).

6.5. Intelligente Spezialisierung in Salzburg

6.5.1. RIS3 in Österreich

Zentrale Referenz für die Schwerpunktsetzung ist die nationale österreichische FTI-Strategie (Bundeskanzleramt, 2011; Polt et al., 2016). Diese Strategie nahm, obwohl noch vor RIS3 erstellt, bereits wesentliche Umsetzungselemente intelligenter Spezialisierung vorweg. Bei der Erstellung wurde auf einen breiten Dialogprozess gesetzt, das Papier folgt einem systemisch-strategischen Ansatz und setzt auf verbindliche thematische Schwerpunktsetzungen, auch um private F&E-Investitionen zu fördern. Zudem umfasst die Strategie ein verbindliches Monitoring und Evaluierungsmaßnahmen (ÖROK, 2016). In Österreich folgt auch das nationale Programm für den Einsatz der EFRE-Mittel der Aufforderung zur Implementierung intelligenter Spezialisierung und fordert diese auch von den Regionen (ÖROK, 2015). Mittlerweile haben alle österreichischen Bundesländer dieser Bedingung Folge geleistet (ÖROK, 2016). Das Wirtschafts- und Wissenschaftsministerium stellte für die Umsetzung einen umfassenden Leitfaden bereit (BMWFW, 2014). Außerdem wurden im Rahmen der Partnerschaftsvereinbarung STRAT.AT 2020 zwischen Österreich und der Europäischen Kommission eine Partnerschaft zum Thema „*Smart Specialisation* in Österreich“ für die beteiligten Institutionen und Gebietskörperschaften gegründet (ÖROK, 2017) sowie Dialoge zwischen Bundesländern und dem Ministerium (BMVIT) etabliert (Polt et al., 2016).

6.5.2. RIS3 in Salzburg – die Salzburger Wissenschafts- und Innovationsstrategie 2025

Bereits mit dem Arbeitsübereinkommen der Salzburger Landesregierung 2013 gab man sich das Ziel zur Erarbeitung eines neuen Wirtschafts- und Forschungsleitbilds und reagierte dabei auf die Kritik, dass Salzburg im Bereich Wissenschaft und Innovation zu wenig Profil und keine Strategie habe. Die Erarbeitung eines realistisch umsetzbaren Leitbilds für Forschung und Innovation wurde unter anderem vom Beratungsgremium in Wissenschafts- und Forschungsagenden des Landes Salzburgs, dem Wissenschafts- und Forschungsrat (WFR)[5], empfohlen. Die Abteilungen für Wirtschaft, Gemeinden und Tourismus (auch zuständig für angewandte Forschung) sowie für Kultur, Bildung und Gesellschaft (zuständig für Grundlagenforschung) erhielten den Auftrag zur gemeinsamen Bearbeitung der Thematik. Zu Beginn wurde das Projekt noch als Wissenschaftsleitbild geführt und war auch vom Charakter als (unverbindliches) Leitbild konzipiert. Im Zuge der Bearbeitung – und im Rückgriff auf Elemente von RIS3 – wurde dann aus dem in den Jahren 2014 bis 2016 erarbeiteten Dokument im Februar 2016 durch Beschluss der

5 Der WFR berät die Salzburger Landesregierung in den Agenden Wissenschaft, Forschung und Innovation und besteht aus Experten aus Wissenschaft und Wirtschaft. Seine Empfehlungen haben keine verbindliche Wirkung.

Salzburger Landesregierung eine verbindliche Wissenschafts- und Innovationsstrategie. Diese Strategie bildet nun die Grundlage für die aktuelle regionale Forschungs- und Innovationspolitik, die im Kontext anderer Strategien und Leitbilder (siehe Tabelle 1) entstanden ist und sich mit diesen weiterentwickeln wird.

Tabelle 1: Auszug beeinflussender Strategien und Leitbilder (Quelle: eigene Darstellung)

Europa	Österreich	Bundesland Salzburg	Stadt Salzburg
▪ *Smart Specialisation* Strategy ▪ Europäische makroregionale Strategie für den Alpenraum (EUSALP)	▪ Open Innovation Strategie ▪ Kreativwirtschaftsstrategie ▪ Gründerlandstrategie ▪ Innovationspartnerschaft Industrie 4.0	▪ Wirtschaftsprogramm Salzburg 2020 ▪ Strategieplan Tourismus 2020 ▪ Salzburg 2050 klimaneutral. energieautonom. nachhaltig.	▪ Wirtschaftsleitbild Stadt Salzburg ▪ Wissensstadt Salzburg

Für die Erarbeitung der Wissenschafts- und Innovationsstrategie wurde auf bestehende regionalökonomische Analysen zurückgegriffen sowie neue Studien in Auftrag gegeben. Bei der Analyse ließ sich das interne Bearbeitungsteam zu Beginn auch von externen Agenturen unterstützen. Um die bestehende Entwicklung einordnen zu können, erstellte man eine SWOT-Analyse der Wissenschafts- und Forschungsstrukturen unter Berücksichtigung der F&E-Ausgaben, diverser Förderstatistiken und untersuchte die Stärken und Schwächen der Region auch komparativ mit Detailauswertungen des Regional Competitiveness Index (European Commission, 2010–2016) zu Salzburg und wirtschaftlich vergleichbaren Regionen. Um den evidenzbasierten Charakter der Analyse zu stärken, wurden bestehende Studien zur wirtschaftsorientierten Weiterentwicklung der Salzburger Forschungsstrukturen sowie branchenspezifische Untersuchungen integriert. Bei der Strategieerstellung wurden dem Projektteam von politischer Seite keine strategischen Vorgaben gemacht. Man konnte ausschließlich auf Basis der Analysen sowie der Erkenntnisse und Ergebnisse des Partizipationsprozesses (siehe unten) agieren.

Die WISS 2025 setzt auf eine Doppelstrategie bei der Entwicklung der Wissenschafts- und Forschungsstrukturen. Einerseits steht die Exzellenz der Forschung mit dem Ziel der Anschlussfähigkeit der regionalen Strukturen über Wissensketten an internationale Exzellenzstandorte im Vordergrund, andererseits soll die thematische Ausrichtung dazu dienen, regionale Forschungsbedarfe aus Wirtschaft und Gesellschaft zu bedienen (Regionalstrategie). Die WISS 2025 setzt neben ausgewählten Schwerpunktthemen auf drei Eckpfeiler und fünf Leitsätze (Land Salzburg, 2016b). Die Eckpfeiler sind die Stärkung der regionalen Wissenschafts- und Forschungsstrukturen, die Förderung der ökonomischen und gesellschaftlichen Verwertung von wissenschaftlichen Erkenntnissen sowie die Stärkung unternehmerischer Forschungs- und Innovationsaktivitäten. Die fünf Leitsätze lauten:

1. Wissenschaft, Forschung und Innovation sind die zentralen Wettbewerbsfaktoren für den Standort Salzburg,
2. Spezialisierung und Kooperation sind Voraussetzung für die Weiterentwicklung des regionalen Innovationssystems,
3. Erfolg in Wissenschaft, Forschung und Innovation erfordert eine konsequente Internationalisierung,
4. Ausbildung, Weiterbildung und Karrieremöglichkeiten orientieren sich an hohen Standards,
5. eine Governance zur strategischen Steuerung, Umsetzung und Evaluierung öffnet neue Wege (Land Salzburg, 2016c).

Impliziter Policy Transfer: Obwohl in der 2016 fertiggestellten WISS 2025 explizit auf die Berücksichtigung der intelligenten Spezialisierung hingewiesen wird, ist anzumerken, dass dies zu Beginn der Arbeiten bzw. bei Beauftragung noch nicht intendiert war. Die Implementierung von RIS3 in den konkreten Prozess der Wissenschafts- und Innovationsstrategie-Entwicklung folgte einem konvergenten Prozess ausgehend vom Interesse der beteiligten Akteure an den konkreten Qualitäten des Konzepts sowie zur Erfüllung supranationaler und nationaler Vorgaben. Bereits vor Beauftragung forderte der beratende WFR, dass das Leitbild strategischer ausgerichtet werden müsse und verwies dabei auch auf RIS3. Zugleich favorisierte auch das Projektteam nach internen Diskussionen einen systemisch-verbindlichen Ansatz, der über ein traditionelles Leitbild hinausgeht. Deshalb entwickelten die Mitglieder des Projektteams bewusst eine an RIS3 angelehnte Strategie und verwendeten explizit das Konzept. Die Politik nahm diese Initiative dankend an.

Die Verpflichtung zur Erstellung eines nationalen Programms unter Berücksichtigung der ex-ante Konditionalität der intelligenten Spezialisierung durch das EFRE-Programm für die Periode 2014–2020 traf in erster Linie den Bund. Österreich verlangte nach Aufforderung europäischer Stellen dann allerdings auch von den Ländern Schwerpunksetzungen gemäß RIS3. In Salzburg, wie auch in anderen Bundesländern, ging man hierbei über die reine Nennung von Schwerpunktthemen hinaus und setzte einen stark an RIS3 orientierten Prozess um. Der Programmteil für Salzburg verweist wiederum auf die ausgewählten Schwerpunkte der WISS 2025 (Land Salzburg, 2016a). Die europäische Vorgabe zu intelligenter Spezialisierung für die Gewährung spezifischer EFRE-Mittel war für Salzburg somit nur über die Hintertür verantwortlich für die Anwendung von RIS3 bei der Erarbeitung der WISS 2025.

Innovation durch Regionalentwicklung: Wie schon der erste Leitsatz zeigt, werden durch die WISS 2025 Wissenschaft, Forschung und Innovation als wesentliche

Zukunftsfaktoren dargestellt und zentrale Felder der Regionalentwicklung verstanden. Dabei stützt man sich auch in Salzburg, im Einklang mit den akademisch-theoretischen Ausführungen von intelligenter Spezialisierung, auf einen breiten Innovationsbegriff, der nicht nur eine technologische Dimension umfasst, sondern explizit auch soziale, kulturelle und nachhaltige Komponenten aufweist. Explizit wird neben Produkt-, Dienstleistungs-, Prozess- und Organisationsinnovationen auch auf soziale Innovation verwiesen und auch die generelle Bedeutung von Wissenschaft und Innovation für gesellschaftliche Entwicklung betont. Trotzdem stehen die Wettbewerbsfähigkeit und deren Steigerung durch Innovationen sowie die wirtschaftliche In-Wert Setzung von Wissen im Vordergrund (Land Salzburg, 2016b). Die Breite des Innovationsbegriffs ist auch bedingt durch Spezifika des Standorts, wie seine Tradition starker Kulturinstitutionen und wissenschaftliche Stärken im breiten und teilweise unspezifischen Bereich der Gesellschaft-, Sozial- und Kulturwissenschaften (GSK) (Ranga & Garzik, 2015).

Vertikale FTI-Politik mit Schwerpunktsetzung: Eine gewisse Form der Schwerpunktsetzung auf bestimmte Bereiche fand in Salzburg auch bereits mit dem – der WISS 2025 vorangegangen – Wirtschaftsprogramm „Salzburg. Standort Zukunft." (Land Salzburg, 2011) statt. Die mit der WISS 2025 intensivierte Entwicklungslogik und die Schwerpunktsetzung der Innovationspolitik stellen somit keinen harten Paradigmenwechsel, sondern eher einen kontinuierlichen Übergang dar. Nach wie vor bilden auch Elemente einer klassisch horizontalen Forschungspolitik (wie die Förderung von mehr Austausch und Kooperationen, die generelle Stärkung von F&E-Humanressourcen oder Imagekampagnen für die Region) Teile der Innovationspolitik. Diese horizontale Herangehensweise wurde teilweise explizit von den regionalen Forschungsinstitutionen gefordert (z. B. *shared facilities*, institutionenübergreifende Anschubfinanzierungen). Zum größten Teil umfasst die WISS 2025 aber schwerpunktfokussierte landeseigene Förderungsmaßnahmen.

Kern der WISS 2025 sind folgende thematische Schwerpunkte (siehe Tabelle 2): Life Sciences, daten- und servicebezogene IKT (IKT Region Salzburg: Smart Data and Services), Smart Materials, Intelligentes Bauen und Siedlungssysteme sowie Creative Industries und Dienstleistungsinnovationen (Land Salzburg, 2016b). Mit den Schwerpunkten Life Sciences und IKT werden die nationalen und internationalen Exzellenzbereiche und regional bestehenden Kompetenzen weiterentwickelt, während im Sinne einer intelligenten Spezialisierung mit letzteren drei Schwerpunktsetzungen den spezifischen regionalen Gegebenheiten und Anforderungen entsprochen werden soll. Diese Themen beziehen sich alle auf Bereiche, in denen bereits Forschungs- und Wissenschaftsstärkefelder bestehen. Der Aufbau komplett neuer Forschungskapazitäten *(radical foundation)* ist strategisch nicht intendiert, da dies komplex sowie sehr kosten- und ressourcenintensiv ist. Alle Schwerpunkte weisen auch in der Beachtung durch die regionale Forschungspolitik eine gewisse Pfadabhängigkeit auf, finden sich doch ähnliche Themensetzungen auch schon im erwähnten Wirtschaftsprogramm (Land Salzburg, 2011). In den ausgewählten endogenen Bereichen sollen mit expliziten Maßnahmen und Leitprojekten Potentiale gehoben, modernisiert und diversifiziert werden.

Tabelle 2: Die Schwerpunkte der WISS 2025 und ihre Relevanz zwischen 2016–2018 (Quelle: Land Salzburg (2016b) mit Ergänzugen der Autoren)

Themenschwerpunkt	**Anteil des Fördervolumens in Prozent**	**Anzahl der Projekte**	**Beispiele für Leitprojekte**
Life Sciences	36	16	Cancer Cluster Salzburg
IKT Region Salzburg: Smart Data and Services	43	13	Zentrum für Sichere Energieinformatik
Smart Materials	5	10	Wissenstransferzentrum Smart Materials
Intelligentes Bauen und Siedlungssysteme	5	7	Aufbau eines Forschungs- und Transferzentrums Alpines Bauen
Creative Industries und Dienstleistungsinnovation	1	2	Innovationsqualität Tourismus
Themenübergreifend	10	14	Inkubations-Netzwerk StartUp Salzburg

Mit fünf Schwerpunkten weist die WISS 2025 im Verhältnis zu anderen Regionen eine verhältnismäßig geringe Anzahl auf. Deren Granularität befindet sich bei allen im konzeptkonformen *mid-grain level* zwischen Branche und einzelnen Unternehmen. Im Verhältnis zu anderen Regionen sind die Schwerpunkte spitzer, aber breit genug, sodass sich ausreichend Akteure in den Schwerpunkten wiederfinden. Dies mag mitunter an der Größe der Region Salzburg liegen, die es ermöglicht, Schwerpunktsetzungen ohne große Reibungsverluste durchzuführen.[6] Gerade in jenen Schwerpunkten, die eine geringe Maßstabsebene aufweisen, ist eine deutlichere Partikularisierung festzustellen. Diese endogene Partikularisierung soll vor allem durch die Vergrößerung bestehender Forschungseinheiten sowie die Suche nach Schnittstellen und Kooperationen (z. B. gemeinsame Bearbeitung von Forschungsfragen, kollaborative Nutzung von Forschungsinfrastrukturen und Personal) zwischen den Forschungseinrichtungen gefördert werden. Um interregionale Zweigleisigkeiten zu vermeiden, sollen Kooperationen zu Schwerpunkten in anderen Regionen aufgebaut werden.

Partizipation: Das Konzept RIS3 setzt stark auf einen quasi-unternehmerischen Partizipations- und Entscheidungsprozess, den so genannten *EDP,* über den

6 Mit Verweis auf das aktuelle Projekt *S3-4AlpCluster* zeigt sich die relativ „spitze" Schwerpunktsetzung im Verhältnis zu anderen Regionen. Diese haben teilweise mit dem RIS3-Prozess erst später begonnen oder erarbeiten nur auf (zu) großer Maßstabsebene eine RIS3 (z. B. Bayern).

unternehmerisch denkende Akteure der *quadruple helix breit* eingebunden werden sollen. Wie ging man in Salzburg damit um? Partizipationsprozesse sind in Salzburg – wie auch in Österreich generell – aufgrund seiner korporatistischen Tradition (Talos, 2015) der Einbeziehung von Interessenvertretungen in den politischen Prozess kein Novum. Interessanterweise reduzierte man bei der WISS 2025, im Vergleich zu dem einige Jahre zuvor erstellten allgemeinen Wirtschaftsprogramm wegen der Erfahrung ressourcenintensiver Prozesse die Partizipationsmöglichkeiten. Der Erstellungsprozess des Wirtschaftsprogramms (Land Salzburg, 2011) war durch einen breiten Partizipationsprozess unter Einbezug Hunderter Personen und große Offenheit gekennzeichnet. Bei der Erstellung der WISS 2025 suchte man sich bewusst einen schlankeren Prozess unter Einbezug ausgewählter Akteursgruppen und Akteure. Dies begründete man damit, dass breite Prozesse nicht automatisch einen höheren Erkenntnisgewinn bedingen, aber sehr ressourcenintensiv sind – und vor allem viele personelle Ressourcen benötigen, die im vorliegenden Prozess nicht zur Verfügung standen. Um ganz exakt den Parametern von RIS3 zu entsprechen, hätte der Prozess mehr Zeit und Ressourcen gebraucht. In Salzburg hat man sich für einen pragmatischen Umsetzungsweg entschieden.[7]

Zentral für den Partizipationsprozess ist die Frage, wie die Entscheidungsfindung zu den regionalen Schwerpunktthemen bzw. Entwicklungsprioritäten und den darauf konkret abzielenden Maßnahmen stattfindet. Die Schwerpunktfindung in Salzburg war ein iterativer Prozess auf Grundlage oben genannter Analysen. Darauf basierend wurden durch das Projektteam mit Unterstützung externer Agenturen Vorschläge für mögliche Schwerpunkte gemacht. Darauf folgte ein Partizipationsprozess mit insgesamt acht Stakeholder- und Expertenworkshops. Zahlreiche bilaterale einzelbetriebliche Gespräche sowie Interviews mit den Vertretern der maßgeblichen Forschungs- und Bildungseinrichtungen in Salzburg wurden ebenso durchgeführt (mit dem Ziel, die Möglichkeiten und Bedarfe der Unternehmen und Institutionen zu erheben, Kooperationsmöglichkeiten zu finden und mögliche Schwerpunktsetzungen zu diskutieren).

In einem ersten Workshop wurden regionale Forschungsinstitutionen und ausgewählte Arbeitgeber- und Arbeiternehmer-Interessensvertretungen sowie Vertreter der Landesverwaltung zur Nennung von thematischen Forschungsschwerpunkten aufgefordert, welche die bereits vorab als möglich vorgegebenen Schwerpunktbereiche ergänzen oder näher definieren konnten. Darüber hinaus wurde in diesem Rahmen um Vorschläge für potentielle Maßnahmen ersucht. Die Partizipation zielte somit auf die Bestätigung bisheriger strategischer Planungen als auch auf deren Erweiterung ab und sollte mögliche Synergien zwischen den Einrichtungen ausloten. Dieses forschungsangebotsseitige Themensammeln diente zudem dem späteren Abgleich mit der unternehmerischen Forschungsnachfrage

7 Andere Bundesländer haben die Mitwirkungsmöglichkeiten breiter konzipiert, dabei aber auch wesentlich mehr Ressourcen benötigt (z. B. in Oberösterreich; vgl. TMG, 2014).

und der Profilbildung. In weiteren Workshops und Arbeitskreisen konnten anschließend die Schwerpunkte vertieft und konkretisiert werden (siehe Tabelle 3). Es folgten eine Präsentation der vorläufigen Ergebnisse vor Wirtschaftsvertretern sowie weitere Branchen- und Themenworkshops. Diese wurden insbesondere aufgrund der besser abgrenzbaren Zielgruppe und des damit einhergehenden gemeinsamen Wissenstands und gemeinsamer Interessenslagen vom Projektteam favorisiert. Immer wieder wurden vorläufige Zwischenergebnisse dieses iterativen Prozesses zur Reflexion im regionalen FTI-Beratungsgremium, dem WFR, vorgestellt und diskutiert. Ein zweiter großer Workshop, welcher von Vorgesprächen des Projektteams mit ausgewählten Akteuren eingeleitet wurde, führte dann zur vorläufigen Festlegung der zukünftigen Entwicklungsprioritäten. Von politischer Seite gab es keine Einflussnahmen auf den Prozess der Schwerpunktsetzungen. Auch bestehende nationale FTI-Strategien hatten nur bedingt Einfluss auf die regionale Themenfindung.

Tabelle 3: Ausgewählte Meilensteine des Partizipationsprozesses (Quelle: Land Salzburg (2016b) mit Ergänzungen der Autoren)

Aktivität	**Zeitpunkt**	**Zielgruppe**	**Zielsetzung**
Interaktive Stakeholder-Workshops inkl. Kleingruppenarbeit *)	Juni 2014, März 2015	Leitungsebene und Koordinationsbeauftragte der Forschungseinrichtungen sowie explizit Vertreter von Arbeitnehmer- und Arbeitgebervertretern sowie Vertreter der Landesverwaltung	Ergänzung der Schwerpunkte und Definition innerhalb der Schwerpunkte zur Erarbeitung von Schlüsselprojekten und Forschungsschwerpunkten; angebotsseitige Themenclusterung; Einholen von Feedback der teilnehmenden Personen – Präzisierungen//Ergänzungen
Präsentation vor Wirtschaftsvertretern	Oktober 2014	Salzburger Wirtschaftsvertreter (Produktionsbetriebe)	Analyse von Kooperations- und Allianzmöglichkeiten mit bestehenden wissenschaftlichen Einrichtungen im In- und Ausland
Vorstellung im Wissenschafts- und Forschungsrat	mehrfach	WFR-Mitglieder	Reflexion der Zielsetzungen und möglicher Maßnahmen
Möglichkeit zur Stellungnahme des fertigen Entwurfs	Juni 2015	Alle Interessensvertretungen	Feedback, Ergänzungen

*) zusätzliche branchenspezifische Fokusgespräche mit Wissenschafts- und Wirtschaftsvertretern, Workshop für Start-Up-Stakeholder, landesinterne Arbeitsgruppen-Workshops, Vorstellungen vor dem regionalen FTI-Beratungsgremium

Neben der Schwerpunktsetzung wurde vom WFR und in Folge dessen auch von der Landesregierung ein (nicht-öffentliches) Umsetzungsprogramm mit Schlüsselprojekten gefordert. Durch den vorangegangenen iterativen Prozess der Partizipation hatte man bereits nicht nur Schwerpunktthemen, sondern auch schon gewisse Projekte und Maßnahmen (die bereits von Akteuren genannt wurden) erarbeitet. In Teilbereichen aber mussten diese Projekte erst erarbeitet werden. Gerade auf dieser konkreten Maßnahmenebene, d. h. bei der Vertiefung und Konkretisierung der Schwerpunkte, war die Partizipation der Stakeholder von großer Bedeutung. Als Beispiel kann der Erstellungsprozess des Innovations- und Forschungsmasterplans IKT Salzburg (Land Salzburg, 2017) genannt werden, der unter Beteiligung von Unternehmen und Forschungseinrichtungen in einem kontinuierlichen Prozess erfolgte und die Präzisierung eines Schwerpunktthemas der WISS 2025 zum Gegenstand hatte. Weitere Masterpläne zu den anderen Schwerpunktthemen sind in Ausarbeitung.

An den Experten der *triple helix* lag es, mit konkreten Umsetzungsvorschlägen und Commitment bei der Umsetzung die Schwerpunktthemen „mit Leben zu füllen". Deren Vorschläge haben zugleich den Vorteil, dass sie nicht nur politik- bzw. planungsinduzierte Hüllen sind. Die endgültige Auswahl der einzelnen Maßnahmen bzw. Projekte im Rahmen der WISS 2025-Schwerpunkte wurden dann allerdings durch die interne Arbeitsgruppe und nicht durch Stakeholder der *quadruple helix* durchgeführt. Nach neuerlicher Befassung des WFR wurde der Entwurf samt Schwerpunktsetzungen in den Stellungnahmeprozess durch Interessensvertretungen und Landesabteilungen und danach ohne maßgebliche Änderung zur politischen Entscheidung in die zuständigen Ausschüsse überführt.

Welche Akteure der *quadruple helix* wurden nun konkret einbezogen? Auf Seite der Forschung waren dies vor allem die Leitungen der Hochschulen und außeruniversitären Forschungseinrichtungen sowie die Verantwortlichen für die Standortentwicklung und auch Einzelakteure aus dem universitären Umfeld. Im Unternehmensbereich wurde in Teilbereichen auf Intermediärorganisationen als Wissensträger zurückgegriffen, es wurden aber auch viele einzelbetriebliche Gespräche geführt. Unternehmen betrachten oftmals standortpolitische Aushandlungsprozesse als Verantwortung ihrer Vertretungsorganisationen und wollen keine unternehmenseigenen Ressourcen dafür in Anspruch nehmen. So kommt es allerdings zu einem *Bias* entlang des Kenntnisstands und der Wunschvorstellungen dieser Intermediäre. Deswegen wurden besonders bei thematischen Workshops direkt einzelne Unternehmen involviert. Dadurch besteht die Möglichkeit der Verzerrung auf die Themen jener Unternehmen, die sich aktiv um Partizipation bemühen. Diese Verzerrung ist nur durch einen sehr breiten EDP-Prozess reduzierbar. Die Gruppe der Anwender bzw. der Zivilgesellschaft sowie NGOs *(quadruple helix)* wurde in Salzburg bewusst nicht involviert.

Governance, Monitoring und Evaluation: Das Monitoring von RIS3 steckt europaweit noch in den Kinderschuhen. Gerade zur konkreten Umsetzung gibt es noch viele Unklarheiten: Welche Daten und Indikatorensets sollen in welcher Granularität wofür aufbereitet werden? Wie sollen die Akteure zur Mitarbeit bewegt werden? Trotzdem stieß der Wunsch der EU Kommission nach mehr Monitoring in Salzburg auf fruchtbaren Boden. Vor der WISS 2025 gab es in der Salzburger Innovationspolitik kein transparentes und evidenzbasiertes Monitoring. Mit der WISS 2025 liegt nun erstmals ein Rahmen für das Monitoring vor. Dem neu zusammengestellten WFR wurde die Begleitung und Aufsicht über das Monitoring übertragen. Generell wird diesem Beratungsgremium zunehmend mehr Bedeutung und Verantwortung zugemessen, was dessen Teilnehmer auch gerne annehmen. Dis bisherige Reflexion des Monitorings war durchwegs kritisch und konstruktiv. Zusätzlich wurde eine abteilungsübergreifende Steuerungsgruppe eingerichtet, welche den Umsetzungsprozesses steuert und bei der Analyse von einer externen Agentur unterstützt wird. Für die Umsetzung und das Monitoring der WISS 2025 stehen wenig interne personelle Strukturen zur Verfügung, hingegen wurde die Innovationsagentur des Landes als Intermediär aufgewertet. Sie zeichnet sich für die aktive Themen- und Projektentwicklung mit Umsetzungsmaßnahmen aus (ÖROK, 2016).

Nicht nur in der Design-Phase, sondern auch im laufenden Monitoring finden Partizipationsprozesse zur stetigen Überarbeitung statt, sodass die WISS 2025 den Charakter eines *living documents* hat. Im laufenden Monitoring findet die Partizipation vorwiegend direkt mit Unternehmen bzw. Einzelakteuren statt und nicht mehr über Intermediäre. Diese werden zu Veranstaltungen eingeladen, um gemeinsam den bisherigen Prozess zu reflektieren. Anpassungen sind vor allem im Maßnahmenkatalog (Roadmap) und weniger bei den Schwerpunktsetzungen möglich. Kritisch zu betrachten ist der Mangel an messbaren Indikatoren in der WISS 2025. Für die Umsetzung einer Innovationsstrategie sind neben personellen Kapazitäten auch finanzielle Ressourcen maßgeblich. Die WISS 2025 hat eine eigene finanzielle Dotierung für Roadmap-Projekte. Für die ersten beiden Jahre wurden zusätzliche Mittel in der Höhe von jeweils 50 % des regulären Jahresbudgets für Forschungsförderung bereitgestellt. Um die Schwerpunktsetzung finanziell abzubilden wurde die Landesförderung auf die Schwerpunkte fokussiert, und es wurde auch bei der Kooperation mit Bundesförderungsagenturen und EFRE-Programmen auf diese Fokussierung Rücksicht genommen. Zwischen 2016 und 2018 wurden 62 Projekte mit insgesamt 27 Millionen Euro Projektvolumen unterstützt. Die meisten Mittel gingen in den notwendigen Aufbau von schwerpunktbezogenen Forschungs- und Innovationsstrukturen (59 %), gefolgt von transferorientierten Projekten bzw. der Stärkung der Zusammenarbeit (17 %) und sonstigen Forschungsprojekten (12 %). Mehr als zwei Drittel davon sind Kooperationsprojekte. In die bisherigen Projekte wurden insgesamt 34 regionale Akteure involviert – zentrale Akteure mit den meisten Beteiligungen waren Hochschulen, außeruniversitäre Forschungseinrichtungen sowie (halb)staatliche Organisationen. Den Schwerpunkt der Ausgaben bilden aktuell die Themen mit Exzellenzpotential, also der Bereich Life Science und IKT (convelop, 2018). Die WISS 2025 sieht eine Zwischen- und Schlussevaluation im Umsetzungsprozess vor.

6.6. Conclusio

Das standortstrategische Konzept RIS3 betont die Bedeutung von Wissen und Innovation für regionales Wirtschaftswachstum. Es setzt dabei auf die Konzentration von Investitionen und Aktivitäten auf Schwerpunkte, in denen endogene Stärken und Kompetenzen vorliegen. Ziel ist die Partikularisierung der Forschungs- und Wirtschaftsstrukturen der europäischen Regionen zur Erhöhung ihrer Wettbewerbsfähigkeit. Bei der Schwerpunktfindung setzt RIS3 dabei auf einen quasi-unternehmerischen Partizipationsprozess, betont aber auch die Bedeutung regionalstaatlicher FTI-Politik und fordert von den Regionen verbindliche Governanceprozesse. Die Umsetzung von RIS3 ist eine ex-ante Konditionalität für die Partizipation an bestimmten EFRE-Mitteln.

Aufgrund seiner kurzen theoretischen Genese – aber auch knappen praktischen Anwendungszeit – ist das Konzept noch vage und die Anwendung abhängig von (individueller) Auslegung, regionalen Pfadabhängigkeiten und dem Wissen und den Erfahrungen der handelnden Akteure (Iacobucci, 2012). Sowohl zwischen dem akademischen Diskurs und den europäischen Vorgaben als auch zwischen diesen Vorgaben und der regionalen Umsetzung bestehen noch deutliche Divergenzen. Deshalb ist für Verständnis und Weiterentwicklung von RIS3 die Analyse konkreter Implementierungsprozesse durch die theoretische Brille des Konzepts wesentlich.

Salzburg gab sich bis 2016 eine neue Wissenschafts- und Innovationsstrategie und betont damit die Aufmerksamkeit für wissensgeleitete Standortpolitik. Die Anwendung von RIS3 ist in Teilaspekten ein *turning point* in der regionalen FTI-Politik, stellt teilweise aber auch eine kontinuierliche Adaption bisher gelebter Praxis dar. Der Designprozess orientierte sich am Konzept RIS3. Die WISS 2025 setzt auf die Offenheit des Technologiebegriffs und rückt erstmals Forschung als Treiber von Innovation und damit die Entwicklung des FTI-Systems in den Fokus der Regionalentwicklung. Erstmals wurden in der Salzburger Innovationspolitik ein transparentes und evidenzbasiertes Monitoring und verbindlichere Governance-Prozesse eingeführt, allerdings besteht noch ein Mangel an messbaren Indikatoren. Die WISS 2025 legt Schwerpunkte für Entwicklungsprioritäten fest, wie in RIS3 gefordert. Dies fand in abgeschwächter Form aber auch in vorangegangenen Strategien statt. Die Konzeption des *entrepreneurial discovery procsess* zur Partizipation wurde aufgrund seiner Neuheit und Komplexität adaptiert weiterverfolgt. Es wurden Stakeholder aus Wissenschaft und Wirtschaft in den RIS3-Design Prozess eingebunden und dabei teilweise direkt Forscher und Unternehmen involviert. Teilweise wurden die Sphären Wissenschaft und Wirtschaft aber auch durch die Leitungen der jeweiligen Forschungsinstitutionen sowie Intermediäre wie Arbeitgeber- und Arbeitnehmervertretungen repräsentiert. In Österreich bestehen langjährige Erfahrungen mit der Stakeholder-Einbindung in politische Planungsprozesse (Sozialpartnerschaft bzw. Austrokorporatismus (Talos, 2015)). Diese Tradition floss bei der Umsetzung des EDP pfadabhängig ein. Die endgültige Auswahl der jeweiligen Maßnahmen bzw. Projekte fand dann durch eine interne

Arbeitsgruppe und nicht im EDP statt. Statt auf Akteure der *quadruple helix* wurde nur auf die *triple helix* gesetzt.

Am Beispiel Salzburg konnten wir aufzeigen, dass die Implementierung von RIS3 in nationalen und regionalen Strategiepapieren je nach Vorwissen und bisheriger FTI-Praxis variiert. Auch ist festzustellen, dass der Wissenstransfer des Konzepts von Brüssel in die Regionen nicht systematisch stattfindet. Zentrale Erkenntnis ist, dass RIS3 als kontinuierlicher Prozess verstanden werden muss. Die Notwendigkeit zur Umsetzung von RIS3 war in Salzburg der exogene Anlass, die FTI-Politik sowie das institutionelle Gefüge zu hinterfragen und anzupassen. Verstärkte Partizipationsformen, Partikularisierung, ein breiter Innovationsbegriff sowie das Verständnis für den Nutzen von Forschung und Innovation für die Regionalentwicklung fanden so den Weg nach Salzburg.

Wichtig ist, dass sich nun auch die Institutionen in den Regionen verändern. Aufbauend auf den regionalen Spezialisierungsmustern braucht es intraorganisationelle Spezialisierungsprozesse. Denn nur mit spezialisierten Akteuren lassen sich die Forschungsinfrastrukturen der Regionen weiter partikularisieren. Jede Region muss eigene ökonomisch profitable Nischen finden, mit der sie sich Wettbewerbsfähigkeit sichert (European Commission, 2010a; Grillitsch, 2016). Dafür gibt es keine Blaupausen, sondern nur regional-individuelle Lösungen, abhängig von regionaler Ausstattung mit Humankapital, wirtschaftlichen und wissenschaftlichen Strukturen sowie *governance capabilities* (McCann & Ortega-Argilés, 2013).

Interessenskonflikt

Madeleine Koch arbeitet aktuell, mit externer Begleitung, am Roll Out sowie am Monitoring der WISS 2025. Andreas Van-Hametner war als Interessensvertreter passiv in die Erstellung der WISS 2025 involviert.

Literatur

Abl. EU. 2013 L 347/320. (2013). *Verordnung (EU) Nr. 1303/2013 des Europäischen Parlaments und des Rates.* Amtsblatt der Europäischen Union.

Aranguren, M. J., Navarro, M., & Wilson, J. R. (2015). From plan to process: Exploring the leadership implications of RIS3. *Working Papers Orkestra – Basque Institute of Competitivess, 2015R01.*

Barca, F. (2009). *Agenda for a Reformed Cohesion Policy.* Verfügbar unter: http://www.europarl.europa.eu/meetdocs/2009_2014/documents/regi/dv/barca_report_/barca_report_en.pdf

Benson, D., & Jordan, A. (2011). What have we learned from policy transfer research? Dolowitz and Marsh revisited. *Political studies review, 9*(3), 366–378.

BMBWF. (2019). *Bundesländerdialog – FTI-Länderbroschüren.* Wien.

BMWFW. (2014). Der RIS3 KEY gibt Starthilfe. Standortstrategien für Smart Specialisation. Wien

Bundeskanzleramt. (2011). *Der Weg zum Innovation Leader. Strategie der Bundesregierung für Forschung, Technologie und Innovation.* Verfügbar unter: https://www.bmvit.gv.at/innovation/publikationen/forschungspolitik/downloads/fti_strategie.pdf

Camagni, R., & Capello, R. (2013). Regional innovation patterns and the EU regional policy reform: Toward smart innovation policies. *Growth and change, 44*(2), 355–389.

Capello, R., & Kroll, H. (2016). From theory to practice in smart specialization strategy: emerging limits and possible future trajectories. *European Planning Studies, 24*(8), 1393–1406.

convelop. (2018). *WISS 2025 Monitoringbericht – Update.* Salzburg

David, P. A., & Metcalfe, S. (2007a). *Universities and Public Research Organisations in the ERA.* Verfügbar unter: http://ec.europa.eu/invest-in-research/pdf/download_en/metcalfe_report5.pdf

David, P. A., & Metcalfe, S. (2007b). Universities must contribute to enhancing Europe's innovative performance. *Knowledge Economists Policy Brief, 2,* 1–5.

Detterbeck, K. (2018). Framework Document. Based on existing EDP Analyses and Regions' Experiences. http://s3platform.jrc.ec.europa.eu/documents/20182/196760/Framework+Document/cb400189-e219-4b01-9f80-1b91ef0cd4e9

Dosi, G., Llerena, P., & Labini, M. S. (2006). The relationships between science, technologies and their industrial exploitation: An illustration through the myths and realities of the so-called 'European Paradox'. *Research Policy, 35*(10), 1450–1464.

Etzkowitz, H., & Leydesdorff, L. (2000). The dynamics of innovation: from National Systems and "Mode 2" to a Triple Helix of university–industry–government relations. *Research Policy, 29*(2), 109–123. doi:http://dx.doi.org/10.1016/S0048-7333(99)00055-4

Europäische Kommission. (2010). Regionalpolitik als Beitrag zum intelligenten Wachstum im Rahmen der Strategie Europa 2020; SEK(2010) 1183.

European Commission. (2010a). *Commission Staff Working Document. Document accompanying the Commission Communication on Regional Policy contributing to smart growth in Europe 2020.* Brussels: European Commission.

European Commission. (2010b). Europe 2020. A strategy for smart, sustainable and inclusive growth. Communication from the Commission. COM (2010) 2020 final, 3 March 2010, Brussels.

European Commission. (2010–2016). European Regional Competitiveness Index. Verfügbar unter: https://ec.europa.eu/regional_policy/en/information/maps/regional_competitiveness/

European Commission. (2011). *Europe 2020 Flagship Initiative Innovation Union.* Brussels: European Commission.

European Commission. (2012). *Annex IV of the general SF draft regulation, COM (2011) 615.* Brussels Verfügbar unter: http://ec.europa.eu/regional_policy/sources/docoffic/official/regulation/pdf/2014/proposals/regulation/general/general_proposal_en.pdf.

European Commission. (2019). Regional Innovation Scoreboard 2019. Verfügbar unter: https://ec.europa.eu/growth/industry/innovation/facts-figures/regional_en

Fitjar, R. D., Huber, F., & Rodríguez-Pose, A. (2016). Not too close, not too far: testing the Goldilocks principle of 'optimal' distance in innovation networks. *Industry and Innovation, 23*(6), 465–487. doi:10.1080/13662716.2016.1184562

Foray, D. (2006). *Globalization of R&D: linking better the European to „foreign" sources of knowledge and making EU a more attractive place for R&D investment.* Verfügbar unter: http://ec.europa.eu/invest-in-research/pdf/download_en/foray_report.pdf

Foray, D. (2013). The economic fundamentals of smart specialisation. *Ekonomiaz, 83*(2), 55–82.

Foray, D. (2015). *Smart specialisation: opportunities and challenges for regional innovation policy* (Vol. 79): Routledge.

Foray, D., David, P. A., & Hall, B. H. (2009). Smart Specialisation – The Concept. *Knowledge Economists Policy Brief, 9*(2009), 5.

Foray, D., David, P. A., & Hall, B. H. (2011). *Smart specialisation from academic idea to political instrument, the surprising career of a concept and the difficulties involved in its implementation.* MTEI Working Paper, 2011–001

Foray, D., Goddard, J., Beldarrain, X. G., Landabaso, M., McCann, P., Morgan, K., . . . Ortega-Argilés, R. (2012). *Guide to research and innovation strategies for smart specialisation (RIS 3).* Luxemburg: European Union.

Foray, D., & Van Ark, B. (2007). Smart specialisation in a truly integrated research area is the key to attracting more R&D to Europe. *Knowledge Economists Policy Brief, 1*, 1–4.

Foray, D., & Van Ark, B. (2008). *Overview on Knowledge for Growth: European issues and policy challenges.* Verfügbar unter: https://ec.europa.eu/invest-in-research/pdf/download_en/knowledge_for_growth_bat.pdf

Giannitsis, T. (2009). Technology and Specialisation: Strategies, Options and Risks. *Knowledge Economists Policy Brief, 8*, 1–7.

Giannitsis, T., & Kager, M. (2009). *Technology and Specialization: Dilemmas, Options and Risks?* Verfügbar unter: http://ec.europa.eu/invest-in-research/pdf/download_en/kfg_report_no8.pdf

Goddard, J., Kempton, L., & Vallance, P. (2013). Universities and Smart Specialisation: challenges, tensions and opportunities for the innovation strategies of European regions. *Ekonomiaz. Revista vasca de economia, 83*(02), 83–102.

Grillitsch, M. (2016). Institutions, smart specialisation dynamics and policy. *Environment and Planning C: Government and Policy, 34*(1), 22–37.

Hall, B. H., & Mairesse, J. (2009a). Corporate R&D returns. *Knowledge Economists Policy Brief, 6*, 1–6.

Hall, B. H., & Mairesse, J. (2009b). *Measuring corporate R&D returns.* Verfügbar unter: http://ec.europa.eu/invest-in-research/pdf/download_en/kfg_report_no6.pdf

Hassink, R. (1997). Die Bedeutung der lernenden Region für die regionale Innovationsförderung. *Geographische Zeitschrift*, 159–173.

Iacobucci, D. (2012). *Developing and implementing a smart specialisation strategy at regional level: some open questions.* Working Papers 1215, c.MET-05

Isaksen, A., Tödtling, F., & Trippl, M. (2018). Innovation policies for regional structural change: Combining actor-based and system-based strategies. In *New Avenues for Regional Innovation Systems-Theoretical Advances, Empirical Cases and Policy Lessons* (pp. 221–238): Springer.

Keller, M. (2017, 19.10.2017). *Einführung: Das Konzept der Intelligenten Spezialisierung und was 11 Alpenregionen im Rahmen der Kooperation „S3-4AlpClusters" erreichen möchten.* Paper presented at the Intelligente Spezialisierung (S3)– Fluch oder Segen für Regionen, Hochschulen und Cluster?, Salzburg.

Koch, M. (2019). Wissenschafts- und Innovationsstrategie. Smart Spezialisation im Innovationssystem in Salzburg. (Präsentation, 15.05.2019). Salzburg.

Kroll, H. (2015). Weaknesses and opportunities of Ris3-Type policies: Seven theses. Karlsruhe: Fraunhofer ISI

Kroll, H. (2016). *Policy Brief on Smart Specialisation.* Karlsruhe: Fraunhofer ISI

Kroll, H., Böke, I., Schiller, D., & Stahlecker, T. (2016). Bringing owls to Athens? The transformative potential of RIS3 for innovation policy in Germany's Federal States. *European Planning Studies, 24*(8), 1459–1477.

Land Salzburg. (2011). *Salzburg. Standort Zukunft. Wirtschaftspgogramm Salzburg 2020.*

Land Salzburg. (2016a). IWB-EFRE-Programm 2014 bis 2020. Programmteil Salzburg Förderschwerpunkte. Verfügbar unter: https://www.salzburg.gv.at/wirtschaft_/Documents/Publikationen%20Wirtschaft-Tourismus/IWB-Broschuere-RWF-Broschuere-zusammen-Internet.pdf

Land Salzburg. (2016b). *Wissenschafts- und Innovationsstrategie Salzburg 2025.* Salzburg.

Land Salzburg. (2016c). *Wissenschafts- und Innovationsstrategie Salzburg 2025. Kurzfassung.* Salzburg.

Land Salzburg. (2017). *Innovations- und Forschungsmasterplan IKT Salzburg.* Salzburg.

Landabaso, M., & Mouton, B. (2005). Towards a different regional innovation policy: eight years of European experience through the European Regional Development Fund innovative actions. *Regional development and conditions for innovation in the network society*, 209–240.

Licht, G. (2009a). How to better diffuse technologies in Europe. *Knowledge Economists Policy Brief, 7*, 1–5.

Licht, G. (2009b). *Technology Production vs. Technology Diffussion*. Verfügbar unter: http://ec.europa.eu/invest-in-research/pdf/download_en/kfg_report_no7.pdf

Marianelli, E., & Perinez Forte, I. (2017). Smart Specialisation at work: The entrepreneurial discovery as a continuous process. Luxemburg: Publications office of the European Union.

Marimon, R., & de Graca Carvalho, M. (2008a). *Governance and coordination of S&T policies in the European Research Area*. Verfügbar unter: http://ec.europa.eu/invest-in-research/pdf/download_en/eragovernance080628.pdf

Marimon, R., & De Graca Carvalho, M. (2008b). An Open, Integrated, and Competitive European Research Area requires policy and institutional reforms, and better Governance and Coordination of S&T policies. *Knowledge Economists Policy Brief, 3*, 1–4.

Marlow, D., & Richardson, K. (2016). How smart is England's approach to smart specialization? A policy paper. *European Planning Studies, 24*(8), 1478–1493.

Marshall, A. (1890). *Principles of Economics* (Vol. 8). London: Macmilan and Co.

Mazzucato, M. (2014). *Das Kapital des Staates: Eine andere Geschichte von Innovation und Wachstum*: Antje Kunstmann.

McCann, E., & Ward, K. (2012). Policy Assemblages, Mobilities and Mutations: Toward a Multidisciplinary Conversation. *Political studies review, 10*(3), 325–332. doi: doi:10.1111/j.1478-9302.2012.00276.x

McCann, P. (2015). *The Regional and Urban Policy of the European Union: Cohesion, Results-orientation and Smart Specialisation*: Edward Elgar Publishing Limited.

McCann, P., & Ortega-Argilés, R. (2013). Modern regional innovation policy. *Cambridge Journal of Regions, Economy and Society, 6*(2), 187–216.

McCann, P., & Ortega-Argilés, R. (2014). Smart specialisation in European regions: Issues of strategy, institutions and implementation. *European Journal of Innovation Management, 17*(4), 409–427.

McCann, P., Van Oort, F., & Goddard, J. (2016). Introduction to the Empirical and Institutional Dimensions of Smart Specialisation. In P. McCann & F. van Oort (Eds.), *The Empirical and Institutional Dimensions of Smart Specialisation* (Vol. 112, pp. 1–7): Taylor & Francis.

Moodysson, J., Trippl, M., & Zukauskaite, E. (2016). Policy learning and smart specialization: balancing policy change and continuity for new regional industrial paths. *Science and Public Policy, 44*(3), 382–391.

Morgan, K. (2013). The regional state in the era of Smart Specialisation. *Ekonomiaz. Revista vasca de economia, 83*(02), 103–126.

Morgan, K. (2017). Nurturing novelty: Regional innovation policy in the age of smart specialisation. *Environment and Planning C: Politics and Space, 35*(4), 569–583.

O'Sullivan, M. (2007a). *The EU'S R&D deficit and innovation policy.* Verfügbar unter: http://ec.europa.eu/invest-in-research/pdf/download_en/rdd_deficit_report0207.pdf

O'Sullivan, M. (2007b). What policies are needed to overcome the EU's R&D deficit? *Knowledge for Growth Policy Debate, 1,* 1–4.

OECD. (2009). *Regions matter: Economic recovery, innovation and sustainable growth*: Organisation for Economic Co-operation and Development.

OECD. (2013). *Innovation-driven Growth in Regions: The Role of Smart Specialisation.* Verfügbar unter: https://www.oecd.org/innovation/inno/smart-specialisation.pdf

ÖROK. (2015). *EFRE-Programm Investitionen in Wachstum und Beschäftigung Österreich 2014–2020. Operationelles Programm für den Einsatz der EFRE-Mittel.* Verfügbar unter: http://www.efre.gv.at/fileadmin/user_upload/downloadcenter/Operationelles_Programm/Programm_IWB_EFRE_2014-2020_OEROK_Schriftenreihe_197.pdf

ÖROK. (2016). *Politikrahmen zu Smart Specialisation in Österreich.* Verfügbar unter: http://www.oerok.gv.at/fileadmin/Bilder/3.Reiter-Regionalpolitik/2.EU-Kohaesionspolitik_2014_/Nationale_Strategie_STRAT.AT2020/Politikrahmen_zu_Smart_Specialisation_in_%C3%96sterreich__%C3%96ROK-SR_Nr_199_DE_web_.pdf

ÖROK (Producer). (2017). STRAT.AT 2020-Partnerschaft „Smart Specialisation". Verfügbar unter http://www.oerok.gv.at/esi-fonds-at/partnerschaftsvereinbarung-stratat-2020/prozess/begleitprozess/partnerschaft-smart-specialisation.html

Piatkowski, M., Szuba, T., & Wolszczak, G. (2014). *Review of national and regional research and innovation strategies for smart specialization (RIS3) in Poland.* Washington DC: World Bank.

Polt, W., Streicher, J., Biegelbauer, P., Buchinger, E., Dinges, M., Friesenbichler, K. et al. (2016). Österreichischer Forschungs- und Technologiebericht 2016: Lagebericht gem. § 8 (1) FOG über die aus Bundesmitteln geförderte Forschung, Technologie und Innovation in Österreich. *ZEW Expertises.*

Porter, M. E. (1998). *Clusters and the new economics of competition* (Vol. 76): Harvard Business Review Boston.

Pugh, R. E. (2014). 'Old wine in new bottles'? Smart Specialisation in Wales. *Regional Studies, Regional Science, 1*(1), 152–157.

Querejeta, M. J. A., & Wilson, J. (2013). What can experience with clusters teach us about fostering regional smart specialisation? *Ekonomiaz. Revista vasca de economia, 83*(02), 127–174.

Ranga, M., & Garzik, L. (2015). From Mozart to Schumpeter. Ein Triple-Helix-Modell zur Stärkung der Innovation im Bundesland Salzburg. In R. f. F. u. T. (RTFE) (Ed.), *Die Gestaltung der Zukunft. Wirtschaftliche, gesellschaftliche und politische Dimensionen von Innovation* (pp. 277–240). Wien: echomedia buchverlag.

Reiner, C., Gassler, H., & Sardadvar, S. (2015). Österreichische Regionalentwicklung zwischen neuer Dynamik und alter Stabilität. In Beigewum (Ed.), *Politische Ökonomie Österreichs. Kontinuitäten und Veränderungen seit dem EU-Beitritt* (pp. 256). Wien: Mandelbaum.

Rodrik, D. (2004). Industrial policy for the twenty-first century. Harvard University

Sachs, J. D., & McArthur, J. W. (2005). The millennium project: a plan for meeting the millennium development goals. *The Lancet, 365*(9456), 347–353.

Sharif, N. (2006). Emergence and development of the National Innovation Systems concept. *Research Policy, 35*(5), 745–766.

Steiner, R., Schwingsmehl, M., Radauer, A., & Freischlager, G. (2016). Innovationsaktivitäten und regionales Innovationssystem. In R. Steiner & R. Hofbauer (Eds.), *SALZBURG 2025: Szenarien regionaler Wirtschaftsentwicklung und gesellschaftlicher Rahmenbedingungen.* Salzburg: Fachhochschule Salzburg GmbH.

Talos, E. (2015). Austrokorporatismus zwischen Kontinuität und Veränderung – EU-Beitritt als ein Bestimmungsfaktor für Veränderungen. In Beigewum (Ed.), *Politische Öknomie Österreichs. Kontinuitäten und Veränderungen seit dem EU-Beitritt.* Wien: Mandelbaum.

TMG. (2014). *Innovatives Oberösterreich 2020. Strategisches Wirtschafts- und Forschungsprogramm.* Linz.

Vallance, P. (2017). The Co-Evolutoin of Regional Innovation Domains and Institutional Arrangements. Smart Specialisation Through Quadruple Helix Relations. In P. McCann, F. Van Oort, & J. Goddard (Eds.), *The Empirical and Institutional Dimensions of Smart Specialisation.* London and New York: Routledge.

Van Ark, B., O'Mahony, M., & Timmer, M. P. (2008). The productivity gap between europe and the united States: trends and causes. *The Journal of Economic Perspectives, 22*(1), 25–44.

Von Hayek, F. A. (2005). *Die Verfassung der Freiheit.* Tübingen: Mohr Siebeck.

7. E-learning at Universities: Do Diverging Expectations Pose a Risk to the Success of Knowledge Transmission?

Julia Babirath, MA, Aline Handler, MA, and Rainer Schmitl, MA

Abstract: E-learning poses a useful alternative for traditional classroom teaching, since it enables students to access and attend lectures from wherever they are, without any time or geographical restraints. It empowers the interactive exchange of ideas, promotes collaboration between professors and students and enhances the perceived learning experience by opening the door for new teaching and learning methods. Despite this, the impact perceived by a learner may be at odds with that observed by a teacher. Such a discrepancy might lead to dissatisfaction and a lessening of the quality of knowledge transmission. Since e-learning provides many advantages over other learning methods, it is essential that its long-term, continuous use by students and professors alike is ensured. Understanding those benefits, and their impact on education is important in linking e-learning to its possible success and risk factors.

7.1. Introduction

Increasing globalization and the development of technologies has led to the emergence of a new teaching approach, namely e-learning. Cutting-edge media and technologies are enabling new methods of knowledge transfer.

E-learning poses a useful alternative to traditional classroom teaching and it enables students to access and attend lectures from wherever they are, without any time or geographical restraints. If e-learning methods are used astutely, they can facilitate the interactive exchange of ideas and promote collaboration between professors and students. Further it can be regarded as a relatively new way of learning, which opens the door for new learning experiences

As proposed in previous studies, the comparison between a learner's perceived impact versus that of a teacher could provide further information on the success and risk factors of e-learning (Cidral, Oliveira, Di Felice & Aparicio, 2018). This work focuses on possible risk factors arising which could negatively influence the success of e-learning. The first step in overcoming such risk factors is to perceive and analyse them.

By comparing different views of stakeholders in e-learning, the most crucial risks and prosperity factors can be evaluated. Since adverse views can lead to adverse expectations, the following publication assesses e-learning from three different perspectives:

- the student's
- the professor's
- the university's.

Since e-learning provides many advantages over other learning methods, its long-term continuous usage by both students and teaching staff needs to be ensured. Understanding those benefits and their impact on education is important to link e-learning to its success and possible risk factors.

7.2. Methodology

This part of the thesis deals with the research method, including the selection of interviewees, as well as the execution and evaluation of the interviews.

7.2.1. Research objective and research design

Empirical social and human research is concerned with scientifically investigating social and human issues and thereby gaining new insights. Empirical social and human research is based on the systematic collection, processing and analysis of empirical data. The data required was collected via different survey methods. The scientific insights gained represent an increase in first-hand knowledge and additionally may even help to solve practical problems (Döring & Bortz, 2016, p. 62). In order to develop new research approaches in the field of e-learning, an exploratory study based on the *grounded theory method* was chosen.

7.2.2. Exploratory studies

Exploratory investigations are carried out primarily with the aim of developing new hypotheses in a relatively unexplored field of investigation or to create theoretical or conceptual prerequisites in order to be able to formulate initial hypotheses. They are relatively infrequently normalized and leave much leeway to the imagination and ingenuity of the investigator. Accordingly, the guidelines for the planning of such investigations and the preparation of the investigation report are less binding than for hypothesis-testing investigations. For example, the following methodological approaches are characteristic of exploratory studies: open surveys, field observations, action research, analysis of individual cases, non-reactive measurements, and qualitative content analysis (Döring & Bortz, 2016, p. 149).

These forms of poorly-standardized data collection using qualitative methods are of scientific value only if the information obtained can be condensed into new ideas or hypotheses (Döring & Bortz, 2016, p. 149).

In the present work, the interview was chosen because observation and experiments concerning the implementation of e-learning tools would be too complex, and sources for content analysis, e. g. protocols from universities represent only one-sided views. An expert interview, however, can exactly assure aspects regarding the practical relevance of such tools.

The nature of the research means that there are a limited number of experts in the field available to be interviewed. Qualitative procedures are used only when there is little preliminary information on the research field. Using qualitative methods, a novel field of research can be scientifically developed. Based on the results of the qualitative research, hypotheses can be generated which can then be verified by quantitative methods (Moschner & Anschütz, 2010).

In the present work, expert interviews were used in the selection of the qualitative design, as the interviewers' experiences of the subject fill the research gap exactly. Expert interviews are aimed at collecting information on problems that have already been theoretically analyzed by the interviewer (Mayring, 2002, p. 53). This form of interviewing is well-suited to the present work, as the focus is on the relationship of trust between the interlocutors and thus it is easier to gather meaningful information. The combination of literature analysis and survey has another advantage: the results of the literature analysis are subject to regular scrutiny (Lamnek, 2005, p. 368).

7.2.3. Grounded theory method

In applying this theory, an unprejudiced, inductive and open approach to texts is propagated and at the same time shaped by the requirement to work through the text material line by line according to explicit „rules of thumb". In contrast to Mayring's qualitative content analysis, which describes a series of only loosely connected categories by combining text passages, the grounded theory approach aims to link categories and subcategories. The goal of content analysis according to the grounded theory is the identification of the core category or key category embedded in a hierarchical network of constructs within the examined text (Döring & Bortz, 2016, p. 172).

The grounded theory approach assumes that latent categories (conceptual codes and constructs) exist behind the empirical indicators (behaviours, results) that are manifested in the text. Several interlinked indicators specify a construct. The more indicators that are found that point together in the same direction or point to the same construct, the higher the saturation level of the construct for the evolving theory. Several similar constructs reveal the main theme of a text i. e. the core category (Döring & Bortz, 2016, p. 172).

In the present work, electronic data (in the form of sound files) was transcribed and paraphrased with regard to the questions, and the texts condensed to the most valuable passages. The result is a grid in which the respective text passages are assigned to individual categories and whose relevance or expression (depending on the question) can be compared and assessed (Mayring, 2002, p. 111). In this specific case, the grid corresponds to the individual interview questions which are discussed in the following sub-chapters.

7.2.4. Interview partners

The interview partners were students, lecturers and strategic planners in universities. The interviewees were informed about the research objectives and the fact that an electronic record and an undisturbed frame had been chosen for the interviews. The interview guide was designed so that the experts could respond openly and freely, and proffer their subjective perspectives (Mayring, 2002, p. 68). All the interviews were conducted in June 2019.

Table 1: Interview partners

Universities	
FH Burgenland	4
FH des bfi Wien	1
FH Wr. Neustadt	1
Position within the universities	
Students	2
Lecturers	2
Strategic planners	2

7.3. Theoretical framework and results of e-learning related studies

Generally, e-learning can be defined as a web-based learning ecosystem for the dissemination of information, communication, and knowledge and for tutoring and practicing, integrating several stakeholders with access to this technology. It is regarded as a paradigm of modern education (Cidral et al., 2018).

Apart from the technological perspective, e-learning includes strategies and learning methods as well as the possibility for content diffusion and connections (Aparicio, Bacao & Tiago, 2016).

E-learning involves the electronic exchange of information for education and training purposes. These materials, according to Kim et al. (2018) include the following:

- informative material for the acquisition of knowledge,
- assessment tasks including problems and tests,
- other information resources such as the internet and online libraries.

Further, e-learning comprises knowledge transfer and all related activities based on information and communication technologies, in the classroom, distance learning or their combination, known as blended learning (Bratengeyer et al., 2016). Pande, Wadhai and Thakare (2016, pp. 274–280) listed the e-learning tools that can be used in higher education:

- Web log
- Social bookmarking
- Wiki
- Text chat
- RSS
- Podcasting
- Instant Messaging
- Internet forums

The following section gives an overview of risk and success factors that have been evaluated in previous studies with regards to e-learning.

Impact of e-learning

Zare, Sarikhani, Salari and Mansouri (2016) analysed the impact of e-learning on the academic achievements and creativity of university students, and revealed that the experimental group of e-learners had statistically-significant higher scores in knowledge and creativity than the conventional group. The determining factors for the use of e-learning environments by university teachers were investigated in a further study.

The aim of this study is to explain teachers' use of e-learning environments in higher education. Functions often used in teachers' e-learning environments are communication tools and presentations. (Mahdizadeh, Biemans & Mulder, 2007).

Motivation for e-learning

E-learning, students' motivation and the effects on higher education are the focus of the study of El-Seoud, Taj-Eddin, Seddiek, El-Khouly and Nosseir (2014). They found that "*Instructors need to understand their student motivations when teaching online classes. However, it can be difficult to assess student motivations for online learning due to the lack of personal contact between the students and instructor*" (El-Seoud et al., 2014). The essential findings of the study are that the crucial factor for students in e-learning processes is self-motivation, and that the integration of information and communication technologies in e-learning is related to the participants' personal motivation. These findings lead to the conclusion that "students need to be supported with their digital enhanced learning" (El-Seoud et al., 2014).

Effects and perception of e-learning

Harandi (2015) presented the results of his study "Effects of e-learning on students' motivation". Harandi highlighted that "students are more likely to be more motivated when applying e-learning" and he consequently advised that e-learning should be utilized as a standard approach for university students.

Buzzetto-More (2008) analysed the perceptions of various e-learning components and her results revealed that "hybrid learning methodologies in higher education increases students' course satisfaction". Buzzetto-More (2008) asked students about their online experiences: 52.9 % planned an online course in the future, although 47.1 % responded that they would not do so.

User literacy in e-learning

In his 2016 study, Haythornthwaite proposed that when using e-learning tools, the literacy of users' needs to be considered carefully. Being literate in e-learning does not just involve the ability to use new technology but is mainly concerned with being open and willing for fresh learning practices. This change, based on a socio-technological co-evolutionary process, happens on a day-to-day basis.

This also implies that existing e-learning users need to practice and interact continuously with online tools in order to be proficient. The above-mentioned literacy and the life-long learning process leads to a significant transformation in how, with whom, when and where students learn.

These changes affect formal, informal and non-formal learning environments and have an impact on resources technologies as well as on society as a whole (Haythornthwaite, 2016).

Effectiveness of e-learning

Online education and its effective practice were reviewed by Sun and Chen (2016). Sun and Chen (2016) concluded that a relationship between cognition and teaching presence exists, and that therefore attention should be focused on social presence, interactions and collaboration between the instructor and students, and among students. Utilizing the work of Ke (2010), another problem was discussed: "a group of friends could dominate online discussion, thus intimidating others who were newcomers" – which leads to the conclusion that instructors should bridge differences "of race, gender, class, ethnicity, sexual orientation, learning ability, experiences, and socioeconomic status" (Sun & Chen, 2016).

A literature review on the effectiveness of e-learning was conducted by medical researchers (Somayeh et al., 2016) to understand the characteristics of effective e-learning.

Somayeh et al. concluded that e-learning has limitations, specifically that the role of teachers in terms of emotional, face-to-face human interaction and creating a classroom cannot be replaced. A learner's success in e-learning courses depends on his or her technical skills in the use of computers and networks (Somayeh et al., 2016).

Predictions and possibilities of e-learning

Traxler (2018) discussed distance learning and its predictions and possibilities. Traxler highlights that many universities exploit digital technologies "to reach longer distant markets". Traxler also makes a clear distinction between distant and campus learning. In Traxler's view, universities can have a significant proportion of distant learners.

Assessment and grading in e-learning

Formal learning is related to accreditation and qualification, hence assessment and grading are essential. In the case of distance learning this may be a problem. Distance learning can also produce socio-economic-, cultural or cognitive and physiological problems (Traxler, 2018). According to Moore and Kearsley (2012) the need for distance education is based on the following reasons:

- increased access to learning and training
- provision of opportunities for updating skills of the workforce
- improvement in the cost effectiveness of educational resources
- improvement of the quality of existing educational structures
- enhancement of the capacity of the educational system
- to balance inequalities between age groups
- delivery of educational campaigns to specific target audiences
- provision of emergency training for key target areas
- expansion of the capacity for education in new subject areas
- to offer a combination of education with work and family life
- to add an international dimension to the educational experience

Satisfaction delivered by e-learning

One of the key success factors of e-learning is satisfaction. Previous studies have shown that only continuous satisfaction with e-learning systems for both students and teachers facilitate its extended use. Dissatisfaction disrupts the learning success and will therefore prevent the students and teachers from using e-learning tools (Al-Samarraiea, Teng, Alzahranicand & Alalwan, 2017).

Cidral et al. (2018) showed in their study that the determinants of e-learning satisfaction are perceived to be the following:

- information quality
- system quality
- instructor attitude
- diversity in assessment
- perceived interaction with others

Another important success factor with regards to e-learning is its continuous use. While initial acceptance is important for the success of an electronic information system, its long-term utility is what decides whether the innovation is abolished or maintained. Many studies found that continued disposition and appropriation is the major determinant for the success of electronic learning tools (Al-Samarraie et al., 2017).

According to Cidral et al. (2018), e-learning use can be explained by the following parameters:

- collaboration quality
- information quality
- user-perceived satisfaction

A user's satisfaction and the frequency and duration of the usage of e-learning tools are interdependent, and both indicate a positive impact on individual performance.

Quality delivered by e-learning

Quality, especially with regards to e-learning, is a subjective term that has different meanings depending on the stakeholders. According to Uppal and Samnan (2017), the quality in e-learning, must satisfy both stated and implied needs. Service quality can be measured by finding the difference between what the user experienced and what the service provider expected. This difference (what has the student experienced when using the platform versus what the teachers/providers expect the student to experience) determines overall satisfaction.

The e-learning ecosystem is rather complex, consisting of different interactions and interacting elements. These elements not only include the technological resources, access and technological readiness of different stakeholders to those resources, but also their personal habits. These habits include the collective customs associated with their roles as teachers and students, their identities, and acceptance of those new practice methods (Haythornthwaite, 2016).

Since online courses and online teaching material have become more popular in recent years, traditional universities and also colleges have started to offer the possibility to take courses online. Researching the users of online learning methods showed that students open to this new technology are more goal-orientated and pro-active, pursuing the added value in such tools (Uppal et al., 2017).

Advantages of e-learning

According to Arkorful and Abaidoo (2015), the advantages of e-learning are the following:

- flexibility in the choice of time and place for studying,
- a focus on the specific needs of individuals,
- e-learning leads to increased efficiency, knowledge and qualifications acquirement,
- easy access to huge amounts of information,
- provision of a space for interaction and discussions, lowering communication barriers and enhancing interactivity through collaborative learning, cultural diversity as well as globalization,
- cost-effectiveness, since students can save travel costs,
- to help universities temper potential threats arising from a lack of staff,
- to allow students to choose the pace of progress themselves.

The increasing role of information technology in higher education guided Kuimova, Kiyanitsyna and Truntyagin (2016) to study e-learning as a means of improving quality in this field. The use of e-learning has risen in the education sector because it broadens pedagogical resources and assists students in their learning.

Moreover, learners' skills are developed, and motivation and knowledge are expanded. Kuimova et al. (2016) focus on the advantages and disadvantages of e-learning in their study. Additional advantages of e-learning according to Kuimova et al. (2016) are that it:

- "provides an opportunity for university teachers to study colleagues' experiences",
- provides autonomy and self-control of learners,
- enables a personal work schedule; students can plan training courses tailored to their interests,
- sharpens students' learning and cognitive activities,
- develops critical thinking skills, initiative and responsibility for work,
- promotes students' abilities to work independently.

Disadvantages of e-learning
According to Arkorful and Abaidoo (2015), the disadvantages of e-learning are the following:

- learners suffer from a lack of interaction and they do not build any form of relationship with their colleagues,
- it requires very strong motivation and time management skills in order to complete a course punctually (the study by Uppal et al. from 2017 shows that a higher percentage of students do not finish e-learning classes compared to traditional classes),
- a less effective method of learning compared to traditional methods since an opportunity to ask for clarifications, explanations and interpretations might not be given,
- communication skills might suffer under e-learning methods, especially since although learners might be able to acquire knowledge, they could be incapable of forwarding it on to others,
- some scientific fields that require hands-on testing might be unsuitable for the implementation of e-learning since practical skills cannot be developed,
- unexpected costs in terms of time and money might arise from the heavy usage of some websites.

Additional disadvantages of e-learning according to Kuimova (2016) are:

- no creative atmosphere can be established,
- it is difficult to motivate students,
- "computer anxiety, time spent on learning and mastering the technical aspects of doing the online course" (Kuimova et al, 2016),
- student's perceive that the study program and study courses are easier

7.4. Interview evaluation & analysis

The interviews conducted were evaluated and analyzed, a crucial component in answering the individual hypotheses.

Digitalization

As a first step, it is important that the interview partners define the term "digitalization" generally in the area of e-learning, and which personal associations the term has. The results of that stage show that digitalization is defined mainly as:

- online-lectures, and
- providing teaching material online.

Efficiency

Through online lectures it is possible to increase student numbers without the need for more classrooms. In addition, the term of digitization means for the interviewees that the efficiency of the learning effort can be increased by using e-learning tools. It is also possible to improve the communication between lecturers and students. Another advantage that has been mentioned from the lector is that paper is no longer used.

By using e-learning, a large audience can be reached relatively easily. As a result, university resources can be used cost-effectively. Other factors that have been identified as success factors in e-learning are that students can deliver homework quickly and easily, and the general exchange of study material is simplified.

Specialization

In addition, digitization and e-learning enable the specialization of professors and students. A professor need not be good at everything, but he or she can just be an expert in his or her field of study. Furthermore, professors who are experts in other fields can log-in to lectures. At the same time, many students can be reached in parallel without the professors having to be in the same place, which increases the overall efficiency of e-learning.

Development stages

The results of the interviews also show that different departments are in different stages of development. There are no general standards for universities so far.

In some departments, there are only first attempts in terms of online seminars, while in other areas, e-learning is already being used extensively. However, the interviewees feel that development is proceeding in the right direction. For them, it would be helpful to implement e. g. a new department for instruction design for improvement, as well as regular meetings between the different parts of the institution.

Status quo of e-learning tools

The current status of e-learning was rated by the interviewees as possessing abundant potential. The status quo of the development depends strongly on the particular institution, but a large part is also played by the attitude of the lecturers and the students.

Currently, the following tools are mainly used in e-learning:

- Skype – students and professors are not tied to one place
- YouTube – lectors can upload teaching material, so students can watch it if they have missed a class
- Moodle – as a platform, mainly to exchange data
- Wikis – collection of information and contributions on the internet on a particular topic that can be edited by the users themselves
- Mindmaps – visual representation of a topic

To make e-learning efficient, respondents found it important to have a working digital infrastructure in terms of the internet, software and cameras. Furthermore, professors need sufficient time for the preparation of online lessons and for additional training courses. In addition, there should be extra training courses for students and professors about Moodle to maximize potential of the platform. In general, the opinion prevails that lecturers need to be better educated, so that they can offer online courses and manage existing software.

Participation and development in/of e-learning tools

In order to motivate students and teachers to participate actively in the development and design of digitization, respondents see it as necessary to increase the quality and efficiency of online courses. Financial incentives could also motivate the professors to continue their education in this area.

However, it is particularly important for the universities of applied sciences to keep costs as low as possible. Therefore, perhaps it would be worthwhile considering whether there are European subsidies in this area and to ascertain the precise origin of current funds, e. g. whether they are provided directly by the institution or from external sources. Furthermore, working groups or so-called think-tanks would be an opportunity for teachers and students to actively participate in the further development of e-learning. In addition, communication between the different colleges and universities should be improved.

Social interaction

A current weakness reported by respondents is that very few people have become accustomed to e-learning tools and inexperience abounds. In addition, respondents foresee the danger that the social and emotional interaction between the lecturers and the students is lost in the digital domain. Such interaction is seen as an important part of knowledge transfer. It therefore seems that online lectures should be simply an addition to face-to-face sessions.

Quality

Furthermore, it is important that the quality of the lectures is high. A definition is required of what the added value for students of online classes is. In comparison to the face-to-face classes in the university, the online session has to add value. E-learning and face-to-face sessions need to complement each other. To improve the quality of e-learning, special teaching courses should be implemented in order to prepare professors for a new and totally different teaching style. Regular quality reviews and supervision should also be implemented.

It seems that a huge factor in hindering the success of e-learning is that professors are reluctant to new ways regarding e-learning and simply want to persist with traditional ways of teaching. The people interviewed stated that online courses and e-learning require a special style of teaching.

Acceptance

If there are no e-learning concepts it often happens that students are bombarded with a variety of learning material and they do not know where to start. It is necessary that e-learning is fully accepted within the whole institute, and it would be helpful if the different departments built connections to work together. One development that can be observed is that with each academic year, students have more affinity with technical matters. They are able to use tools faster and more effectively than ever before, and they are extremely open-minded for e-learning tools. The interviewees also reported that a major factor in the success of e-learning is its acceptance by students.

For students and professors alike, the huge advantage of e-learning is the access to teaching material from anywhere around the world. Technology current allows for easy access to e-learning platforms and tools, but the infrastructure and the equipment of universities, students and professors needs to be appropriate.

Regulation

Another future barrier for e-learning tools could be the current developments in data protection law. One of the persons interviewed said that there are already privacy concerns regarding the comprehensive regulative process underway in the EU. This development could be harmful for the success of online tools for e-learning because stricter rules must be respected and the regulations also have to be taken into account when creating or adapting e-learning concepts. Advancements in e-learning should be coordinated with the provisions of the data protection regulations.

Furthermore, it is also seen as a risk that uploaded data and files must always comply with the latest findings and there are also restrictions of upload limits, for example.

7.5. Summary

The following table sums up information from the interviews.

Table 2: Risk factors of e-learning

Risk factors		
	Description of risk factors	**Evaluation (results)**
Term definition	• Lecture material is provided online. • Lectures can be participated in online.	• All interviewees agreed on the terms as defined in the description.
Development stages	• Different departments have implemented e-learning tools to different extents.	• There is currently no department that is in charge of e-learning development and implementation.
Status quo	• Digital infrastructure in terms of internet, software, camera, etc. is needed. • Professors need special training and seminars to be able to conduct online seminars.	• Digital infrastructure needed is not fully available. • Lecturers and professors currently do not receive any additional training for online seminars. • Established platforms such as Moodle are not fully used.
Participation and development	• Active participation in development workshops leads to the implementation of new e-learning tools.	• Only financial incentives motivate professors.
Social interaction	• E-learning tools decrease social interaction. • Face-to-face learning is regarded as the better experience compared to online courses.	• Few people have become accustomed to e-learning tools. • Great inexperience prevails.
Quality	• E-learning tools decrease the overall course quality since face-to-face explanations are not possible.	• Quality assurance tools are not established or implemented. • Quality measures have not been defined yet.
Acceptance	• Established e-learning tools such as Moodle are not used to the full extent.	• Full acceptance of e-learning by whole institutions has not occurred. • Students see poor quality as risk for non-acceptance.
Regulation	• EU privacy and data regulations pose obstacles to developments in e-learning.	• E-learning tools must be coordinated with the provisions of the data protection regulations.

The following graph shows how many interviewees mentioned the above keywords in accordance with the description given:

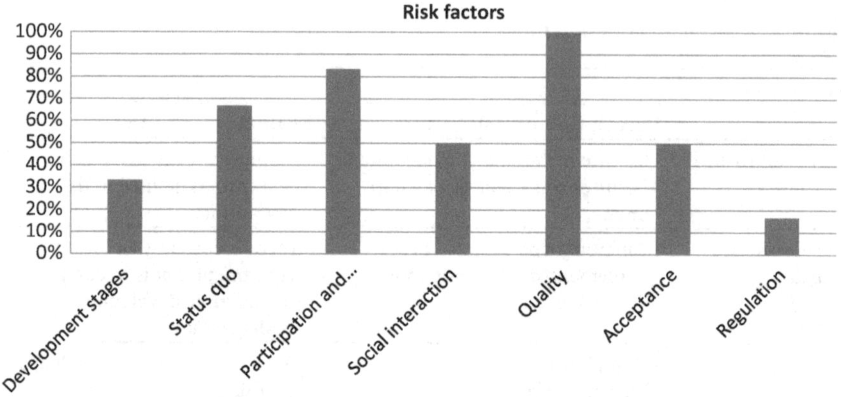

Figure 1: Risk factors (own graph)

Table 3: Success factors

Success factors		
	Description	**Evaluation**
Efficiency	• increase number of students without a need for more classrooms • university resources are cost-efficiently used • quick and easy submission of homework	• the students and lecturers both agreed that e-learning tools have already improved efficiency with regard to homework submission • students especially mentioned the increased efficiency with regard to the exchange of study material • strategic planners stressed the possible cost-efficiency through online lectures
Specialization	• professional/technical specialization in a specific area is easily possible	• students can specialize in a certain field of study or areas of special interest • professors do not need to be experts in every field and can refer to other professors who can simply join a lecture via Skype
Quality	• specific added value can be easily stated • totally different teaching style contributes to the development of more creative ideas and approaches	• classes are held by experts in specific fields of research

There was consensus from all interviewees on the success factors of e-learning: efficiency, specialization and quality. All interviewees mentioned the regarding keywords.

7.6. Outlook

In the future, a completely new teaching model will emerge. Recent developments demonstrate that virtual universities with virtual rooms exist. In these rooms it is possible to have an almost conventional classroom lecture. With the help of VR-glasses, participants see a normal classroom around them. Their Avatar can look around. Furthermore, a professor can stand in front of the classroom and see the students sitting before him or her. It is also possible for the students to raise their hand if they want to say something. For projects, students can go together to extra rooms and the professor can, for example, go from room to room and support the individual groups in their work. Nobody, however, needs to be in the same place in person. Nevertheless, it is not yet possible to convey social interactions. Without transmitting emotions, a real and palpable face-to-face session is irreplaceable. This development is going to open up completely new possibilities for e-learning tools.

Bearing such issues in mind, it is important to analyze how e-learning can be successfully implemented in the future and how obstacles can be identified and overcome. For this reason, various interviews were conducted with interviewees from different fields in the tertiary education sector.

In the course of the interviews, the main questions posed related to the recognition of the success factors of e-learning, detecting the risk factors of implementing e-learning, the identification of benefits for students, and possible incentives for universities to implement e-learning tools. The interviews additionally form the basis for further research approaches.

The following hypotheses can therefore be formulated:

1. The success of e-learning methods is directly related to the educational infrastructure of a university.
2. The greatest risk is posed by professors with insufficient training in e-learning methods.
3. Increased efficiency is the principal motivation for students.
4. Lower costs are the best incentive for universities to establish e-learning tools.
5. E-learning methods can be used as a new business model for universities.

In order to answer the elaborated hypotheses, further investigations or research are necessary. With the help of these hypotheses it is possible to recognize risk and success factors in the field of e-learning in order to be able to react accordingly.

7.7. Conclusion

In summary, it can be concluded that e-learning constitutes an enormous opportunity to raise the quality of teaching and meets increased demands for new pedagogical methods as it enables flexible approaches to learning. E-learning systems require qualified experts and specialist equipment to implement and maintain the new educational programs. The risk factors that were regarded as the most striking ones include the current status of adverse development stages in different departments of the same university. While some departments use e-learning tools intensively and have started gaining experience and data that can be used in the further development of e-learning tools, others have only just started the implementation process. A central department that is responsible for the uniform application of e-learning should be established.

A further problem is posed by the low incentive for professors and students to develop new e-learning tools. Financial incentives are motivators for both lecturers and students, but universities are attempting to minimize e-learning costs, and quality assurance tools for e-seminars have not been established or developed. Quality assurance was regarded by all interviewees as the most striking risk for the success of e-learning. While the opinions with regards to risk factors vary greatly, all of the interviewees agreed on the most important success factors. Provided that e-learning offers an efficient alternative for students and professors, it will be the education of the future. Increased efficiency leads to more time and resources available for other tasks. Specialization has a similar effect on students as it increases the efficiency of knowledge transmission creating more time resources. Since specialization enables target-orientated learning, it can be used as a time-saver.

The quality of e-learning tools is regarded as a success factor, since knowledge can be acquired from experts in the field, and the transmission of information can therefore happen very precisely.

Summing up, there are far more risk factors than success factors with regards to e-learning. All participants interviewed agreed that e-learning will become the future method of education and knowledge transmission.

8. Appendix: Interview Guideline

1. How would you define the term digitalization? What does it mean for you?
2. What would you consider as the most important success factor in E-Learning?
3. How would you evaluate the status quo at universities concerning E-Learning?
4. In which part of your studies are you using E-Learning tools?
   - Which E-Learning tools do you use specifically?
5. What kind of digital tools should be provided by universities in order to give students the best support possible?
6. Which digital tools should be provided by universities in order to give the professors/lecturers the best support possible?
7. How could students and lecturers be motivated to participate in the development and design of digitalization?
   - How could such participation possibilities look like?

8. Which processes in the organization of a study program should definitely be digitalized?
9. What would you consider as a weakness in the current inclusion of E-Learning in study programs?
   - What could be a possible problem?
   - What could be harmful for the success of those tools for knowledge transmission?
10. How could the afore-mentioned weaknesses and problems be improved?
    - How should they be implemented?
11. What are possible risk factors hindering the success of E-Learning tools? Which factors could contribute to the success of E-Learning tools?
12. How do you see the chances of E-Learning to be a successful tool for knowledge transmission?
    - How could this success be influenced?
13. Which desires/wishes/suggestions do you have for the future of E-Learning at universities?

References

Al-Samarraiea, H., Teng, B. K., Alzahranicand, A. I., & Alalwan, N. (2017). E-learning continuance satisfaction in higher education: a unified perspective from instructors and students, *Studies in Higher Education 43*(11), 2003–2019. Retrieved from http://dx.doi.org/10.1080/03075079.2017.1298088

Aparicio, M., Bacao, F., & Tiago, O. (2016). An e-Learning Theoretical Framework, *Educational Technology & Society 19*(1), 292–307. Retrieved from https://repositorio.iscte-iul.pt/bitstream/10071/12132/5/24.pdf

Arkorful, V., & Abaidoo, N. (2015): The role of e-learning, advantages and disadvantages of its adoption in higher education, *International Journal of Instructional Technology and Distance Learning 12*(1), 879–888. Retrieved from http://itdl.org/Journal/Jan_15/Jan15.pdf#page=33

Bratengeyer, E., Steinbacher, H.-P., Friesenbichler, M., Neuböck, K., Kopp, M., Gröblinger, O., & Ebner, M. (2016). *Die österreichische Hochschul-E-Learning-Landschaft.* Studie zur Erfassung des Status Quo der E-Learning Landschaft im tertiären Bildungsbereich hinsichtlich Strategie, Ressourcen, Organisation und Erfahrung. Retrieved from https://www.bmdw.gv.at/Presse/AktuellePresseMeldungen/Documents/2016-02_fnma-ELS_final_Web-2s.pdf

Buzzetto-More, N. A. (2008). Student Perceptions of Various E-Learning Components. *Interdisciplinary Journal of E-Learning and Learning Objects, 4,* 113–135.

Cidral, W. A., Oliveira, T., Di Felice, M., & Aparicio, M. (2018): E-learning success determinants: Brazilian empirical study. Computers and Education, 122, 273–290. Retrieved from https://repositorio.iscte-iul.pt/bitstream/10071/15781/1/1-s2.0-S0360131517302580-main.pdf

Döring, N., & Bortz, J. (2016). Forschungsmethoden und Evaluation in den Sozial- und Humanwissenschaften. Berlin: Springer.

El-Seoud, S. A. M., Taj-Eddin, I., Seddiek, N., El-Khouly, M. M., & Nosseir, A. (2014): E-Learning and Students' Motivation: A Research Study on the Effect of E-Learning on Higher Education. *iJET 9*(4), 20–26.

Harandi, S. R. (2015). Effects of e-learning on students' motivation. *Procedia – Social and Behavioral Sciences, 181*, 423–430.

Haythornthwaite, C., Andrews, R., Fransmann, J., & Meyers, E. (2016). *The SAGE Handbook of E-learning Research.* Retrieved from https://ueaeprints.uea.ac.uk/59300/1/Haythornthwaite_HB_E_Learning_Research.pdf

Ke, F. (2010). Examining online teaching, cognitive, and social presence for adult students. *Computers & Education, 55*, 808–820.

Kim, T., Sotirova, E., Shannon, A., Atanassova, V., Atanassov, K., & Jang, L.-C. (2018). Interval Valued Intuitionistic Fuzzy Evaluations for Analysis of a Student's Knowledge in University e-Learning Courses. *International Journal of Fuzzy Logic and Intelligent Systems, 18*(3), 190–195. Retrieved from https://www.e-sciencecentral.org/upload/ijfis/pdf/ijfis-18-190.pdf

Kuimova, M., Kiyanitsyna, A., & Truntyagin, A. (2016). E-Learning as a Means to Improve the Quality of Higher Education. *SHS Web of Conferences, 28*(01129), 1–5.

Lamnek, S. (2005). *Qualitative Sozialforschung*. Weinheim: Beltz.

Mahdizadeh, H., Biemans, H., & Mulder, M. (2008). Determining factors of the use of e-learning environments by university teachers. *Computers & Education, 51*, 142–154.

Mayring, P. (2002). *Einführung in die qualitative Sozialforschung*. Weinheim: Beltz.

Moschner, B., & Anschütz, A. (2010). *Kombination und Integration von qualitativen und quantitativen Forschungsmethoden in einem interdisziplinären Forschungsprojekt.* Retrieved from https://pdfs.semanticscholar.org/e3f6/9202593d5db7e5aa5ea65590ff2763b19e6d.pdf

Pande, D., Wadhai, V. M., & Thakare, V. M. (2016). E-Learning System and Higher Education. *International Journal of Computer Science and Mobile Computing, 5*(2), 274–280.

Somayeh, M., Dehghani, M., Mozaffari, F., Ghasemnegad, M. S., Hakimi, H., & Samaneh, B. (2016). The effectiveness of E-learning in learning: A review of the literature. *International Journal of Medical Research & Health Sciences, 5*(2), 86–91.

Sun, A., & Chen, X. (2016). Online Education and Its Effective Practice: A Research Review. *Journal of Information Technology Education: Research, 15*, 157–190.

Traxler, J. (2018). Distance Learning – Predictions and Possibilities. *Education Sciences, 8*(35), 1–13.

Uppal, M. A. (2017). *Addressing Student Perception of E-learning Challenges in Higher Education Holistic Quality Approach*, PhD thesis, University of Reading. Retrieved from https://pdfs.semanticscholar.org/5bb0/db7104de099188aa633eb16914e141278862.pdf

Uppal, M. A., & Samnan, A., (2017): Factors determining e-learning service quality, *British Journal of Educational Technology, March 2017.* Retrieved from https://www.researchgate.net/profile/Muhammad_Uppal2/publication/315416635_Factors_determining_e-learning_service_quality_ELQ_factors/links/59f8d0cbaca272607e2f6234/Factors-determining-e-learning-service-quality-ELQ-factors.pdf

Zare, M., Sarikhani, R., Salari, M., & Mansouri, V. (2016). The impact of e-learning on university students' academic achievement and creativity. *Journal of Technical Education and Training (JTet), 8*(1), 25–33.

8. Knowledge Boundaries, Innovation, and Enterprise Transformation in the Refractory Industry – a Qualitative Study

Neha Jain

Abstract: Knowledge transfer, and transformation play a crucial role in multinational organizations. As knowledge becomes increasingly diverse and widespread, organizations that focus on innovation are faced with various boundaries that tend to restrict the flow of knowledge in the desired manner and direction. This study looks at the concept of knowledge stickiness, knowledge boundaries and boundary organizations from the point of view of multinational organizations, especially those that focus on innovation and are going through a phase of enterprise transformation. This work includes a case study of RHI Magnesita, the Austrian multinational provider of refractory products and solutions. The research method adopted in the study is a literature review and a study of the enterprise social network (ESN) of RHI Magnesita, the information published by RHI Magnesita in the public domain. This study can further be extended to other organizations focusing on innovation and undergoing enterprise transformation.

8.1. Introduction

Only the companies that are prepared to adapt to the latest technologies and innovate accordingly have a chance to survive (Cohen & Levinthal, 1994). Knowledge is increasingly specialized, widely distributed and often incomplete or ambiguous (Tell, Berggren, Brusoni & Van de Ven, 2017, pp. 2–4). Consequently, the firms looking for growth and aiming for knowledge diffusion among their different units like product development, marketing, research and development, supply chain, etc. are faced with several knowledge boundaries. This study gives an insight into the different boundaries existing within a multinational organization. Through a case study of the Austrian multinational organization RHI Magnesita, this work also studies the efforts being put in place by the organization to bridge these boundaries.

RHI Magnesita is a globally leading supplier of refractory products and solutions for steel, cement, glass and other such industries. In 2017 the Austrian RHI AG (RHI) and the Brazilian Magnesita Refratários S. A. (Magnesita), two leading suppliers of refractories products and services worldwide, came together to create a new organization RHI Magnesita. As two major refractory players joined forces, the newly formed organization stepped into a phase of enterprise transformation. Several synergies were identified to realize and emphasize the benefits of the merger. As the efforts toward the realization of the synergies started, the organization was faced with the bridging of not only the usual knowledge, geographical, organizational boundaries but also the new boundaries that emerged. This study analyzes the knowledge boundaries in a multinational organization, with emphasis on organizations undergoing enterprise transformation.

Several definitions of knowledge boundaries are available in the literature that converge to highlight that a knowledge boundary is anything that hinders the gain and flow of knowledge (Abraham, Aier & Winter, 2015). Knowledge boundaries often exist at an interface, it may be between different organizations for example university, ministry and industry, between globally spread subsidiaries within a multinational organization or even between different departments within the same location of an organization (Carlile, 2002). In the context of a Multinational organization (MNC), the geographical and language boundaries are understandable as the operations of an MNC are spread across several locations, sometimes even across several continents. However, there are several other boundaries that affect the knowledge flow in the desired manner and direction. This study analyzes the literature for knowledge boundaries, beyond the well-known geographical and language boundaries and identifies the boundary bridging mechanisms at RHI Magnesita.

8.2. Research Goal

The goal of the research is to study the concept of knowledge boundaries in multinational corporations, with focus on companies undergoing organizational restructuring or enterprise transformation. Focus is on identifying the different types of knowledge boundaries and the efforts taken to bridge these boundaries, with highlight on innovation goals. This study aims to answer the few questions concerning knowledge boundaries in general. Additionally, this study includes RHI Magnesita, an Austrian multinational organization and a globally leading supplier of refractory products and services across the globe, as a case study. This work answers the following general and case study specific questions:

1. What is the current state of interaction between enterprise transformation, innovation and knowledge boundaries at RHI Magnesita?
2. What is knowledge stickiness?
3. What are the implications of knowledge stickiness in a multinational organization?
4. What are knowledge boundaries?
5. What is the link between boundary complexity and boundary organizations?
6. What are the different kinds of knowledge boundaries that exist in a multinational organization? How is RHI Magnesita bridging these knowledge boundaries?
7. Boundary bridging through boundary organizations – what are the lessons to be learnt for the refractory industry from other industries?

8.3. Research Methodology

In order to answer the first set of research questions concerning the knowledge boundaries in a multinational organization, this study looks at the literature available on knowledge boundaries, knowledge stickiness, knowledge transfer and enterprise transformation. In order to address the research questions concerning the case study, a further combination of two research methods was adopted in the study. The first one being analysis of RHI Magnesita company data available in the public domain via the enterprise social network. This includes the RHI Magnesita official website www.rhimagnesita.com (RHIMWEB), social platforms such as LinkedIn (RHIMLinkedin), Facebook (RHIMFB), Watchado (RHIMWD) etc. The second method adopted is participative observation, to understand better how RHI Magnesita is bridging knowledge boundaries with the utilization of ESN, boundary organizations and organization specific knowledge management and knowledge exchange systems.

Here it should be mentioned that the plan of the initial research method included an additional closed-ended survey of selected RHI Magnesita employees in order to understand their views on the results obtained from the above two analyses. As a first step, a small sample size of 4 persons were contacted for their feedback. It was however found that the concept of knowledge boundaries and knowledge stickiness was too complicated and called for extra clarification. This was the reason of exclusion of the survey as a research method. This may be addressed as an option for future research, to study the opinion of the employees on the results of this study. If this further study is done, the concepts of knowledge boundaries and knowledge stickiness need to be explained to the survey participants in advance.

8.4. Scientific contribution

This study contributes to the scientific community by analyzing the knowledge boundaries in an Austrian multinational refractory organization for the first time. The literature available on knowledge boundaries has addressed several countries and industries and this study aims to add the perspective from the refractory industry. Additionally, this study offers the uniqueness of using enterprise social media to draw connections between knowledge boundaries in an MNC in general and the efforts being made to bridge these boundaries in the case study. Social media is increasingly gaining importance in terms of brand equity transformation (Bruhn, Schoenmueller & Schäfer, 2012) as well in business process transformation (Hinchcliffe, Kim & Books, 2012, p. 3). RHI Magnesita has established a strong social media presence in place. With the information available from the company, open to the public, the validity and reliability of the study are also addressed.

8.5. Analysis

Combing the literature and the case study based on the SEN of RHI Magnesita, the research questions have been addressed in the following subsections.

8.5.1 What is the current state of interaction between enterprise transformation, innovation and knowledge boundaries at RHI Magnesita?

Combining and absorbing knowledge is integral to innovation in and across an organization (Tell et al., 2017, p. 7). This requires transfer of knowledge across diverse boundaries. Crossing a firm's internal scientific borders and reaching out to external partners across diverse disciplines affects the firm's capabilities for advanced innovations (Kaufmann & Tödtling, 2001). Most innovations happen at the boundaries between fields of specialization (Carlile, 2004). Therefore, it is important to study the transfer of knowledge across boundaries if innovation is the organizational focus.

Enterprise transformation may be defined as basic or fundamental changes in an organization that significantly alters an organization's relationship with one or more of its stakeholders, e. g. customers, investors, suppliers, employees, etc. (Abraham et al., 2015). In order to face the increasing competitive environment, and to innovate, business process improvement alone is not sufficient, what is often needed is fundamental change across the organization (Rouse, 2005).

RHI and Magnesita were formerly competitors and as in any other industry, it was usual to deliberately prevent knowledge exchange due to competitive rivalry. With the merger, there was a need for smooth exchange of knowledge to succeed in the organizational unification process, establish a consolidated product portfolio and create a common corporate culture. With a mission to take innovation to temperatures as high as 1200 ℃ and beyond (RHIMWEB, Who we are), RHI Magnesita also set a clear focus on innovation to reach its targets. This focus on innovation coupled by the phase of enterprise transformation requires the crossing of several knowledge boundaries as shall be seen further in this study.

8.5.2 What is knowledge stickiness?

While trying to stay in tune with the continuously evolving market requirements, an organization needs to develop strong problem-solving skills (Harvard Business Review on knowledge management, 1998, pp. 48–49). To solve a problem, it is necessary to bring together the needed information physically or virtually at the point of application. When this information is costly to obtain, transfer or use, it is termed as sticky knowledge (Von Hippel, 1994, p. 3). MNCs aim to benefit from transfer of knowledge and organizational practices across boundaries. This may, however, not always be achieved completely due to the stickiness of knowledge (Blackman &

Benson, 2012). Knowledge stickiness may also be explained as the difficulties faced in the adaptation, transformation or exchange of knowledge (Szulanski, 2002). The internet website powered by Oxford University Press and Dictionary.com (Lexico.com) formerly also recognized as the Oxford dictionary, explains stickiness as *slow to change or slow to react to change.* This further reflects the sense behind sticky knowledge in a multinational organization, as being resistant and slow to change and therefore slow to adapt to evolving market requirements. Knowledge stickiness may sometimes be measured in terms of money (Indarti, 2012) but its effects may be visible for a long time across different processes.

8.5.3 What are the implications of knowledge stickiness in a multinational organization?

A firm's knowledge, if sticky, may reduce in value if it fails to adapt to the changing competitive landscape (Jensen & Szulanski, 2004). This effect escalates if the firm finds itself in a phase of enterprise transformation. Moreover, the inability to solve knowledge stickiness affects organization's innovation goals (Wilhelm & Dolfsma, 2018a), research and development activities (Huan, Yongyuan, Sheng & Qinchao, 2017) and hinders new product development (Von Hippel, 1994). Knowledge stickiness, therefore, disturbs the organizational balance of achieving desired knowledge transfer and innovation goals, as shown in figure 1.

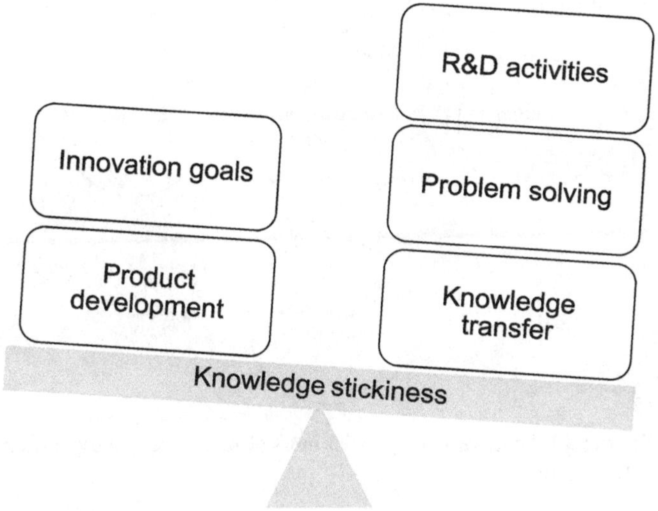

Figure 1: Knowledge stickiness affecting the organizational balance of achieving knowledge transfer and related innovation goals (source: created by author)

Jensen & Szulanski (2004) analyzed four factors affecting knowledge stickiness during cross border knowledge transfers. These four factors may be listed as follows:

1. Adaptation of knowledge, meaning the difference between the original knowledge and the target
2. Cultural distance between the source-knowledge and the recipient-knowledge
3. Motivation of the recipient to absorb the transferred knowledge
4. Causal ambiguity, linked to the factors of production and how they interact

The factors listed above may be summarized as in figure 2. These factors are important as they represent that knowledge stickiness is dependent not only on the inherent qualities of the knowledge itself but also on the external factors. Understanding the knowledge stickiness and adapting the organizational practices may multinational organizations help attain the goals of achieving the competitive advantage (Blackman & Benson, 2012; Huan et al., 2017; Jensen & Szulanski, 2004).

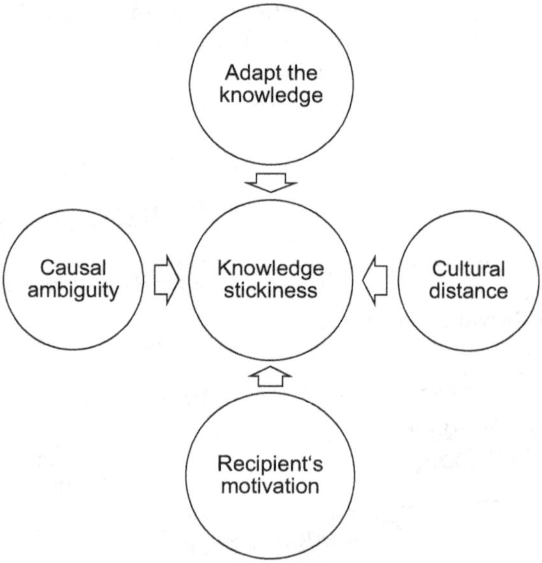

Figure 2: Factors affecting knowledge stickiness (Source: created by author, based on Jensen & Szulanski, 2004c)

8.5.4 What are knowledge boundaries?

Knowledge boundaries are formed when the stakeholders of certain knowledge exhibit a diversity in the level of knowledge, goals and underlying assumptions (Abraham et al., 2015). Increasing specializations in different industries across the globe is considered critical to increased competitiveness but also leads to boundary creation at several levels. Transferring specialized knowledge across different functions, for example research and development, production, marketing, requires conscious efforts to cross the knowledge boundaries (Carlile, 2002). Bengtsson et al. (Tell et al., 2017, Chapter 6, p. 99) concluded in their study of open innovation in 415 firms in Italy, Sweden and Denmark that crossing knowledge boundaries and strong collaborations with involved partners helps increasing innovation in a firm. In a company like RHI Magnesita, that has 35 main production and raw material sites, has a mission statement of leading innovation in the field of refractories (RHIMWEB, Who we are), knowledge transfer and hence the concept of bridging knowledge boundaries take an important role. Language, time-zone, terminology, are few of such boundaries faced by several multinational organization. Taking a closer look, an MNC is challenged by several other knowledge boundaries, like semantic, syntactic and pragmatic boundaries (Carlile, 2004), organizational and geographical boundaries (Tell et al., 2017, Chapter 6, p. 96) which, if left unattended may affect different aspects of technical leadership, from innovation to new product development (Carlile, 2002; Wilhelm & Dolfsma, 2018).

8.5.5 What is the link between boundary complexity and boundary organizations?

Boundary organizations are formal entities that exist at the interface of diverse stakeholders of knowledge, for example university, industry, private and public organizations, etc. (Parker & Crona, 2012). Boundary organizations fulfill the key function of enabling participation of diverse stakeholders across knowledge boundaries, act as intermediaries and aim at providing a common purpose as well as direction to the flow of knowledge. The importance of boundary organizations in achieving a common purpose across multiple stakeholders and boundaries has been studied across diverse fields, for example in finding a common purpose in addressing environment and climate related issues (Gray, 2016; Guston, 2001; Hoppe & Wesselink, 2014), in addressing agricultural issues (Cash, 2001), university-industry partnership (Cvitanovic et al., 2018; Kennedy, 2018) and organizational management issues (Liu & Uzunidis, 2016; Mäenpää, Suominen & Breite, 2016; Whetten, 2006; Wilhelm & Dolfsma, 2018; Wisselgren & Samhällsvetenskapliga, 2017). The concept of boundary organizations is well accepted and in the absence of existing study of boundary organizations in the refractory industry, this study attempts to start a discussion in this field.

When considering knowledge boundaries, it may be noted that when the knowledge boundaries tend to get too complex, indicating the presence of too many partners or stakeholders, the effect on innovation may be negative (Tell et al., 2017, Chapter 15, p. 245; Tell et al., 2017, Chapter 6, p. 99), see figure 3. In this case, boundary spanners, gatekeepers or boundary organizations can help to connect with diverse stakeholders and appreciate different views.

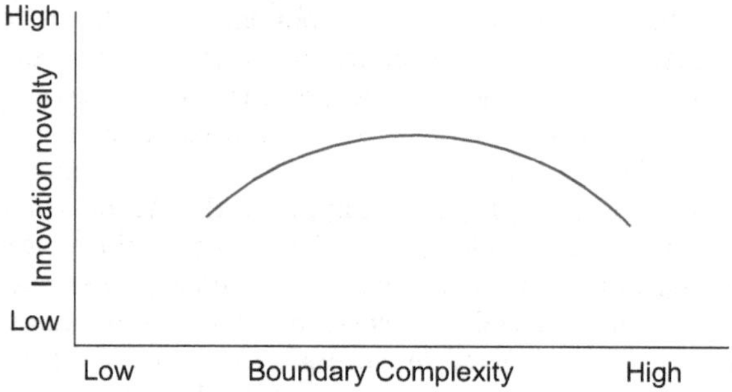

Figure 3: Proposed curvilinear relationship between boundary complexity and innovation (Source: Tell et al., 2017, Chapter 15, p. 245, re-created by author)

Boundary organizations or gatekeepers initiate and maintain knowledge-based collaboration between different knowledge partners (Christ, Burritt, Guthrie & Evans, 2018; Mäenpää, Suominen & Breite, 2016; Wilhelm & Dolfsma, 2018). Perkmann (Tell et al., 2017, Chapter 10) also addressed the question as to how the boundary organizations help in creating a shared social space that allows the participants to collaborate without having to abandon their own interests. For an organization, this may mean cross-functional teams or central teams with the key functions of performing impartial intermediation and reducing conflicts of interest.

Figure 4 shows the role of boundary processes in connecting decision-makers and technical experts. Boundary processes, an interaction of knowledge boundaries and boundary organizations, facilitate the knowledge flow in the desired direction, to result in knowledge relevance and credibility.

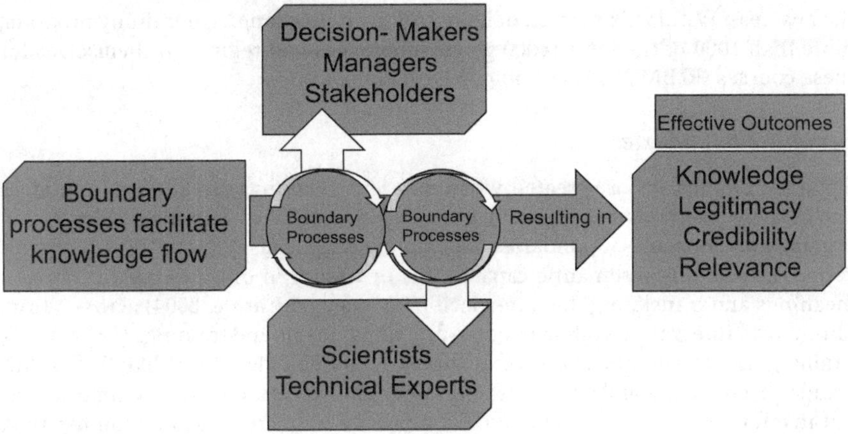

Figure 4: Boundary processes linking decision-makers and scientific/technical experts (Source: Cloyd, E. T., University Corporation for Atmospheric Research, 2013; Boundary Process, 2013; re-created by author to meet the requirements for publishing)

8.5.6 What are the different kinds of knowledge boundaries? How is RHI Magnesita bridging these knowledge boundaries?

Syntactic boundaries

Carlile (2002) introduced the triangle of knowledge boundaries in an organization, namely, semantic, syntactic and pragmatic. Syntactic boundaries exist in the absence of uniform vocabulary across an organization. For an international organization like RHI Magnesita, bridging semantic boundaries is needed to communicate knowledge from one node to another. With a history marked by combination of organic as well as inorganic growth globally and operations spread over multiple continents, regional languages abound in this organization. To bridge the syntactic boundaries, however, is vital for a multinational company to develop a common organizational lexicon. This lexicon then needs to be communicated uniformly across the organization. One example of bridging the semantic boundaries at RHI Magnesita is a uniform company-wide language English. For the old RHI being from Austria and the old Magnesita being from Brazil, it was important to define one business language. In order to practice this as well as address the regional lingual dimensions, RHI Magnesita offers a broad portfolio of free-of-cost language courses to its employees. Online as well as face-to-face, these courses offer a high degree of flexibility to its employees to learn the languages used across the business. Within six months of launch of the online language training program, more than 1000 of the total 14000 global employees had registered themselves for these courses (RHIMWEB, Training & Development).

Semantic boundaries

Semantic boundaries are created when different meanings are attributed to ideas and concepts (Abraham et al., 2015). It may happen despite a common lexicon in an organization. Semantic boundaries affect knowledge translation within an organization. Developing a semantic capability is necessary in order to create common meanings and translating domain-specific knowledge (Carlile, 2004) across a firm. Through an integrative system of cross-functional teams and trainings (RHIMWEB, Training and Development), several shared methodological tools like SAP, CAD, standardized technical data sheets and safety data sheets, etc., RHI Magnesita has put in efforts to bridge the semantic boundaries and to create a common meaning from the knowledge across the global organization.

Pragmatic, organizational or social boundaries

Pragmatic or often called organizational boundaries occur at the interface of knowledge transfer between parties that have different interests in the transferred knowledge (Abraham et al., 2015; Carlile, 2004). It may be between R&D and sales, between production facility and end customer etc. Here it is important to understand the motives and interest of each participant. Bridging pragmatic boundaries often require the intermediary support of the boundary organizations (Abraham et al., 2015).

Crossing organizational boundaries is positively linked to the innovation performance of an organization. RHI Magnesita bridges the pragmatic and organizational boundaries by having a boundary organization system in place, for example in terms of the regional technical marketing and global product management groups to strengthen the customer focus, increase support to the sales and to act as bridges between the diverse knowledge entities like research and development, production, supply chain, business analytics etc. Additionally, a technically advisory committee (TAC) has been nominated to bring in a new perspective to the existing knowledge, as well as experience and knowledge from outside the organization (RHIMWEB, R&D Series).

Another example of bridging social and organizational boundaries is RHI Magnesita's collaborative employee app. With a possibility of not only top-down communication, this app offers a possibility of bottom-up communication, thereby bridging social and organizational boundaries and enabling a culture of open communication (RHIMWEB, APP).

Discipline and domain boundaries

Research in innovation focuses on the bridging of discipline and domain boundaries (Tell et al., 2017, p. 141). In his work on interdisciplinary research and permeability of boundaries across disciplines, Cooper (2002) examines how discipline boundaries can be transcended. This is shown in figure 5.

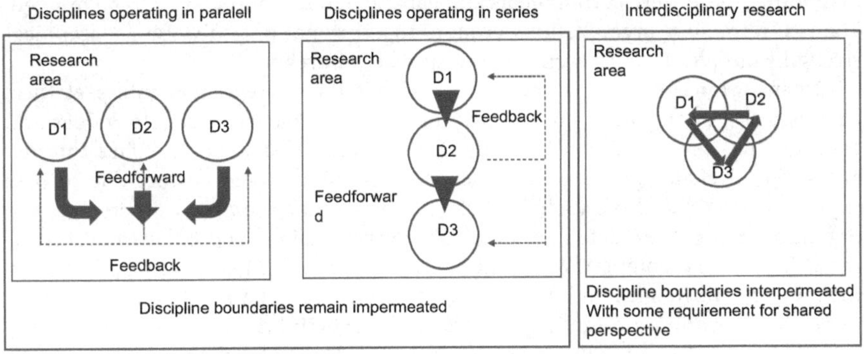

Figure 5: Comparison of multi-disciplinary interdisciplinary research (Source: Cooper, 2002, re-created by author)

Focusing on innovation, RHI Magnesita in its history has adopted several measures to build bridges across the discipline boundaries. The university-industry partnerships and participation in the leading scientific and industrial forums are some of the examples. The R&D hubs of RHI Magnesita, spread across several continents maintain a strong relationship with the local as well as global university and research institutions. Partnerships with institutions, like University of Leoben in Austria, Federal University of São Carlos and Federal University of Minas Gerais in Brazil (RHIMWEB, Research & Development), enable the company to stay up-to-date with the recent technologies. Through a broad portfolio of training programs RHI Magnesita offers its employees to gain insight in other processes and practices within the organization that also helps to bridge the discipline boundaries (RHIMWEB, Training and Development).

Additionally, RHI Magnesita introduced the concept of Refractories 4.0 (Steiner, Lammer, Spiel & Jandl, 2017). With a focus on smart innovation, RHI Magnesita has put efforts in place to bridge the boundaries in the digital domain. The vision is to integrate the concept of Refractories 4.0 innovations across big data, digitalization, automation, process safety and sustainability (RHIMWEB, METEC 2019) and to direct the company's focus towards smart organization.

Geographical and Cultural boundaries

Mergers and acquisitions are often connected with the challenge of cultural blending (Schein, 1990). Crossing geographical boundaries, especially in a multinational organization, is critical to innovation (Tell et al., 2017, Chapter 6, p. 99). When the globally operating organizations, RHI with its headquarters in Austria and Magnesita with its headquarters in Brazil, came together to create RHI Magnesita, there were certain geographical and cultural boundaries to be bridged. The two refractory organizations brought together not only diverse geographical strengths but also two different organizational cultures.

Organizational culture is the way in which the stakeholders interpret their experiences. A company's culture may be thought as a set of beliefs, values and assumptions, developed continuously as the group of stakeholders face internal and external challenges that are considered acceptable and correct due to past experiences or successes (Schein, 1990). When a new company is created, the organizational culture acts like its set of identity, visions and beliefs that distinguish it from the competitors in the market (Daniel & Metcalf, 2001). Just after the merger, RHI Magnesita introduced its four cultural pillars with a focus on customer & innovation, promoting an open and respectful decision-making process, operating cross-functionally and collectively across the global organization and to be performance driven and accountable (RHIMWEB, How we act). Additionally, a global network of culture champions was set up with a task of organizing culture workshops across the locations within the organization. Through these efforts the global organization initiated the first steps towards an integrated new organizational culture, which is important because if the organizations wait too long to define a new organization culture, the old cultures may be difficult to modify (Daniel & Metcalf, 2001).

Moreover, the global training and development programs, offered by RHI Magnesita to its employees, help to bridge the geographical boundaries further. In 2018, the company conducted over 39000 hours of global development programs across different disciplines (RHIMWEB, Training & Development).

8.5.7 Boundary bridging through boundary organizations – what are the lessons to be learnt for the refractory industry from other industries?

This study shows that several boundaries exist that need to be bridged in order to achieve the knowledge flow in the desired manner and direction. The role of boundary organizations in bridging complex boundaries and enabling knowledge flows and reducing conflicts of interests has also been touched upon. The author draws on the example of the boundary organization Structural Genomics Consortium (SCG), established in 2004. SCG is a not-for-profit, public-private partnership, including pharma companies, universities and other interested organizations, with the directive to carry out basic science of relevance to drug discovery. SCG has an organizational structure that is independent of its individual partners, protects the rights of the participating scientists and works for a common goal and avoids duplication of research efforts.

The popular focus of pharmaceutical research is weighed down by patents and intellectual property issues and lead to duplicated efforts and loss of opportunity and productivity. In order to bridge this gap, SCG was created to propose a collective solution, perform impartial mediation and establish socio-political legitimacy (Tell et al., 2017, chapter 10, pp. 160–167).

Duplication of efforts due to patent issues is neither desirable nor productive for an organization. Moreover, such a setup can help to bridge motivational boundaries by offering scientists a platform for path defining contribution in their respective fields (Perkmann & Schildt, 2015). A deeper study of this boundary organization and implementing a similar entity in other industries like the refractory industry may be a way forward to bridge the complex social boundaries and increase productivity.

8.6. Results

In this paper, the aspects of knowledge stickiness, knowledge transfer, knowledge boundaries, boundary organizations and mechanisms for bridging knowledge boundaries were studied with focus on multinational organizations, especially those focusing on innovation and undergoing enterprise transformation. This study answered the seven research questions with the key insights as listed in table 1.

Table 1: Research questions and key insights (Source: created by author)

Research question	**Key insights**
What is the current state of interaction between enterprise transformation, innovation and knowledge boundaries at RHI Magnesita?	Following the merger of RHI and Magnesita, the new organization RHI Magnesita stepped into a phase of enterprise transformation. This together with the multinational operations and focus on innovation required the bridging of several knowledge boundaries. The company has initiated several activities to bridge the diverse knowledge boundaries across the global operations.

(*continued*)

Table 1: Continued

Research question	**Key insights**
What is knowledge stickiness?	Knowledge stickiness is the phenomenon when knowledge cannot flow in the desired manner and direction.
What are the implications of knowledge stickiness in a multinational organization?	Knowledge stickiness may affect organizational goals like innovation, product development etc.
What are knowledge boundaries?	Knowledge boundaries are barriers to knowledge flow, occurring at the interface of diverse stakeholders.
What is the link between boundary complexity and boundary organizations?	Boundary organizations may help to bridge knowledge boundaries and achieve the organizational goals. A curvilinear relationship between boundary complexity and innovation goals may be proposed, based on literature.
What are the different kinds of knowledge boundaries that exist in a multinational organization? How is RHI Magnesita bridging these knowledge boundaries?	Syntactic, semantic, pragmatic, discipline, and cultural are some of the boundary types that exist in a multinational organization. RHI Magnesita has a boundary bridging mechanism in place.
What are the lessons to be learnt for the refractory industry from other industries?	With an example of SCG from the pharmaceutical industry, it may be shown that a boundary organization that protects the rights of the participating scientists, works for a common goal and minimizes duplication of research efforts may help in increasing the innovative efforts of an industry or a scientific community as a whole.

This study further shows that RHI Magnesita has a boundary bridging mechanism in place, that helps in directing the flow of internal and external knowledge across the global organization. The results of the study in terms of the boundary bridging mechanisms at RHI Magnesita may be summarized as in table 2.

Table 2: Boundary bridging mechanisms at RHI Magnesita (Source: created by author)

Boundary	**Role of boundary bridging mechanism**	**Boundary Bridging Mechanism at RHI Magnesita**
Syntactic Boundaries	Knowledge transfer	Defining English as a uniform company language. Offer free-of-cost language courses, with options for face-to-face as well as online courses for adequate flexibility.
Semantic Boundaries	Knowledge translation	Putting cross-functional teams and trainings in place. Application of tools with shared methodology across organization, e. g. SAP, CAD etc.
Pragmatic, Organizational and Social Boundaries	Knowledge transformation	Placing a boundary organization system in place, like the regional technical marketing teams and the global product management group to bridge gaps between different stakeholders like customers, suppliers, production, R&D etc. Organizing a Technical Advisory Committee with external experts to bring in new ideas and viewpoints for enriching innovative inputs. Introduction of RHI Magnesita APP for top-down as well as bottom-up communication.
Geographical and Cultural Boundaries	Knowledge absorption	Creating a new organization culture. Defining organizational cultural pillars. Nomination of cultural champions, organizing global cultural workshops. International trainings for employees.
Discipline, Domain and Capability Boundaries	Knowledge transformation and knowledge absorption	Association with external institutions such as Universities in Austria and Brazil. Introducing the concept of Refractories 4.0 to bridge the boundaries in the digital domain. Offering Cross-functional trainings for employees at several locations.

8.7 Conclusion and scope for further research

This study highlights the importance of bridging knowledge boundaries across a multinational organization, especially when the focus lies on innovation. With the case study of RHI Magnesita, the study lists the boundary bridging mechanism in an Austrian multinational organization spread over multiple continents. This study was possible because of the RHI Magnesita SEN in place that enabled the data collection from public domain.

The study can be extended to other multinational organizations. An additional scope of further research lies in an open or closed ended qualitative study with the RHI Magnesita employees to study their views on the boundary building mechanisms in place by their organization, thereby studying the bridging of motivational boundaries. Care should be taken to inform the participants of the concept of knowledge transfer, knowledge stickiness and knowledge boundaries beforehand to avoid confusion during the study.

Disclaimer

The views, analysis and results in this study are that of the author and do not represent the views of any company or organization.

References

Abraham, R., Aier, S., & Winter, R. (2015). Crossing the Line: Overcoming Knowledge Boundaries in Enterprise Transformation. *Business & Information Systems Engineering, 57*(1), 3–13. doi:10.1007/s12599-014-0361-1

Blackman, D., & Benson, A. M. (2012). Overcoming knowledge stickiness in scientific knowledge transfer. *Public Understanding of Science, 21*(5), 573–589. doi:10.1177/0963662510379463

Carlile, P. R. (2004a). Transferring, translating, and transforming: An integrative framework for managing knowledge across boundaries. *Organization Science, 15*(5), 555–568.

Carlile, P. R. (2002). A Pragmatic View of Knowledge and Boundaries: Boundary Objects in New Product Development. *Organization Science, 13*(4), 442–455. doi:10.1287/orsc.13.4.442.2953

Cash, D. W. (2001). "In order to aid in diffusing useful and practical information": Agricultural extension and boundary organizations. *Science, Technology, & Human Values, 26*(4), 431–453.

Cohen, W. M., & Levinthal, D. A. (1994). Fortune favors the prepared firm. *Management Science, 40*(2), 227–251.

Cooper, I. (2002). Transgressing discipline boundaries: is BEQUEST an example of the new production of knowledge'? *Building Research & Information, 30*(2), 116–129.

Cvitanovic, C., Löf, M. F., Norström, A. V., Reed, M. S., Naturvetenskapliga fakulteten, Stockholm Resilience Centre, Stockholms universitet. (2018). Building university-based boundary organisations that facilitate impacts on environmental policy and practice. *PloS One, 13*(9), e0203752. doi:10.1371/journal.pone.0203752

Daniel, T. A., & Metcalf, G. S. (2001). *The management of people in mergers and acquisitions.* Westport, Conn: Quorum Books.

Gray, N. J. (2016). The role of boundary organizations in co-management: examining the politics of knowledge integration in a marine protected area in Belize. *International Journal of the Commons, 10*(2), 1013–1034. doi:10.18352/ijc.643

Guston, D. H. (2001). *Boundary Organizations in Environmental Policy and Science: An Introduction, Harvard business review on knowledge management* (1998). Boston, MA: Harvard Business School Press.

Hoppe, R., & Wesselink, A. (2014). Comparing the role of boundary organizations in the governance of climate change in three EU member states. *Environmental Science & Policy, 44,* 73–85.

Huan, H., Yongyuan, M., Sheng, Z., & Qinchao, D. (2017). Characteristics of knowledge, people engaged in knowledge transfer and knowledge stickiness: evidence from Chinese R&D team. *Journal of Knowledge Management, 21*(6), 1559–1579. doi:10.1108/JKM-02-2017-0054

Indarti, N. (2012). Does Knowledge Stickiness Affect a Firm's Innovation Capability? Empirical Evidence From Indonesian Furniture SMEs. *Gadjah Mada International Journal of Business, 14*(1), 17–33. doi:10.22146/gamaijb.5436

Jensen, R., & Szulanski, G. (2004a). Stickiness and the Adaptation of Organizational Practices in Cross-Border Knowledge Transfers. *Journal of International Business Studies, 35*(6), 508–523. doi:10.1057/palgrave.jibs.8400107

Kaufmann, A., & Tödtling, F. (2001). Science–industry interaction in the process of innovation: the importance of boundary-crossing between systems. *Research Policy, 30*(5), 791–804.

Kennedy, E. B. (2018). Supporting Scientific Advice through a Boundary Organization. *Global Challenges, 2*(9), n/a. doi:10.1002/gch2.201800018

Liu, Z., & Uzunidis, D. (2016). Globalization of R&D, Accumulation of Knowledge and Network Innovation: the Evolution of the Firm's Boundaries. *Journal of the Knowledge Economy,* doi:10.1007/s13132-016-0381-9

Mäenpää, S., Helena Suominen, A., & Breite, R. (2016). Boundary Objects as Part of Knowledge Integration for Networked Innovation. *Technology Innovation Management Review, 6*(10), 25–36. doi:10.22215/timreview/1025

Parker, J., & Crona, B. (2012). On being all things to all people: Boundary organizations and the contemporary research university. *Social Studies of Science, 42*(2), 262–289.

Perkmann, M., & Schildt, H. (2015). Open data partnerships between firms and universities: The role of boundary organizations. *Research Policy, 44*(5), 1133–1143.

Rouse, W. B. (2005). A theory of enterprise transformation. *Systems Engineering, 8*(4), 279–295.

Schein, E. H. (1990). *Organizational culture.* American Psychological Association.

Szulanski, G. (2002). Stickiness, Best Practices and Knowledge Transfer (p. 9). London: Sage.

Tell, F., Berggren, C., Brusoni, S., & Van de Ven, Andrew H. (2017). *Managing knowledge integration across boundaries* Oxford University Press.

Von Hippel, E. (1994). "Sticky information" and the locus of problem solving: implications for innovation. *Management Science, 40*(4), 429–439.

Whetten, D. A. (2006). Albert and Whetten Revisited: Strengthening the Concept of Organizational Identity. *Journal of Management Inquiry, 15*(3), 219–234. doi:10.1177/1056492606291200

Wilhelm, M., & Dolfsma, W. (2018a). Managing knowledge boundaries for open innovation – lessons from the automotive industry. *International Journal of Operations & Production Management, 38*(1), 230–248. doi:10.1108/IJOPM-06-2015-0337

Wisselgren, P., Sociologiska institutionen, Umeå universitet, & Samhällsvetenskapliga fakulteten. (2017). From Utopian One-worldism to Geopolitical Intergovernmentalism: UNESCO's Department of Social Sciences as an International Boundary Organization, 1946-1955. *Serendipities: Journal for the Sociology and History of the Social Sciences, 2*(2), 148.

Online Sources (retrieved on 31 Aug 2019):

globalchange.gov https://data.globalchange.gov/report/nca3/chapter/decision-support/figure/boundary-processes-linking-decisionmakers-and-scientifictechnical-experts

Lexico.com https://www.lexico.com/en/definition/sticky

RHIMWEB, APP https://www.rhimagnesita.com/award-for-rhi-magnesitas-collaborative-employee-app/

RHIMWEB, How we act https://www.rhimagnesita.com/about/how-we-act/#skip

RHIMWEB, News archive https://www.rhimagnesita.com/news/news-archive/

RHIMWEB, Research & Development https://www.rhimagnesita.com/about/research-development/#skip

RHIMWEB, R&D Series Leoben https://www.rhimagnesita.com/rd-series-our-rd-center-in-leoben-austria/

RHIMWEB, R&D Series Brazil https://www.rhimagnesita.com/rd-series-our-rd-center-in-contagem-brazil/

RHIMWEB, Training and development https://www.rhimagnesita.com/training-and-development/#skip

RHIMWEB, Who we are https://www.rhimagnesita.com/about/who-we-are/

9. Innovationen für den Öffentlichen Dienst bei SAP

Mag. (FH) Heinrich Pfriemer

Abstract: Der Software-Markt zeichnet sich durch die permanente Notwendigkeit zur Innovation aus. Bei SAP SE, dem größten europäischen Softwarehersteller, erfolgt diese nicht nur anhand des Kernproduktes ERP, welches sich zurzeit zu der neuen Evolutionsstufe S/4HANA entwickelt, sondern auch im Rahmen von sogenannten Lines of Business und 25 Industries. Public Services stellt einen Cluster der Bereiche Public Sector und Defense & Security dar.

Die sechs Haupttrends (Technologie, Gesellschaft, Rechtssystem, Politik, Wirtschaft und Umwelt) unterstreichen, dass die zunehmende Komplexität und Erwartungshaltung der Kunden und Bürger ein Mehr an Agilität und Antizipation in der Öffentlichen Verwaltung erfordern.

Innovation im Bereich Public Services erfolgt „exploitativ" und „explorativ" in enger Abstimmung mit Kunden der Öffentlichen Verwaltung. Der Artikel stellt einen Praxiseinblick anhand zweier Beispiele dar. Das gemeinsame Erforschen der Blockchain-Technologie mit der Südtiroler SIAG beschreibt den explorativen Ansatz, und die gemeinsame Entwicklung einer neuen Softwarelösung mit 11 Streitkräften auf Basis von S/4HANA skizziert einen exploitativen Innovationsansatz. Nach der Hervorhebung von deren wesentlichen Unterschieden wendet sich der Artikel den Innovationsmethoden zu.

Dazu werden die beiden am häufigsten eingesetzten Methoden des Design Thinking und der Erstellung eines Business Model Canvas skizziert und mit Beispielen veranschaulicht. Die Betonung bei deren Darstellung liegt auf der Einfachheit der Anwendung dieser Methoden.

Eine abschließende Betrachtung rundet den Artikel ab.

9.1. Das Portfolio von SAP Public Services

Das Unternehmen SAP SE (in weiterer Folge SAP) im baden-württembergischen Walldorf wurde 1972 gegründet. Die SAP ist heute nicht nur das teuerste DAX Unternehmen, sondern ebenso mit 100 000 weltweit Beschäftigten das größte europäische Softwarehaus. Um die Kundenwünsche bestmöglich abzubilden, spezialisierte sich die SAP auf 25 Industrien, die wiederum in sechs Bereiche (Cluster) zusammengefasst sind (SAP Industries, 2019). Der Bereich der Öffentlichen Verwaltung ist einer davon, dessen Portfolio umfasst die Industrien Defense & Security, Future Cities, Healthcare, Higher Education and Research und Public Sector. Dieser Cluster stellt einen breiten – allerdings sehr stark von Synergien geprägten – Rahmen dar. Diese positiven Wechselwirkungen zwischen den Industrien ergeben sich durch die Gemeinsamkeiten der Öffentlichen Verwaltung, so sind zum Beispiel das Personalmanagement, das Haushaltsmanagement und der Einkauf im gesamten Cluster den gleichen gesetzlichen Grundlagen unterworfen.

Jedoch verfügt jede dieser Subindustrien über ihre Spezifika. Im weiteren Verlauf dieser Publikation wird der Fokus sowohl auf Defense & Security als auch auf den Public Sector gelegt werden. Grundsätzlich bedarf es für erfolgreiche

Innovationen nicht nur co-innovationswilliger Kunden, sondern vielmehr auch der notwendigen Fachexpertise, wo die Industrie bzw. Sparte in den nächsten Jahren stehen wird. Diese Trends werden auf „Thought Leadership"-Veranstaltungen mit Kunden, Akademien, Partnern und SAP thematisiert und vertieft.

9.2. Die Haupttrends in der Öffentlichen Verwaltung als Grundlage für Innovation

Eine solche tiefgreifende Umfeldanalyse der Öffentlichen Verwaltung, bezogen auf globale Trends, lässt sich kurz und knapp in folgender Ausgangslage zusammenfassen:

> *Um der gesteigerten Komplexität und dem abnehmenden Vertrauen zu kontern, fokussieren sich die Einrichtungen der Öffentlichen Verwaltung auf Antizipation und Agilität.* (SAP Public Services, 2019)

Folgende Trends lassen sich dafür als externe Einflussfaktoren (ohne Rangreihung) ausmachen:

- Technologie
- Gesellschaft
- Rechtssystem
- Politik
- Wirtschaft
- Umwelt

Diese sechs, an die klassische Definition der sogenannten Megatrends (Naisbitt, 1982) angelehnten, Trends beeinflussen die Hauptaufgaben der Öffentlichen Verwaltung maßgeblich.

9.2.1 Technologie

Das bereits 2002 eingetretene „digitale Zeitalter" ist definitiv technologisch getrieben. In ihrer wissenschaftlichen Arbeit „The World's Technological Capacity to Store, Communicate, and Compute Information" (Hilbert & López, 2011) datieren Professor Hilbert von der University of Southern California und Priscilla López von der Open University of Catalonia den Beginn des Digital Zeitalters bereits 2002, da vor 17 Jahren bereits mehr Daten digital gespeichert wurden als analog. Hilbert und López (2011) führen in ihrer Arbeit weiter aus:

> *„From 1986 to 2007, the period of time examined in the study, worldwide computing capacity grew 58 percent a year, ten times faster than the United States' GDP. Telecommunications grew 28 percent annually, and storage capacity grew 23 percent a year"* (Hilbert & López, 2011, S. 60)

Dieser rasante Anstieg der technologischen Möglichkeiten generierte auch die gesellschaftliche Erwartungshaltung gegenüber der Öffentlichen Verwaltung, nicht nur Verwaltungsprozesse, sondern vielmehr auch eigene Dienstleistungen zu digitalisieren.

Seit Anfang der 2000er-Jahre richten Organisationen wie die OECD und die UN ihren Fokus auf das digitale oder E-Government. Die Studie „Benchmarking E-Government: A Global Perspective", publiziert 2001 vom United Nations Department of Economic and Social Affairs (UNESA), lieferte das erste weltweite Ranking bezüglich der Nutzung von Internet und digitalen Mitteln, um die hoheitlichen Prozesse zu verwalten und Dienstleistungen zu erbringen.

Trotz des frühzeitigen Erkennens des digitalen Potentials kann bis heute die Öffentliche Verwaltung nur teilweise neue Technologien sinnstiftend einsetzen. Bereits zu Beginn des neuen Jahrtausends definiert die UNESA (2001, S. 2) in der obigen Studie folgende Barrieren auf dem Weg zum E-Government: *„Institutional/ Operational, Managerial and Policy Planning"*. Sie beschreibt das Veränderungsmanagement als die wahre Herausforderung. Dies gilt noch heute für Innovationen im Bereich der Öffentlichen Verwaltung, wie das Beispiel der Südtiroler Informatik AG später verdeutlichen wird.

9.2.2 Gesellschaft

Die Gesellschaft ändert sich nicht nur aufgrund der Technologie, sondern auch durch zwei globale Trends, nämlich Urbanisierung und demographischer Wandel.

Der technologische Fortschritt ermöglichte bereits bisher radikale Veränderungen in der Gesellschaft. Die Eröffnung neuer mobile Kommunikationsmittel stellt, basierend auf dem Internet, weltweit eine grundsätzliche „Demokratisierung des Informationszugangs" dar. So ist es auch in den „Least Developed Countries" Afrikas möglich, dass selbst Fischer am Victoriasee den Fischpreis mobil am Handy abfragen, wie die Autoren der Studie *Using ICT for fishing marketing* (Abila, Ojwang, Othina, Lwenya, Oketch & Okeyo, 2013) bereits bemerkten. Der Zugang zu preisgünstiger Informationsverteilung ließ auch neue „digitale" Berufsgruppen entstehen, wie die der „Influencer". Das gesellschaftliche Beeinflussen zur Erreichung von politischen Zielen haben Firmen, wie Cambridge Analytica, unter Ausnutzung von persönlichen Daten (Big Data and Democracy, 2018), bei der letzten US Präsidentschaftswahl praktiziert und die Risiken für die Gesellschaft unfreiwillig aufgezeigt.

Die Urbanisierung schreitet global unaufhaltsam voran. So verweist der UN Population Fund (UNFPA) auf seiner Homepage darauf, dass die Landbevölkerung bereits nicht mehr wächst, während Städte bis 2050 3 Milliarden mehr Einwohner haben werden (UNFPA, 2019). Die zukünftigen Smart/Future City Konzepts müssen darauf abzielen, die Urbanisierung zur Chance zu machen und das Risiko, wie der „Verslumung" zu minieren.

Der Demographische Wandel verändert die Leistungsfähigkeit, aber auch die Herausforderungen für Gesellschaften. Die Überalterung der westlichen Länder hat ebenso eine direkte Auswirkung auf den Personalstand der Öffentlichen Verwaltung. So stellt der Bericht *A Guide to Managing an Ageing Workforce: Maximising the experience of mature-age workers through modern employment practices* der Public Administration of Western Australia (2016, S. 4) fest, dass bereits 2022 bis zu 22 % der Arbeitskräfte im Öffentlichen Dienst fehlen könnten. Daher müssen Öffentliche Innovationsstrategien diesen „Silver Tsunami" bereits berücksichtigen, um selbst leistungsfähig zur Dienstleistungserbringung zu bleiben.

9.2.3 Rechtssystem

Das Rechtssystem gibt den Rahmen, in welchem die Öffentliche Verwaltung operiert, vor. Allerdings hat der Begriff der Innovation darin per se keinen Platz. Dies hält auch Rossnagel (2007, S. 1) in seiner Publikation *„Innovation als Gegenstand der Rechtswissenschaft"* fest: *„Innovation ist kein Rechtsbegriff"*. Allerdings hat das Recht zwei Arten auf Innovation in der Öffentlichen Verwaltung einzuwirken, eine hemmende und fördernde. Jedoch unterscheiden sich diese national sehr stark, als Beispiel sei hier Uber angeführt. Während das Geschäftsmodell von Uber in Kalifornien rechtmäßig erscheint, kommt es in Europa immer wieder zu Verboten. Fördernd hingegen wirken sich im Gesetzestext festgehaltene Innovationsvorhaben aus. So erwähnt Roßnagel (2007, S. 2) in seiner Publikation, dass das deutsche Bundesrecht 17 Regelungen mit Innovation als Inhalt anführt.

9.2.4 Wirtschaft

Der Begriff der „digitalen Ökonomie" wurde bereits 1994 vom kanadischen Futurologen Don Tapscott (1994) geprägt. In seinem Buch *„The Digital Economy: Promise and Peril in the Age of Networked Intelligence"* ging er vor allem auf die Chancen, aber auch auf die Risiken der Digitalisierung ein. Neue, digitale Geschäftsmodelle führen zu einem Aufbrechen der bekannten Orthodoxien – so verschmelzen, bisher getrennte Ökosysteme, zum Beispiel verändern digitale Bezahlmöglichkeiten und Kryptowährungen Geldflüsse, ändern maßgeblich das Konsumentenverhalten und deren Erwartungshaltung. Dies stellt den Öffentlichen Sektor wiederum vor neue Herausforderungen, nämlich nicht nur selbst ein annähernd gleiches, digitales Dienstleistungsangebot zu erbringen, sondern auch vor allem selbst neue Grundlagen im Denken zu schaffen, selbst Orthodoxien zu durchbrechen und nicht Neues mit noch mehr Bürokratie zu verwalten.

9.2.5 Umwelt

Die jugendliche Aktivistin Greta Thunberg stellt mit ihren „Fridays for Future" eindrucksvoll die Macht von durch Soziale Medien unterstützten Initiativen vor. Umwelt und Klimaschutz sind wesentliche Eckpfeiler der öffentlichen Erwartungshaltung und selbige Projekte bringen die notwendige mediale Präsenz ein. Die 17 Sustainable Development Goals (UN, 2016) unterstützen generell die nachhaltige Entwicklung der Welt und stellen somit auch einen Rahmen für den Kampf gegen Umweltverschmutzung und den Klimawandel dar.

Das Handeln der Öffentlichen Verwaltung wird durch die sechs Trends wesentlich beeinflusst, die gleichzeitige Erhöhung der Komplexität der Sachfragen und der Erwartungshaltung der Bürger erzwingen den Wandel zu mehr Agilität, Zusammenarbeit, Transparenz und Vorausschau in der Öffentlichen Verwaltung, um weiterhin das Vertrauen der Bürger zu erhalten. Dieser Sachverhalt stellt den wesentlichen Rahmen für zielgerichtete Innovationen in der Öffentlichen Verwaltung dar.

9.3. Innovationsbeispiele

9.3.1. Explorative Technologieerprobung bei der Südtiroler Informatik AG (SIAG)

Im Oktober 2016 mündeten die ersten Gespräche zwischen dem Rechenzentrum Südtirols, der Südtiroler Informatik AG (SIAG) und der SAP SE Public Services, in ein exploratives Innovationsprojekt zur Erprobung der neuen, vielversprechenden Technologie *Blockchain.*

Die hinter dem Begriff Blockchain stehende Technologie lässt sich am besten als Distributed Ledger Technology verstehen. Diese „Verteilte Hauptbuch-Technologie" stellt sicher, dass nicht ein Mittelsmann die alleinige Kontrolle über eine Datenbank hat, sondern alle Teilnehmer erhalten gleichberechtigten Zugang über sogenannte verteilte Knoten. Jede weitere Transaktion erzeugt auf jedem der Knoten einen weiteren Eintrag, welcher in Blöcke abgelegt und verkettet wird, daher auch der Name Blockchain (MIT, 2019).

Der Generaldirektor der SIAG, Stefan Gasslitter, ging davon aus, dass fast alle öffentlichen IT-Einrichtungen ungefähr 70 % des Budgets für die Wartung von Altsystemen und Alt-Verfahren aufbringen (SAP, 2019). Selbst für die Verwaltung der autonomen Provinz Südtirol mit circa 500.000 Einwohnern sind derzeit 1.000 Softwareanwendungen im Einsatz. All diese Systeme erzeugen, nutzen und verwalten Bürgerdaten. Die von politischer Seite erwünschte Transparenz dem Bürger gegenüber erscheint daher fast unmöglich.

Ziel des gemeinsamen Innovationsprojekts war es, die Dienstleistungen für den Bürger und für die eigenen Mitarbeiter zu verbessern und redundante Prozesse der mehrfachen Dateneingabe anhand des „Only-Once-Principles" zu minimieren. Gleichzeitig sollte die Leistungsfähigkeit der neuen Blockchain-Technologie und deren Vertrauenswürdigkeit unter Beweis gestellt werden.

Nach der Entwicklung einer gemeinsamen Projektcharta und Aufstellung eines gemeinsamen Projektteams wurde das Projekt im Zeitraum von Januar 2017 bis April 2017 durchgeführt und erfolgreich abgeschlossen. Seinen Höhepunkt hatte es bei der gemeinsamen Vorstellung am größten Kundenevent der SAP SE mit mehr als 15.000 Teilnehmern, der sogenannten SAPPHIRE in Orlando.

Professor Horst Treiblmayer von der Modul Universität Wien fasste in dem Papier *„Use Case Template Blockchain 4 Cities/Blockchain in the Public Administration"* für die United Nations University folgende vier Punkte, gemeinsam mit

Stefan Gasslitter und Heinrich Pfriemer, als Lessons Learned/Best Practices für Öffentliche Einrichtungen sinngemäß so zusammen:

1. Zielgerichtete und permanente Evaluierung von Blockchain-basierten Transformationen, denn die Technologie ist so neu, das alle Beteiligten permanent evaluieren müssen, ob Blockchain überhaupt die richtige Antwort sei.
2. Rechtzeitige bzw. frühzeitige Abstimmung der Bedürfnisse interner und externer Anspruchsgruppen: Neben der permanenten technologischen Evaluierung müssen vor allem nicht nur die IT, sondern auch Juristen, Bürger, das eigene Management und die Politik im Sinne des Veränderungsmanagements „abgeholt" werden. Ein späteres Einbinden könnte zu vermeidbaren Verzögerungen führen. So wurden ab dem dritten Workshop vermehrt juristische Themen diskutiert und kaum noch Technologie.
3. Ganzheitlich zu denken ist eine zwingende Voraussetzung, genauso wie das Einbinden von Altsystemen und Verfahren. Obwohl es initial technisch sehr verlockend klingt, ist es praktisch unmöglich, sämtliche Altverfahren auf die Blockchain-Technologie zu migrieren. Dies kann immer wieder zu Friktionen in der tatsächlichen Implementierung und Nutzbarmachung bzw. Pilotierung eines Proof-of-Concepts führen.
4. Permanente Sicherstellung der Compliance aus rechtlicher Sicht: Jeder Schritt des Neudenkens in der Öffentlichen Verwaltung bedarf einer Compliance-Prüfung aus rechtlicher Sicht, um potentielle Sackgassen rechtzeitig zu erkennen. Juristen sind diesbezüglich (nicht nur, wie im Punkt 2 angeführt, zum Veränderungsmanagement) frühzeitig, wenn nicht von Anfang an, als Teil des Projektteams mit einzubinden um etwaige Transferverluste in späteren Gesprächen zu vermeiden.

Abschließend stellt das gemeinsame und sehr explorative Innovationsprojekt mit der SIAG AG einen großen Erfolg, wenn nicht sogar Meilenstein, in Bezug auf die Erprobung der technischen Durchführbarkeit der Verbindung von Blockchain und ERP Systemen dar, welcher bereits mehrfach zitiert und publiziert wurde.

9.3.2. Ein Beispiel der exploitativen Innovation – die Weiterentwicklung der Defense-Lösung auf S/4HANA

Im Unterschied zur vorhergegangenen explorativen Innovation setzt die exploitative auf das „Ausnützen" bestehender bzw. bekannter Ansätze, Produkte oder Plattformen. Ein exploitativer Innovationsansatz sei nun am Beispiel eines strukturierten, mehrjährigen Innovationsprojektes für Streitkräfte dargestellt. Seit Ende der 1990er Jahre entwickelte SAP gemeinsam mit der deutschen Bundeswehr eine sogenannte Branchenlösungen „Industry Solution Defense & Public Security" (DFPS), welche mittlerweile einen Quasi-Standard für westliche Streitkräfte darstellt.

Die in Abbildung 1 dargestellte, kontinuierliche Innovation der SAP-Systeme von Mainframe SAP R/2 1972 bis hin zu SAP S/4HANA als „intelligentes ERP" im Jahre 2018 ermöglichte es, die bestehende Industrielösung DFPS als industrie-spezifische Innovation auf S/4HANA zu heben.

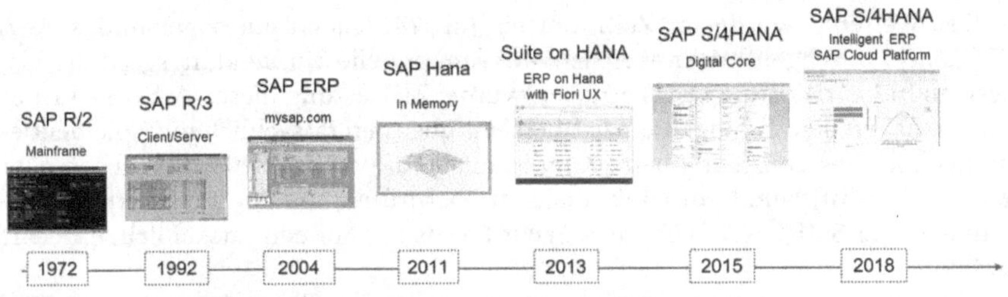

Abbildung 1: Darstellung der Innovation des SAP Systems (Quelle: SAP)

Im Gremium der Technical Working Group (TWG), einer Untergruppe der SAP-Anwendergruppe für Streitkräfte (DEIG – Defense Interest Group), wurde im Feber 2017 die Einrichtung von kundenseitigen, sogenannten Focus Areas für die verteidigungsspezifische SAP-Software auf der neuen S/4HANA-Plattform zwischen 11 Nationen und der SAP beschlossen.

Die Kunden einigten sich auf drei Focus Areas, namentlich Explosive Management, Force Element und Disconnected Operations. Der Einfachheit halber sei hier nur der Bereich des Force-Elements in weiterer Folge hervorgehoben.

Das *Focus Area Force Element* umfasst elf Nationen, welche sich meldeten, gemeinsam mit dem Solution- und Produktmanagement der SAP eine neue globale Defense-Lösung zu erstellen. Dieses neue Produkt soll nun, wie in Abbildung 2 skizziert, auf die neue Plattform S/4HANA on-premise aufsetzen und diese verteidigungsspezifisch erweitern.

Aufgrund des anzunehmenden Umfanges dieses Programmes wurde das *Focus Area Force Element* auf drei Jahre gestreckt, mit jährlichen „Solution Drops" als Meilensteine. Im Vergleich zu der Innovationsgeschwindigkeit bei den Cloud-Produkten der SAP, welche vierteljährlich neue Funktionalitäten liefern, wurde hier in Rücksprache mit den Kundennationen der jährliche Releasezyklus bewusst ausgewählt, um den Überblick, aber auch den komplexen Veränderungsmanagement-Anforderungen innerhalb von Streitkräften gerecht zu werden.

Einer der zu Beginn wichtigsten Schritte für das grundsätzliche Gelingen dieses multinationalen Co-Innovationsprojektes war, in Anlehnung an jedes wissenschaftliche Arbeiten, die mühsame „Beinarbeit" der Begriffsbestimmung. Dieser Kalibrierungsprozess fand von März 2017 bis Juli 2017 statt und konnte mit „weißem Rauch" beendet werden. Neben der grundsätzlichen Übereinkunft über das Verständnis der Begriffe (wie Fähigkeit/Capability, Force Generation, Force Deployment) wurden ebenso eine Geschäftsprozesslandkarte gemeinsam mit den Nationen erstellt. Jene Landkarte beschreibt die Zielarchitektur der Softwarefähigkeiten aus Sicht des „Business", also aus Sicht der User, und hilft immens den Leistungsumfang der zukünftigen Softwarelösung zu definieren und die Fragen nach dem Mehrwert und dem Warum für die Teilnehmer zu kalibrieren.

Des Weiteren wurde im Zeitraum bis Juli 2017 noch ein sogenanntes *As-Is Assessment* durchgeführt, in welchem der funktionelle Verwendungsgrad der bisherigen Industrielösung DFPS erhoben wurde. Zielsetzung dieses Arbeitsschrittes war es, neben dem Erlangen einer Übersicht über den tatsächlichen Implementierungsstand, unsere Lösung beim Kunden auch auf potenzielle Redundanzen oder gar nicht (mehr) benötigte Funktionen zu überprüfen, um den Entwicklungsaufwand bei der S/4HANA Defense & Security-Lösung auf den tatsächlichen Bedarf zu fokussieren.

Nach dieser Initiierungsphase wurde der sogenannte Sprint 0 angestoßen. Dieser hat die Aufgabe, die Kundenanforderungen aus Sicht des Business, also aus Sicht des Heeres, der Luftwaffe, der Marine der jeweiligen Länder und aus Sicht der jeweiligen Nutzergruppen, seien es einfache Soldaten bis hin zum General, zu definieren.

Im Rahmen dieses Sprint 0 erwies sich das weitere Herunterbrechen der Geschäftsprozesslandkarte in Prozessgruppen und Prozessen als sehr relevant, um unseren Kunden geistig Halt im Rahmen der vielen Workshops zu geben.

Diese Workshops bzw. Arbeitsgruppen fanden mit bis zu 50 Kundenvertretern an verschiedenen Orten in Europa, meistens in absoluter Flughafennähe statt, um eine leichte An- und Abreise zu ermöglichen.

Neben der Sicherstellung von bisheriger und weiterbenötigter Funktionalität wurden auch tatsächliche Innovationen anhand der neuen Anforderungen (siehe die veränderte sicherheitspolitische Lage) diskutiert. Eine der wesentlichsten Neuerungen in dem Produkt ist die Möglichkeit, sogenannte Fähigkeiten abzubilden. Diese stellen auf militärstrategischer Ebene den langfristigen Planungshorizont auf der benötigten Granularitätsstufe sicher und spiegelt das Vokabular der hohen und höchsten militärischen Führung.

Viele weitere Innovationsbeispiele sind technischer Natur und lassen sich unter dem Begriff der „Simplifizierung" einreihen. So wurden zum Beispiel komplexe, historisch notwendige Tabellenstrukturen vereinfacht oder eine Vielzahl von bestehenden Objekten in eines überführt, bei gleichzeitigem Anstieg des Leistungsumfanges.

Im ersten Sprint 0 1909 (Release-Monat September 2019) wurden über 500 der sogenannten User Stories erstellt, welche schrittweise rund um Personas zu sogenannten Entwicklungsbündeln verdichtet wurden.

Der gesamte Entwicklungsumfang wurde dann auf das Dreijahresprogramm aufgeteilt, unter Berücksichtigung von Dringlichkeit und Rangreihung der Wichtigkeit durch die Kunden und unter dem Aspekt der technischen Machbarkeit durch die SAP.

Daraus wurde dann für das September-Release 2019 ein *Vision and Scope Document* und ein für den Kunden transparenter Product Backlog Catalog erstellt und mit der Entwicklung im Herbst 2018 begonnen.

Aus technischer Sicht wurde der Entwicklungsumfang dieses Programms in folgende drei Teile zerlegt:

1. Re-Design der Objekt- und Datenstrukturen des Fähigkeitsmanagements, der Strukturplanung und der Materialplanungsobjekte
2. Prozessinnovationen aufbauend auf dem S/4HANA-Kernsystem für Logistik und Instandhaltung
3. Advanced Analytics und Warfighter Centricity, mit dem Ziel neben Embedded-Analytics-Fähigkeiten auch komplexere Fragestellungen der militärischen Führung zu beantworten und gleichzeitig den „Warfighter" im Blick zu haben. Software darf die Leistungserbringung niemals beeinträchtigen.

Die Innovationen des ersten Punktes wurden bereits im Juni 2019 getestet und werden im September 2019 ausgeliefert. Für die Prozessinnovationen im Bereich der Logistik und Instandhaltung wird zurzeit das nächste Vision and Scope Document erstellt und die beiden Themen für das Release von 2021 werden bereits architektonisch berücksichtigt.

Nach der Ablaufbeschreibung dieses sehr großen Innovationsprojektes gilt es nun, den Fokus auf die bisher gewonnenen Erfahrungen zu richten.

Klare Strukturen und Kommunikation

Gerade in einem internationalen, über alle Zeitzonen verteilten Innovationsprojekt ist es zwingend erforderlich, Struktur und Kommunikation klar zu regeln. Hierbei war es ein Erfolgskriterium, dass Personalrotationen sowohl auf der Kundenseite als auch seitens der SAP großteils vermieden werden konnten.

Trotz der Abstimmung auf moderne Kommunikationsmittel, wie Adobe Connect, Skype, Online Collaboration Rooms, konnte nicht auf Präsenzveranstaltungen, insbesondere für Kick-Offs, verzichtet werden.

Die initiale Kalibrierung des gesamten Projektteams auf ein gemeinsames Vokabular stellt zwar zu Beginn einen wesentlichen Mehraufwand dar, ist allerdings unverzichtbar.

Diversifizierte Teams

Als ein weiterer wesentlicher Erfolgsfaktor lässt sich das Arbeiten in diversifizierten Teams anführen. Die Arbeitsgruppen bestanden aus den Geschäftsprozessmanagern, Power Usern, Entwicklungsleitern, „jungen Wilden" und hartgesottenen Truppenoffizieren, alle mit ihren eigenen Antworten bezüglich der Frage: „Was heißt gut?". Die internationalen Workshops hatten sehr oft auch noch nationale, interne Diskussionen über Neuerungen zur Folge und führten auch zu einem regen Innovations-/Informationsaustausch zwischen den Nationen. Durch diese Heterogenität konnten Sachverhalte von allen Seiten betrachtet, diskutiert und zu einem Konsens geführt werden.

Fokus

Offene Diskussion, Kalibrierung und Fokussierung sind wesentliche Elemente zum Erfolg. Viele Innovationsworkshops verdrängen allerdings Kalibrierung und Fokussierung und hoffen durch offene Diskussionen allein Lösungen zu finden.

Der im Rahmen dieser Co-Innovation gewählte Ansatz ist aus dem Design Thinking entlehnt und gestattet zuerst der Kreativität genug Freiraum, um neben persönlichen Erfahrungen und Meinungen auch andere Ansätze zu finden. Jedoch muss nach einem gewissen Zeitraum, je nach Komplexität des Themas, auch eine Kalibrierung auf das Wesentliche erfolgen und erst dann der Fokus auf die Definition der Lösung(en) ausgerichtet werden. Dieser Ansatz erlaubt die Mitnahme aller Beteiligten durch den Prozess der Lösungsfindung. Eine Lösung muss verwendbar, ansprechend und technisch machbar sein.

Design Guidelines und Prinzipen
Das gemeinsame Verständnis von Design Guidelines und Prinzipien ist ein weiterer wesentlicher Erfolgsfaktor für das Gelingen von Co-Innovationsprojekten. Diese definieren die generellen Spielregeln bzw. Gebote und sind so oft als möglich in Erinnerung zu rufen. Ganz besonders bei langfristigen Programmen wie diesem ist es besonders wichtig, die Frage nach dem Warum nicht aus den Augen zu verlieren.

Einige Beispiele für Design Guidelines
Nutzerzentriert: Die Software soll auf die tatsächlichen Bedürfnisträger ausgerichtet sein. Was selbstredend, evident klingt, wird leider sehr oft falsch angegangen. Vor allem dann, wenn Leute in der IT sich besser auszukennen glauben als die Nutzer im Business.

Als Technik, dies zum Umschiffen, bietet sich die Erstellung von Personas an, welche später im Abschnitt der Innovationstechniken noch vorgestellt wird.

Einsatzorientiert: Neben der Sicherstellung der hoheitlichen Verwaltung unserer Co-Innovationspartner wurde ein weiterer Fokus auf deren Einsätze gerichtet. Alles, was in der Heimat funktioniert, soll auch im Ausland während der Übung oder im Einsatz laufen. Dies verhindert vor allem einen übermäßigen Schulungsbedarf für Auslandseinsätze ad hoc.

Des Weiteren muss die User Experience derartig gestaltet sein, dass die Operateure nicht übermäßig mit Dateneingaben oder sogar redundanten Prozessschritten belastet werden.

Zukunftsfähig: Die Software darf nicht zu stark nur an heutigen Bedürfnissen alleine ausgerichtet werden, vielmehr soll mit der Software Militär „neu gedacht" werden können. Ausgehend von den zukünftigen Ansprüchen der Kunden soll die Funktionalität auch noch im nächsten Jahrzehnt möglichst zeitgemäß sein.

Eine abschließende Betrachtung des exploitativen Innovationsbeispiels lässt folgende Schlüsse zu:

Exploitative Innovation kann in einem viel größeren Rahmen als explorative stattfinden, da vor allem das wirtschaftliche Risiko geringer ist.

Explorative Innovation dient vor allem zur gemeinsamen Erkundung komplett neuer Technologien und ist daher meistens viel enger aus zeitlicher Sicht und auch durch KO-Kriterien härter eingegrenzt.

9.4. Beispiele zu Innovationsmethoden

Als die zwei am häufigsten verwendeten Innovationsmethoden bzw. Innovationstechniken werden nun Design Thinking und die Erstellung eines Business Model Canvas vorgestellt.

9.4.1. Design Thinking

Die Methode des Design Thinking existiert bereits seit 1991. Der SAP Gründer Professor Hasso Plattner ist ein expliziter Förderer dieser Methode. 2005 wurde das Hasso Plattner Institute of Design an der Stanford University, kurz auch d.school genannt, gegründet. 2007 wurde das sogenannte Hasso Plattner Institut in Potsdam (HPI, 2019) gegründet, an welchem die permanente Weiterentwicklung dieser Methode durchgeführt wird.

Das Vorgehen dieser Methode fördert „die kollaborative Kreativität, um Probleme ganzheitlich und nutzerorientiert zu lösen“ (HPI, 2019), denn: „Problems can be complicated, solutions not“ (HPI, 2019).

In einem mehrstufigen iterativen Prozess fokussieren multidisziplinäre, heterogene Teams meistens unter der Anleitung von erfahrenen Design Thinking Coaches zuerst auf die Discovery des Problems. Diese beginnt mit der Erarbeitung eines gemeinsamen Problemverständnisses, gefolgt von einer 360 Grad Analyse und der Synthese wirklicher Facetten des Problems.

Die zweite Phase ist die Design Phase, welche iterativ mit einer Ideation Phase beginnt und in Prototypen, beispielsweise in Form Mock-Ups, welche parallel zum Workshop gebaut werden, mündet. Die Validierung selektierter Prototypen mit tatsächlichen End-Usern beendet dann die Design Phase.

Die abschließende letzte Phase – jene der Delivery stellt die Implementierung, das Testen und den Einsatz der neuersonnenen Lösung sicher.

In beiden zuvor angeführten Beispielen kam Design Thinking, teilweise verkürzt auf den Bereich der ersten zwei Bereiche (Discovery und Design) sehr häufig zum Einsatz, um kreative neue Ansätze zu finden. Diese Methode lässt sich allerdings am besten in Kleingruppen anwenden.

9.4.2. Business Model Canvas

Die Schweizer Alexander Osterwalder und Yves Pigneur publizierten 2010 gemeinsam mit 470 weiteren Co-Autoren den sogenannten Business Model Canvas (BMC) in ihrem Buch *„Business Model Generation: A Handbook for Visionaries, Game Changers, and Challengers“*. Osterwalder und Pigneur beschäftigten sich seit Anfang der 2000er Jahre mit dem Thema Geschäftsmodelle.

Der von ihnen ersonnene BMC zeichnet sich durch seine Fähigkeit aus, Komplexität zu vereinfachen. Mit Hilfe von neun Bausteinen (im Englischen Building Blocks) ist es möglich, existierende und potenzielle Geschäftsmodelle abzubilden und zu visualisieren.

Diese simple Handhabbarkeit hat den BMC bei Workshops sehr populär gemacht und nach eigenen Aussagen auf Osterwalders Firmenhomepage „*Strategyzer*" hat der BMC bereits fünf Millionen Menschen erreicht.

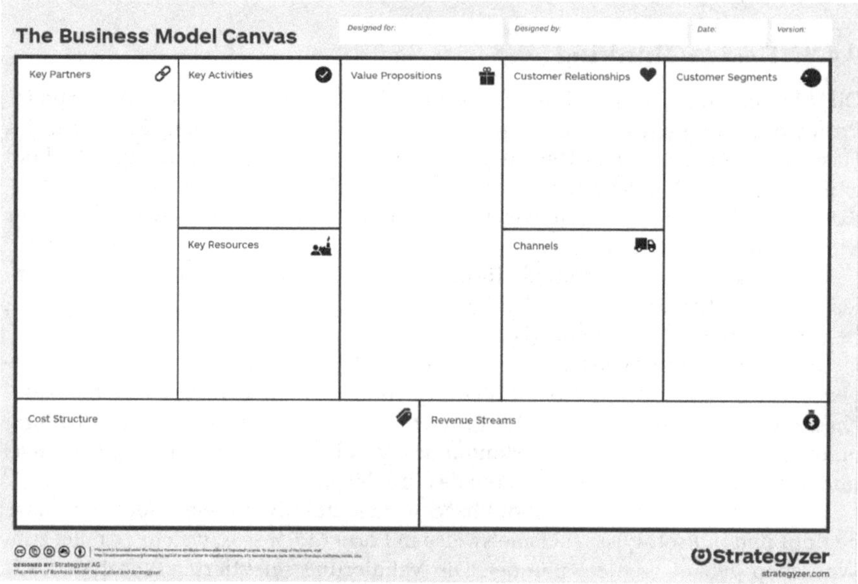

Abbildung 2: Business Model Canvas der Firma Strategyzer

Bei SAP kam der BMC 2010 auf und wird seitdem sowohl für interne als auch externe Workshops sehr gerne verwendet. Für die Kunden des Öffentlichen Sektors trifft dies ebenso zu. Als sehr gutes Beispiel hierfür lassen sich die staatsnahen Postunternehmen anführen. Diese spüren die Auswirkungen der Digitalisierung bereits sehr stark am eigenen Geschäftsmodell und sind daher permanent auf der Suche nach neuen eigenen Möglichkeiten, Dienstleistungen für den Staat, die Gesellschaft oder den Einzelnen zu bieten.

Auf der Suche nach der Post 2.0 lässt sich das Service Offering des rasenmähenden Postboten mit dem BMC ebenso gut darstellen wie die Übernahme sozialer Tätigkeiten für den Staat.

9.5. Zusammenfassung

Die Relevanz von kundenorientierter Innovation steht für SAP Public Services außer Frage. Denn, obwohl deren Portfolio überaus breit ist, erlaubt die kundenorientierte Innovation ein Aufsetzen auf gemeinsamen Grundlagen, welche mehrheitlich sogar gesetzlich vorgeben sind. Diese Vorgehensweise wird dann spezifisch zum Beispiel für Tax, Social, Public Sector oder Defense & Security detailliert.

Grundlage dieser Weiterentwicklung ist das Verständnis der globalen Trends für die jeweilige Industrie. Im Bereich der Öffentlichen Verwaltung lassen sich folgende sechs Trends aufführen:

- Technologie
- Gesellschaft
- Rechtssystem
- Politik
- Wirtschaft
- Umwelt

Die spezifischen Herausforderungen dieser Trends, welche das bloße Fortschreiten der Technologie bei weitem überragen, lassen sich zu folgendem Satz vereinfachen:

> *Um der gesteigerten Komplexität und dem abnehmenden Vertrauen in sie entgegenzutreten, fokussieren die Einrichtungen der Öffentlichen Verwaltung auf Antizipation und Agilität.*" (SAP Public Services, 2019)

Innovation lässt sich grundsätzlich in zwei Ansätze einteilen. So war es eine explorative Co-Innovation bei der Südtiroler Informatik AG, um die neu auftauchende Technologie namens Blockchain gemeinsam zu erforschen. Diese wurde, begleitet von großem internationalem Interesse, gemeinsam mit dem Kunden von Seiten der SAP Public Services erprobt, und es wurde nach drei Monaten ein erfolgreicher, gemeinsamer Proof of Concept geliefert. Obwohl diese explorative Aufgabe das Ziel hatte, Blockchain-Technologie zu erproben, lassen sich die Lessons Learned vor allem im Bereich der Soft Skills ansiedeln. Das rechtzeitige Einbinden von allen Anspruchsgruppen aus Sicht des Veränderungsmanagements, wie insbesondere das frühestmögliche Zusammenwirken mit Juristen des Landes, erwies sich als wahrer Erfolgsindikator – natürlich in enger Kooperation mit dem Kunden, welcher das gleiche Interesse hatte, gemeinsam mit uns zu innovieren.

Das zweite gewählte Beispiel beschreibt das „Ausnützen", die sogenannte Exploitation von bestehenden Ansätzen, Produkten, um darauf aufzubauen.

Die exploitative Co-Innovation zur Schaffung neuer Defense-Applikationen mit den Kunden der Defense Interest Group (DEIG) basiert auf dem Aufsetzen auf die neue S/4HANA-Plattform. Die Zielsetzung jener ist es, eine nutzer- und einsatzorientierte Lösung zu bauen, welche die zukünftigen Szenarien der Streitkräfte bewältigen kann. Im Unterschied zur explorativen Innovation erfolgt die Co-Innovation mit elf Streitkräften über einen Zeitraum von über drei Jahren. Während explorative Projekte eher zeitlich kurz gehalten und eng über Meilensteine gesteuert werden, darf ein exploitatives Innovationsprojekt aufgrund des geringeren Risikos durchaus als längerfristig betrachtet werden, da man auf Bekanntem aufbaut.

Die zwei exemplarisch angeführten Innovationsmethoden bzw. Innovationstechniken gewähren einen Einblick in deren Entstehung, Aufbau und Anwendungsfelder. Design Thinking hat einen festen Platz innerhalb der SAP und verfolgt das Ziel, den Menschen/User in den Fokus zu rücken, denn moderne Produkte müssen usable, feasible and desireable (wirtschaftlich verwendbar, technisch machbar und ansprechend) sein.

Abschließend lässt sich festhalten, dass Innovation aus der Kreativität, aber auch aus der Implementierung besteht. Reines „Thought Leadership" führt ohne die Rückkoppelung mit der Realität während der Implementierung nicht zur tatsächlichen Innovation.

Literaturverzeichnis

Abila, R., Ojwang, W., Othina, A., Lwenya, C., Oketch, R., & Okeyo, R. (2013). Using ICT for fish marketing: The EFMIS model in Kenya. *Food Chain,3*(1–2), 48–63. doi: 10.3362/2046-1887.2013.005

Government of Western Australia. (2016, July 15). *A Guide to Managing an Ageing Workforce: Maximising the experience of mature-age workers through modern employment practices.* Retrieved from https://publicsector.wa.gov.au/document/guide-managing-ageing-workforce-maximising-experience-mature-age-workers-through-modern-employment-practices

HPI – Hasso Plattner Institute. (2019, July 26). *Design Thinking.* Retrieved from https://hpi.de/studium/design-thinking.html

Hilbert, M., & López, P. (2011, April 01). *The World's Technological Capacity to Store, Communicate, and Compute Information.* Retrieved from https://science.sciencemag.org/content/332/6025/60/tab-article-info on July 07, 2019.

Naisbitt, J. (1988). *Megatrends: Ten new directions transforming our lives.* New York: Warner Books.

Osterwalder, A., & Pigneur, Y. (2013). *Business model generation a handbook for visionaries, game changers, and challengers.* New York: Wiley & Sons.

Roßnagel, A. (2010). Innovationsforschung: Ansätze, Methoden, Grenzen und Perspektiven (S. 9–22). Vol. 1, H. Hof, & U. Wengenroth (Hrsg.). Hamburg: Lit.

SAP (Hrsg.). (2019, May 15). Future-proof your processes with SAP S/4HANA on-premise ERP. Retrieved July 29, 2019, from https://www.sap.com/products/s4hana-erp.html

SAP (Hrsg.). (2019, June 19). Industry Solutions Directory. Retrieved July 07, 2019, from https://www.sap.com/industries.html

Strategyzer AG. (2018, May 14). *Trusted by over 5 million business practitioners.* Retrieved from https://www.strategyzer.com/

Südtiroler Informatik AG. (2017, March 14). *Blockchain Could Be a Game-Changer But Not Because It's Cool Technology.* Retrieved from http://www.siag.it/it/attualita/attualita.asp?aktuelles_action=4&aktuelles_article_id=58223

Tapscott, D. (1996). *The digital economy.* New York: McGraw – Hill Companies.

Timblin, D. (2018). Big Data and Democracy. *The American Scientist, 106*(5). doi: 10.1511/2018.106.5.316

United Nations Population Fund. (n.d.). *Urbanization.* Retrieved July 29, 2019, from https://www.unfpa.org/urbanization

10. Der Nutzen von Living Labs zur Förderung von Nachhaltigkeits-Innovationen in der Hotellerie: Eine Fallstudie im Hotel Le Méridien in Wien

Kadriye Cigir

Abstract: Unternehmensentwicklungen und Innovationen werden vermehrt in einem State-of-the-Art-Umfeld wie Living Labs (LL) vorangetrieben. LL kann als ein nutzer-zentriertes, offenes, partizipatives und reales Innovations-Milieu und als Innovations-Multi-Methode beschrieben werden, die Co-Kreativität ermöglicht. Potentiale von LL können bei der Schaffung eines kooperativen Umfelds für die Hotellerie aufgedeckt werden. LL soll zur Förderung von Nachhaltigkeitsinnovationen in der Hotellerie genutzt werden. Folgende Fallstudie untersucht, wie Innovationen bei Vorbereitung und Einbindung aller Akteure angestoßen oder beschleunigt werden. Es wird analysiert, ob Hotel-LL ihrer sozialen, ökologischen und ökonomischen Verantwortung besser gerecht werden können und kompetitive Vorteile gegenüber klassischen Hotellerie-Strukturen erzielen. Die Art der Innovationen, die dadurch angestoßen werden, soll ebenfalls ermittelt werden. Dazu wird ein Hotel, welches sich durch Offenheit auszeichnet, herangezogen. Die Relevanz und Wichtigkeit von einem kreativen, nutzer-zentrierten Umfeld für die Innovationskraft wird ermittelt. Semi-strukturierte Interviews werden in dieser explorativen, qualitativen Studie mit Stakeholders des LL durchgeführt, strategische Rollen im LL zugeordnet, Kreativitätstechniken vermittelt. Positive Aspekte der engeren Zusammenarbeit von Akteuren werden untersucht und Hinweise für weiterführende Forschungen abgeleitet.

Genderhinweis
Alle personenbezogenen Formulierungen sind grundsätzlich als geschlechtsneutral zu verstehen.

10.1. Einleitung

Der Tourismus zählt zu den am schnellsten wachsenden Wirtschaftssektoren der Welt. Jeder zehnte Beschäftigte weltweit arbeitet im Tourismus (WWTC, 2019). Die Beherbergungsindustrie profitiert von diesem Umstand und hat jährliche Zuwächse in nahezu allen Regionen und Kontinenten der Welt zu verzeichnen. Jeder fünfte Arbeitsplatz, der in den vergangenen 5 Jahren geschaffen wurde, ist im Tourismus zu verbuchen. Einer der Hauptproduktionsfaktoren des Tourismus ist die intakte Umwelt. Gleichzeitig trägt der Tourismus zu vielen negativen Effekten – wie die Verschmutzung der Meere durch Schiffe, der CO_2-Ausstoß der Flugzeuge und Veränderungen der Landschaft und Architektur durch Hotelbauten – zur Zerstörung der Natur bei. Zu diesen hauptsächlich ökologischen Faktoren kommen soziale hinzu, wie unfaire Arbeitsbedingungen, geringe Wertschöpfung im Zielgebiet etc. (Eisenstein, 2013).

Die Hotellerie ist eine der größten Arbeitgeberinnen im Tourismus mit jährlich steigenden Beschäftigtenzahlen und Nächtigungen; allein in Österreich erhöhten sich die Nächtigungen von 140 Mio. in 2016 auf 150 Mio. in 2018 (Statistik Austria, 2019). Die Hotelbetreiber tragen deshalb eine besondere Verantwortung im Umgang mit Ressourcen und mit ihrem ökologischen und sozialen Fußabdruck. „Der ökologische Fußabdruck misst den Naturverbrauch einer gegebenen Bevölkerung. Er repräsentiert die Land- und Wasserfläche, die notwendig ist, um den gegenwärtigen Ressourcenverbrauch dieser Bevölkerung zu decken und ihre Abfallproduktion zu absorbieren" (Wackernagel & Rees, 1997, S. 18). Um diesen Abdruck zu minimieren und zusätzlich soziale Verantwortung zu tragen, gibt es eine Vielzahl an Kooperationen – wie beispielsweise die Hotel- und Gaststättenverbände. In diesem Zusammenhang haben einige wenige Studien aus dem Tourismus und der Hotellerie (Arabska et al., 2014 und Guimont & Lapointe, 2016) und vor allem aus anderen Branchen (Leminen et al., 2015) die Eignung und Wirksamkeit von Living Labs zur Steigerung von Innovationen und Nachhaltigkeit analysiert und aufgezeigt. Nach Almirall und Wareham (2008) besteht der Hauptnutzen von Living Labs in der Einbindung aller Akteure, 4P (public-private-people partnership) und der Einbeziehung der Bürger (Veeckman & Graf, 2015). Der zusätzliche Hintergrund und Erfolg des nutzer-zentrierten Ansatzes (Schuurman et al., 2011) von Living Labs verstärkt die sozio-ökonomische Bedeutung von Living Labs. Eine verstärkte Einbindung der Nutzer kann die Lücke zwischen Theorie und Praxis reduzieren und gleichzeitig durch mehr Fallstudien dem bestehenden Mangel an Forschung und wissenschaftlicher Literatur entgegenwirken. Deshalb liegt der Fokus dieser Studie in der Ermittlung der Potentiale und dem Nutzen, bei der Anwendung der Living-Lab-Methodologie und bei der Schaffung eines entsprechenden kooperativen Umfelds für die Hotellerie. Die Arbeit beschreibt, wie ein eigens für den Zweck von Innovationen eingerichtetes Living Lab zur Förderung von Nachhaltigkeitsinnovationen in der Hotellerie beitragen kann. Folgende wichtige Fragen sollen mit dieser Studie beantwortet werden können:

- *Kann Living Lab in der Hotellerie zur Förderung von Innovationen beschleunigend wirken und vor allem zu Nachhaltigkeits-Innovationen beitragen?*

Zwei damit zusammenhängende Fragen sollen außerdem untersucht werden:

- *Kann ein Hotel-Unternehmen als Living Lab seiner sozialen, ökologischen und ökonomischen Verantwortung besser nachgehen als bei gängigen und klassischen Hotellerie-Strukturen?*
- *Welche Art von Innovationen können mithilfe von Living Lab begünstigt und angestoßen werden?*

Um die oben genannten Fragen beantworten zu können, wird in einem Hotel, welches sich durch verschiedene konzeptionelle Veränderungen und Erneuerungen auszeichnet und durch seine Offenheit für Änderungen auf sich aufmerksam macht, eine Fallstudie unter Einbindung verschiedener Akteure durchgeführt. Diese Studie zielt darauf ab, die Relevanz und Wichtigkeit von einem kreativen, von Kooperation geprägten, offenen Umfeld für die Innovationskraft zu bestimmen.

10.2. Literaturrecherche

Living Labs oder Living Laboratories (LL) werden definiert als eine Umwelt (Ballon et al., 2005), als eine Methodologie (Eriksson et al., 2005) und als ein System (CoreLabs, 2007). Als *fünf Haupt-Komponenten* eines LL werden (1) Nutzer, (2) Anwendungs-Umfeld, (3) Technologie & Infrastruktur, (4) Organisation & Methoden und (5) Partner beschrieben (Kareborn & Stahlbrost, 2009). Dazu werden weitere *fünf Prinzipien* (CoreLabs, 2007), (1) Kontinuität, (2) Offenheit, (3) Realismus und Realität, (4) Befähigung der Nutzer und (5) Spontanität, für das Gelingen von LL verantwortlich gemacht – mit Schwerpunkten auf die Befähigung der Nutzer, auf die Offenheit und auf die Anwendung in der Realität.

In der Anzahl der Veröffentlichungen zum Thema Living Labs gibt es signifikante Veränderungen und einen regelrechten Sprung seit dem Jahr 2015 (Hossain et al., 2019). Zumeist werden Living Labs in Verbindung mit Smart Cities verwendet. Publikationen zu diesem Thema sind am häufigsten in den akademischen Journalen *Technology Innovation Management Review*, gefolgt von Journalen mit hohem wissenschaftlichem Einfluss wie *Cleaner Production, Industrial Management und Technology Analysis & Strategic Management* (Westerlund et al., 2018) zu finden. In der für diese Fallstudie betriebenen Literaturrecherche möchte die Verfasserin nur einen Überblick über die Hauptthemen, die im Zusammenhang mit LL diskutiert werden, geben und die Ansätze und Paradigmen (1) des offenen Innovations-Umfeldes von LL, (2) der wesentlichen Merkmale von LL und (3) der Nachhaltigkeit durch LL beschreiben.

Das Living Lab wird als *offenes Innovations-Umfeld* oder *offenes Innovations-Netzwerk* beschrieben (Veeckman et al., 2013) oder mit dem Paradigma der offenen Innovationen (Schuurman et al., 2011) gleichgesetzt. Living Labs sind angewiesen auf den Austausch mit externen Ressourcen und Akteuren (Bervall-Kareborn et al., 2009) wie Zulieferbetriebe, Kunden, Hochschulen und anderen Kooperationspartnern. Diese Aussage wird unterstützt davon, dass Nachhaltigkeit dynamische und dauerhafte Beziehungen zwischen Interessengruppen impliziert (Geels & Shot, 2007) und deshalb offen gestaltet werden muss. In diesem Zusammenhang sind *LL Teile eines dynamischen Netzwerkes* und ein *neuer Ansatz zur Organisation von Innovations-Aktivitäten* und bergen sozio-ökonomische Chancen und Risiken (Leminen et al., 2015).

Die *wesentlichen Merkmale* des LL betreffen die Kontext-Faktoren wie reales Umfeld, Forschungsumfeld oder Ähnlichkeits- und Übertragbarkeits-Kontext (Hossain et al., 2019). Weitere Haupt-Merkmale sind die Einbindung der Nutzer als Co-Designer oder Co-Kreative, die Aktivitäten von Ideenfindung bis Entwicklung und Testung eines Produkts oder Services, die Überwindung von Herausforderungen, beispielsweise durch Entdeckungen und innovativen Ergebnissen. Die zu Beginn der Literaturrecherche erwähnten fünf Komponenten und fünf Prinzipien gehören bereits zu den wesentlichen Merkmalen von LL. Für Voytenko et al. (2016) zählen die geographische Einbettung des LL, die experimentelle Natur, das Lernen, die Partizipation, Nutzer-Involvierung, Führung, Eigentum, Evaluation und Veredelung zu den Haupt-Charakteristika des LL, wobei einige dieser Merkmale bereits in den bisher aufgezählten Prinzipien, Komponenten und Merkmalen wiederzufinden sind.

Gegenstand dieser Studie ist es, die Möglichkeiten der Innovationen in Nachhaltigkeit durch LL zu untersuchen, wobei Nachhaltigkeits-Innovationen und LL eng mit einander verwoben sind (Hossain et al., 2019). Dennoch sind die bisher aufgezeigten Entwicklungen recht implizit; trotz der Dringlichkeit und Wichtigkeit findet sich wenig wissenschaftliche Literatur in dem Zusammenhang. Im Rahmen der Smart Cities Labs wird die Suche nach regenerativen Energien, nachhaltiger Mobilität (Bakici et al., 2013) und Einbindung der Bürger genannt. Dabaieh et al. (2017) beschreiben in ihrem LL Experiment anhand der „grünen" Architektur am Katharinenkloster, dass nur nachhaltige klimabezogene Design-Strategien in der Architektur die Probleme in dem Kloster mit Gäste-Unterkünften lösen können. Rodrigues und Franco (2018) kommen in ihrer Fallstudie zu LL und Entrepreneurship zu dem Schluss, dass LL nachhaltige soziale Entwicklungen in der untersuchten Region gebracht haben und regionale Produkte im neuen Netzwerk gefördert wurden und somit die Bio-Diversität erhalten bleibt. Als die großen Schwierigkeiten in nachhaltigen LL werden die Beurteilung und Bewertung der Ergebnisse von Produkten und Dienstleistungen genannt (Buhl et al., 2017). Nachhaltigkeits-Controlling ist ein Weg, diesem Umstand durch Messung der Nachhaltigkeits-Effektivität und -Effizienz beizukommen.

10.3. Forschungsmethode

Diese Fallstudie beruht zum einen auf der Durchführung von Kreativitäts- und Innovations-Workshops und zum anderen auf den Ergebnissen der semi-strukturierten Interviews. Aus den Interviews werden Aussagen über das Umfeld und die Methode LL und über die Eignung zur Förderung von Nachhaltigkeits-Innovationen getroffen. Darüber hinaus werden Aspekte über den Gesamtnutzen des vorliegenden LL aufgedeckt und die wichtigsten Determinanten und Faktoren im Bereich von Living Labs erarbeitet. Bevor die Interviews durchgeführt werden können, findet eine Einführung in die Thematik des LL statt, mögliche Themenfelder werden mit der Direktorin des Hotels besprochen, der Kreis der Beteiligten am LL wird festgelegt. Die Kreativitäts-Workshops gehen den Interviews voraus, um in den Interviews erste Entwicklungen zu erfassen. Der explorative Charakter der Fragestellung dieser Fallstudie begünstigt diese Vorgehensweise. Hinzu kommen Sekundärdaten aus Dokumentationen aus dem externen und internen Hotelumfeld.

10.4. Art und Wahl der Fallstudie

> "Case studies, in which the researcher explores in depth a program, an event, an activity, a process, or one or more individuals. The case(s) are bounded by time and activity, and researchers collect detailed information using a variety of data collection procedures over a sustained period of time" (Stake, 1995).

Fallstudien sind im Sinne der qualitativen empirischen Sozialforschung an das *Ziel der Erkenntnisgewinnung* gebunden und stellen einen komplexen und hinsichtlich der Wahl der Datenerhebungsmethoden einen offenen Forschungsansatz dar (Sutton, 1997, S. 98 f.). Herausragende Arbeiten mit entscheidenden Impulsen für Fortschritt und Innovation in den Wirtschafts- und Sozialwissenschaften sind qualitativer Natur (beispielhaft sei verwiesen auf Porter, 1991; Kaplan & Norton, 1996; Ghoshal & Bartlett, 1990; Mintzberg, 1979). Die Herausgeber hochrangiger Zeitschriften dieser Wissenschaftsbereiche unterstützen daher explizit qualitative Forschungsarbeiten und fordern zum Einreichen entsprechender Manuskripte auf (Lee, 2001; Daft & Lewin, 1990). Um ein *tiefergehendes Verständnis* von der Funktionsweise, dem Umfeld und dem Outcome von LL zu erhalten, wird eine qualitative Studie als geeignet betrachtet (Yin, 2015). Halinen und Törnroos (2005) hingegen argumentieren, dass Fallstudien in Netzwerken die Grenzen der Netzwerke zu bedenken geben, wie die Erfassung der Komplexität, den Zeitaspekt und die Vergleichbarkeit der Fälle. Deshalb wird in dieser Fallstudie der Schwerpunkt mehr auf die einzelnen Rollen der Akteure als auf deren Verhältnis zueinander gelegt.

Die Phase der ersten Zusammenarbeit im LL lag zwischen 01. Mai bis 15. Juni 2019. In dieser Phase fanden zunächst die Erstgespräche mit der Direktion des Hotels statt und mögliche Ziele und Themenfelder sowie *Zielfelder im Prozess* wurden diskutiert. Danach fanden telefonische Gespräche mit den teilnehmenden Personen des LL statt, und es wurden persönliche Einladungen ausgesprochen. In einer weiteren Phase fand der erste Living Lab Workshop mit Standards, dem gesamten Vorhaben und der Wichtigkeit der strategischen Rollen im Living Lab statt. Hier wurden Probleme und Potentiale des Hotels den LL-Akteur/-innen nähergebracht (*Problem- und Potentialanalyse),* und es wurden die nächsten Phasen vorgestellt. Die Vermittlung von Kreativitätstechniken und Datensammlungsmethoden unter der Anleitung der Autorin fanden in der *Ideensammlungsphase* mit den ersten beiden Workshops (Brainstorming, Methode 635) statt. In der Phase der *Ideenbewertung* wurde in drei Schritten der morphologische Kasten angewandt. Interviews mit den Nutzern und Stakeholdern des Living Lab, wie Zulieferer, Mitarbeiter, Subunternehmer bzw. Geschäftspartner, einer Wissenschaftlerin mit Erfahrung in Interdisziplinarität sowie der Bezirksvorstehung folgten von Mitte Juni bis Mitte Juli 2019 als Querschnittserhebung ebenfalls in dieser Phase. Die ersten Ergebnisse wurden daraufhin im Juli 2019 zusammengetragen, aufbereitet und dargestellt. Die Konzeptphase wurde insoweit genutzt, als dass die Ergebnisse der Interviews in geplante Aktivitäten mit einbezogen wurden. In dieser Phase wurden zwei Nachhaltigkeitsziele, nämlich die *merkliche Erhöhung der Verwendung von Bio-Produkten* und *Partnerschaften mit arbeitsmarktfernen Gruppen* definiert und Teilpläne erstellt.

10.5. Relevanz und Kontext der Analyse

Die Übertragbarkeit von Fallstudien auf andere Fälle erlaubt es, die Ergebnisse in einem anderen Kontext anzuwenden (Erlandson et al., 1993). Ebenso gibt das Europäische Netzwerk für Living Labs (ENoLL, 2015) an, dass unter diesen Umständen die Ergebnisse von Fallstudien repräsentativ sind und ein gutes Potential für Wissens- und Anwendungs-Transfers darstellen können.

In dieser Fallstudie wird die Tauglichkeit des LL für Nachhaltigkeits-Innovationen überprüft. Eines der wichtigsten Prinzipien des LL stellt die Nachhaltigkeit dar, weil es dazu beiträgt, die Umwelt zu schonen und Fortschritte in der Erreichung von Nachhaltigkeitszielen zu erzielen (Stahlbröst, 2012).

Für die Umsetzung einer der wichtigsten LL Komponenten, der Co-Kreativität, wird eine Auswahl an Kreativitätstechniken getroffen. Schmitt et al. (2014) definieren Co-Kreativität im LL als eine der vier Haupt-Prinzipien neben Exploration, Experiment und Evaluation. Zum Überwinden von Kreativitätshürden stehen einige erprobte und wichtige Techniken wie Brainstorming, Mind-Mapping, Methode 6-3-5 (Rohrbach, 1969), Flip-Flop, Imaginäres Brainstorming oder Brainwriting, Mastermind-Team, Osborn oder sechs Hüte (Osborn, 1953) und Morphologische Matrix (Zwicky, 1967) zur Verfügung. Die richtige Anwendung der Methoden (vor allem hinsichtlich der Art der Fragestellung und der Übereinstimmung der Fragen mit den Zielen) ist erfolgsentscheidend.

Im Kreativitätsprozess geht es zunächst darum, Ideen zu finden (Inkubationsphase), diese Ideen zu bewerten und geeignet erscheinende auszuwählen (Ideenintegration). In einem weiteren Schritt sollen Ideen vertieft werden. Dazu leistet die richtige Moderation von Gruppenprozessen einen wesentlichen Beitrag. Zur Ideenfindung eignet sich das *Brainstorming* aufgrund seiner Offenhaltung der Ideen und Ansätze und wenigen Einschränkungen (außer dem zeitlichen Limit und der korrekten Einhaltung von vorgegebenen Schritten). Deshalb wurde zunächst als erster Schritt das Brainstorming durchgeführt. In einem weiteren Schritt erfolgte die Methode 635. Diese Methoden eignen sich für die Kreativitätsförderung im Arbeitsalltag, da sie leicht multiplizierbar und bei einer gewissen Übung ohne großen Aufwand in kleineren Gruppen gut durchführbar sind. Die *Methode 635* ist unter den Kreativitätstechniken eine Brainwriting-Technik, die ein Problemlösungsverfahren zur Erzeugung von neuen, ungewöhnlichen Ideen in einer Gruppe von Menschen fördert. Bei dieser Methode erhalten sechs Teilnehmende ein jeweils gleich großes Blatt Papier. Dieses wird mit drei Spalten und sechs Zeilen in 18 Kästchen aufgeteilt. Jede teilnehmende Person wird aufgefordert, in der ersten Zeile zu einer gegebenen Fragestellung drei Ideen (je Spalte eine) zu formulieren. Jedes Blatt wird nach angemessener Zeit (ca. 5 min) – je nach Schwierigkeitsgrad der Problemstellung – weitergereicht. Die nächste Person soll versuchen, die bereits genannten Ideen aufzugreifen, zu ergänzen und weiterzuentwickeln. Das Optimum sind sechs Gruppenmitglieder, die je drei erste Ideen produzieren und danach fünfmal daraus abgeleitete Ideen weiterentwickeln. Mit dieser Methode können üblicherweise innerhalb von 30 Minuten maximal 108 Ideen entstehen: Nach der Start-Runde liegen 18 Ideen vor (6 Teilnehmende x 3 Erst-Ideen), in der 1. bis 5. Weitergabe-Runde kommen im Idealfall jeweils 18 weiterentwickelte Ideen dazu. Insgesamt ergeben sich also 6 Runden (die Start-Runde plus 5 Weitergabe-Runden) mit je 18 Ideen = 108 Ideen.

Die *Vorteile* sind ein direktes Feedback, Generierung vieler Ideen in relativ kurzer Zeit und dass die Ideen nicht zerredet werden. Die *Nachteile* sind die schwierige Handhabung im Sinne der Materialvorbereitung und Weitergabe. Der starre Ablaufmechanismus kann die Kreativität stören. Der vorgegebene Arbeitstakt stört manche Teilnehmende, weil er für manche zu langsam und für andere zu schnell sein kann. Zudem sind durch Redundanzen im ungünstigsten Fall insgesamt nur drei Ideen gesammelt. Als Folgeaktion auf das Brainstorming ist die Technik bei mittlerer Komplexität des „Problems" zur systematischen Vertiefung der Grundideen geeignet, z. B. um das Potential eines neuen Verfahrens auszuloten. Der *Morphologische Kasten* ist eine Kreativitätstechnik, die ein Problem in seine elementaren Bestandteile zergliedert. Für jedes Problemelement werden Lösungsmöglichkeiten bzw. Ausprägungen gesucht; in der Kombination der elementspezifischen Lösungsmöglichkeiten soll dann das Gesamtproblem gelöst werden. Diese Kreativitätstechnik kann grundsätzlich zur Lösungssuche bzw. diskursiven Ideenfindung eingesetzt werden. Dabei ist der Einsatz unabhängig davon, ob das Problem in einer Gruppe (z. B. Ideenworkshop, Meeting) oder durch ein Individuum allein bearbeitet wird. Der *Nutzen* liegt in der Erarbeitung neuer, innovativer Lösungsalternativen oder Lösungsvarianten auf der Basis vorhandener Informationen. Alle Problemelemente oder Problemparameter, deren Ausprägungen sowie logisch denkbare Kombinationen als Möglichkeiten zur Lösung eines Gesamtproblems werden systematisch zusammengetragen. Es ist dadurch eine leichte Erweiterbarkeit einer vorliegenden Problemanalyse auf Basis neuer Erkenntnisse möglich (Schawel & Billing, 2012). Voraussetzungen sind problembezogene Bewertungsmaßstäbe zur Bewertung sinnvoller Lösungsalternativen.

10.6. Datensammlung und Datenanalyse

Für diese empirische Studie mit explorativem Charakter werden zum einen Kreativitätsmethoden und -techniken angewandt. Die Charts mit Ergebnissen aus dem Kreativitätsprozess werden abfotografiert. Diese Vorgehensweise wird in der Literatur als „action research" (Eden & Ackermann, 2018; Eden & Huxham, 2006) bezeichnet. Darüber hinaus werden statistische Erhebungen – z. B. von WWTC,

UNWTO, Statistik Austria, Sciencedirekt und SCOPUS (Anzahl der Veröffentlichungen) – verwendet und wissenschaftliche Artikel oder wissenschaftliche Fachliteratur als Sekundärquellen herangezogen, analysiert und zitiert. Als dritte Erhebungsmethode werden semi-strukturierte Interviews als wichtiges Element der Primärforschung durchgeführt (mit acht verschiedenen Personen). Die leitfadengestützten Befragungen gehören zu den am meisten angewandten qualitativen Forschungsmethoden (Patton, 1995) und wurden im Umfeld des Living Lab auch in der Vergangenheit wissenschaftlich fundiert in Fallstudien angewandt (Hammerl et al., 2016; Rodrigues & Franco, 2018).

Der Innovations-Prozess wird nachfolgend vereinfacht dargestellt:

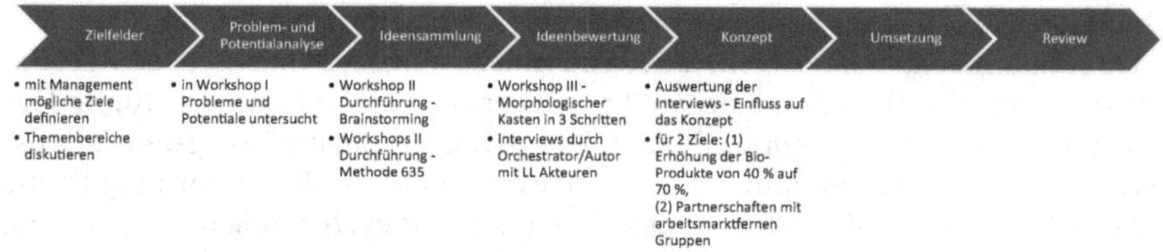

Abbildung 1: Innovationssteuerung und -umfeld im Innovationsprozess des Living Lab (eigene Darstellung)

In den Monaten Juni und Juli 2019 wurden die umfangreichen Interviews, die zwischen 25 Minuten und 70 Minuten gedauert haben, mit folgenden Teilnehmenden sowohl in der Funktion als Haupt-Informationsquelle für das LL als auch in ihren unterschiedlichen Rollen im LL (Nyström et al., 2014) durchgeführt:

Interviewpartner 1 (nachfolgend IP1 genannt) als Manager Quality and New Projects und Interviewpartnerin 2 (IP 2) als Hoteldirektorin gehören beide zum Hotel. Interviewpartnerin 3 (IP3) – Bezirksvorsteher-Stellvertreterin, kennt die rechtlichen Rahmenbedingungen der Einbettung in den Stadtteil und ist Vertreterin und Entscheiderin einer öffentlichen Institution. Interviewpartnerin 4 (IP4) ist die Geschäftsführerin eines Energie- und Abfallunternehmens, zuständig für die Region Wien. Ihr sind Problematiken, Grenzen und Kosten der Wiederverwertung von Rohstoffen aus der Hotellerie bekannt und sie kennt den letzten Stand technologischer Entwicklungen der Aufbereitung, Wiederverwertung und Reduzierung von Rohstoffen. Interviewpartner 5 (IP5) hat mehr als 40 Jahre Erfahrung in der Hotellerie in operativen und strategischen Positionen. Er entwickelt mit seinem Arbeitgeber neue Hotelprojekte und ist involviert in die Projekte der TUI Care Foundation, daher kennt er sozio-ökologische Projekte weltweit sehr gut und kann in diesem LL von Gästeseite Nachrichten übermitteln und gleichzeitig Informationen aus dem internationalen Tourismus von außerhalb hineinbringen. Interviewpartner 6 (IP6) ist Produzent und Händler zugleich und verkauft seit mehr als 10 Jahren Bio-Produkte, hauptsächlich Obst und Gemüse, an das Hotel. Aus seinem Bio-Anbau-Betrieb sind ihm Nachhaltigkeitsaspekte vom Boden bis zum fertigen Essen auf dem Tisch des Gastes, also somit aus fast der gesamten Wertschöpfungskette, bekannt. Der Bio-Bauer hat in seiner langjährigen Zusammenarbeit sich ändernde Standards des Hotels mitverfolgt. Interviewpartnerin 7 (IP7) hat LL Erfahrung aus der Zusammenarbeit mit Smart Cities und hat ihre Dissertation über nachhaltige Nutzung von öffentlichem Raum verfasst. Die Zusammenarbeit mit vielen unterschiedlichen Akteuren ist ihr zudem als Projektleiterin aus öffentlichen Ausschreibungen bekannt und sie ist eine Unterstützerin weiterer LL. Interviewpartnerin 8 (IP8) kooperiert mit dem Hotel als Anbieterin von künstlerischen Shows und Events aller Art. Zudem ist sie selbst eine erfahrene ehemalige Hotel-Regional-Direktorin einer österreichischen Hotelgruppe. Sie hat sich selbst als Testerin benannt, hat Kontakt zu vielen weiteren Hotels und kann somit Vergleiche anstellen. Sie ist gleichzeitig eine Mitgestalterin sowohl in ihrer Rolle im LL als auch in ihren restlichen Funktionen. Die Interviews werden nicht mit Ton aufgezeichnet, sondern direkt transkribiert. Die Tabelle 1 zeigt die Profile der Befragten, die gleichzeitig Teilnehmende der Kreativitäts-Workshops waren und Teil des LL sind.

In dieser Case Study sind die ersten fünf Phasen von Zielfelder-Bestimmung bis zur Konzeptionierung der LL Aktivitäten aktiv umgesetzt, um die Konkretisierung der Aufgaben des Labs und den möglichen Nutzen für diesen Fall voranzutreiben. Dabei werden erste Erfahrungen in der Zusammenarbeit mit Schlüsselakteuren gesammelt. Die Konzeptionsphase begann bereits im Juli 2019, während die Umsetzung der im Konzept festgehaltenen Ziele innerhalb eines Jahres erfolgen soll.

10.7. Ergebnisse

Die Interviews erweisen sich in diesem Fall als eine gute Gelegenheit, Kontexte der Nutzer mit der realen Welt besser zu verstehen und darüber hinaus einen Einblick in ihre Lebenswelten zu erhalten. Dies kann für spätere Studien hilfreich sein und bietet zudem die Möglichkeit, den Entwicklungsprozess aufzuzeigen und als Referenz herangezogen zu werden. Um eine Aussagekraft der Ergebnisse zu gewährleisten, wird eine Interviewanzahl von 6 – 10 empfohlen (Echternacht et al., 2016), was in diesem Fall mit 8 IP eingehalten wurde.

Die Stakeholder-Rollen „actor roles“ und Rollenmuster (Nyström et al., 2014) haben einen signifikanten Einfluss auf das Gelingen des LL und werden nachstehend sehr genau definiert.

Tabelle 1: Beschreibung der befragten Personen mit Funktionen und Rollen im LL

Schlüssel Nr.	**Qualifikationen der Gruppe**	**Funktionen**	**Rolle im Lab**	**Interview-Dauer**
IP1	Bachelor in Tourism Business Administration	Manager Quality and New Projects	Koordinator *(coordinator)*	70 min.
IP2	Master in Betriebswirtschaft	Direktorin	Baumeisterin *(builder)*	20 min.
IP3	Doktorin der Medizin	Bezirksvorsteher-Stellvertreterin	Vermittlerin-Ermöglicherin-4P *(facilitator-integrator-4P)*	30 min.
IP4	Diplom-Ingenieurin Abfallwirtschaft, Umweltmanagement	Geschäftsführerin einer Entsorgungsfirma	Integratorin von Technologie-Entwicklungen *(integrator-contributor)*	40 min.
IP5	Koch, Hotelkaufmann	Stammgast, 1–2 Übernachtungen pro Woche im Hotel, Direktor Entwicklung in einem Tourismus-Unternehmen	Gäste-Nachrichten-Übermittler (*messenger-informant)*	60 min.
IP6	Kaufmännische Ausbildung im Handel	Verkaufsleiter eines großen Lieferanten für regionale Bio-Produkte	Beitragender *(informant-contributor)*	25 min.
IP7	Doktorin der Betriebswirtschaft	Erfahrung in Living Labs, Stadtentwicklung, Dozentin	Dirigentin-Unterstützerin *(orchestrator)*	50 min.
IP8	Diplom in Eventmanagement	Frühere Regionalleiterin einer Hotelkette, jetzt Eigentümerin einer Eventagentur	Testerin und Mitgestalterin *(tester & co-creator)*	30 min.

Die Rollenbeschreibung erfolgte nach der Einschätzung der eigenen Rolle der Teilnehmenden, den Rollen aus existierenden anderen LL und dem Vergleich mit den existierenden theoretischen Rollen mit feinteiliger Erweiterung der LL Rollen durch Nyström et al. (2014). Die Teilnehmenden des LL haben sich alle dahingehend geäußert, dass die Rolleneinnahme durch die betroffene Person *(role making)* und das Ausleben der Rollen im Sinne der gestellten Aufgaben sehr komplementär und in Übereinstimmung mit der Zuweisung der Rolle durch andere Teilnehmende *(role taking)* waren. Es konnten keine nennenswerten Abweichungen festgestellt werden. Die Innovator-Rollen sind entscheidend für das Gelingen von LL (Nyström et al., 2014).

Von einigen Teilnehmerinnen wurde der Wunsch geäußert (IP4 und IP7), weitere Akteure wie Nachbarn oder Bürgerinitiativen mit einzubinden um die Rollen-Diversität zu erhöhen.

10.7.1. Living Lab als offenes Umfeld und Methode

Alle Teilnehmenden im LL bezeichnen das Umfeld als offen und vertrauensbildend. Der Koordinator im gesamten Lab, Manager für Qualität und neue Projekte (IP1) beschreibt das LL als „so offenes Umfeld, dass man immer darüber nachdenkt, wer noch ins Lab passen könnte und wichtige Inputs geben kann". Einer der wichtigsten Lieferanten mit nachhaltigem Obst- und Gemüseanbau (IP6) bekräftigt die Aussage mit den Worten: „In so einem offenen Umfeld zu arbeiten stiftet Vertrauen und zeugt von Wertschätzung. Viele unterschiedliche Menschen definieren Ziele und Aktivitäten gemeinsam ganz anders, als wenn sie alleine entscheiden müssten". Fünf der Teilnehmenden (IP1, IP2, IP4, IP5 und IP8) haben den experimentellen Charakter von LL angesprochen und dass sie sowohl der Funktionsweise als auch den Ergebnissen mit Neugier begegnen. Die Zusammenarbeit mit allen anderen Akteuren empfinden die Interviewten als bereichernd sowie inspirierend und sehen die „Einnahme unterschiedlicher Perspektiven und Standpunkte" (IP2, IP6, IP7) als große Chance.

Die Fallstudie im Living Lab Hotel zeigt zunächst folgende drei Haupt-Merkmale des LL, die mit den Merkmalen von Sauer (2015) übereinstimmen:

- *"Living Labs as a platform for open innovation"*
- *"as a user-driven [stake holder-driven] research methodology",*
- *"an experimental setting".*

Durch die Aussagen von IP4, IP5 und IP6 wird der Aspekt der Offenheit unterstützt; nach Stahlbröst (2012) ist ein möglichst hoher Grad der Offenheit eines der drei wichtigsten Prinzipien für das Gelingen von Living Labs.

IP 5, ein Stammgast mit über 40 Jahren Erfahrung und verschiedenen Funktionen in der Hotellerie, stand der Teilnahme als Gast eher kritisch gegenüber, da er befürchtete, dass die Interessen sehr auseinanderdriften und eine Co-Kreativität hemmen. Diese basieren auf eigenen Erfahrungen mit Gästen, die als „Bias" Annahmen über die Zukunft des LL treffen. Er führte an, dass Nachteile wie „sich in die Karten schauen lassen" die Aha-Effekte beim Gast minimieren können. Alle anderen Teilnehmenden zeigten sich überzeugt – unter anderem durch die Teilnahme an den klar strukturierten und ergebnisreich durchgeführten Kreativitätsmethoden. Mit der Methode 635 hatte keine teilnehmende Person Erfahrungen gesammelt, nur einige davon hatten etwas darüber gelesen oder gehört. Begeistert und erleichtert zeigten sich IP4 und IP8 über diese Zusammenarbeit in einem realen Umfeld und den reibungslosen Ablauf der Phasen Ideensammlung, Ideenbewertung und den Übergang in ein Konzept mit Aktionsplänen.

Hierin sind zwei weitere Aspekte (Veeckman et al., 2013) des LL, zum einen mit dem realen Umfeld und zum anderen als Herangehensweise und Methode, verschlüsselt:

- *„Real-Life Context"*
- *„Co-Creation"*.

Alle Teilnehmenden äußern sich sehr positiv über die Zusammenarbeit in einem realen Umfeld, was sie ja grundsätzlich gewohnt sind. Dass die praktische Arbeit und die Interviews für wissenschaftliche Zwecke dienen sollen, wird sehr befürwortet. Die anfangs zurückhaltende Einbringung bei der Ideensammlung und später beim morphologischen Kasten zur Ideenbewertung, beim Aufzeigen von Elementen und deren möglichen Ausprägungen eignete sich für die Mitgestaltung und Mitentwicklung von Teilzielen und wurde von fast allen IP, außer IP 7, als gutes Ergebnis bewertet.

10.7.2. Living Lab zur Förderung und Verbesserung von Nachhaltigkeits-Innovationen

Als Vertreter der Bio-Bauern bestätigt IP6 die Eignung von LL insbesondere zur Förderung von Nachhaltigkeits-Innovationen. Das LL würde sich auch vor allem gut für die Förderung der Nachhaltigkeit eignen, bestätigt der Vertreter des Verbands der Bio-Bauern, weil ähnliche Interessen bei End-Konsumenten wie Gästen, bei Nutzern wie Hotel-Köchen und den Bio-Anbauern selbst bestünden. Die Erfahrungen aus diesem LL sollen dem Verband weitergegeben und genutzt werden. Der Kreis der Involvierten soll laut IP6 und IP4 erweitert werden. Besonders geeignet zur Identifikation und Priorisierung der Nachhaltigkeitsziele fanden die Kreativitätsmethoden Zustimmung durch alle teilnehmenden Personen. IP2, IP4, IP5 und IP8 gehen davon aus, dass das soziale

Nachhaltigkeitsziel der verstärkten Bemühungen um Mitarbeiter oder Kooperationspartner aus der Gruppe der Menschen mit hohen Arbeitsmarkthürden ein Ziel ist, das ohne dieses LL wahrscheinlich nicht gewählt worden wäre. Alle Teilnehmenden des LL begrüßen die Entscheidung für dieses Nachhaltigkeitsziel und IP1 und IP2 als Vertreter bzw. Vertreterin des Hotels gehen davon aus, dass dieses Ziel sie noch vor weitere Herausforderungen stellen wird – z. B. in welchen Bereichen eignet sich eine lose Kooperation, in welchen Bereichen eine Einstellung als Mitarbeiterin, was sind die Risiken? IP5 zeigte sich zuversichtlich hinsichtlich der Umsetzung des sozialen Nachhaltigkeitsziels, da sie bereits einige Erfahrungen in der Abfallwirtschaft mit Personen gesammelt hat, z. B. mit Personen, die lange Zeit bei der Re-Integration in den Arbeitsalltag brauchten. Das *Prinzip der Kontinuität* im Sinne von Nachhaltigkeit wird so definiert (Bergvall-Kareborn & Stahlbröst, 2009), dass für den Kreativitätsprozess eine lange anhaltende, nachhaltige Beziehung in der Zusammenarbeit als Voraussetzung gesehen wird.

Als mögliche Ergebnisse *(outcomes)* aus der Nutzung von LL werden Synergien genannt.

10.7.3. Gesamtnutzen des Living Lab

Alle IP gaben an, dass das LL einen kompetitiven Vorteil zur klassischen Hotel-Arbeitsweise bietet und wiesen auf die offensichtlichen Outcome-Faktoren, wie die Ideengenerierung und Wissensteilung (Buhl et al., 2017), hin. Als weiterer Nutzen kann die experimentelle Plattform gesehen werden. Ebenso spielt die Konstellation des LL-Ökosystems mit der Public-Private-People-Partnership, den 4Ps, eine Rolle (Ballon et al., 2005). Den Nutzen der Erweiterung der Fähigkeiten im operativen Bereich als öko-sozialer Entwicklungsansatz in Südafrika („Enhance Skills in Innovation") bestätigen Herselman et al. (2010). Die Erweiterung der Fähigkeiten im Rahmen des LL wurde von den IP im Bereich der Kreativität gesehen. Dieser Umstand wurde beispielsweise durch die Aussagen von IP6 untermauert: „Ich habe lange nicht mehr drei verschiedene Kreativitätstechniken ausprobiert und mit Menschen aus unterschiedlichen Branchen zusammengearbeitet. Mein Geist öffnet sich und ich merke, wie Ideen aus mir heraussprudeln."

10.7.4. Determinanten und Faktoren des Living Lab

Eine Synthese der Aussagen aus der Zusammenarbeit mit den teilnehmenden Personen des LL aus den Kreativitäts- und Innovationsworkshops und aus den Aussagen in den Interviews ergibt eine Übersicht über die wichtigsten Einflussgrößen des LL und die Zuordnung zu LL-Faktoren wie (1) Offenes Umfeld, (2) Innovationskompetenz und (3) Nutzen und Resultate.

Tabelle 2: Einflussgrößen auf das LL und LL-Faktoren

Determinanten – Einflussgrößen	**LL Faktoren**
• Offenheit gegenüber der Fallstudie • Offenheit in der Zusammenarbeit gegenüber anderen Teilnehmenden • Vertrauen • Neugier • Erfahrungsaustauch • Neues Netzwerk • Kooperationsprojekt • Realität – bestehendes und experimentierendes Hotel	Offenes Umfeld
• Erlernen neuer Kreativitätstechniken • Glaube an die eigene Innovationsfähigkeit • Anwendung der Kreativitätstechniken und Erweiterung der bisherigen Gedanken • Co-Kreativität! Durch Diversität, Heterogenität und Anwendung der Tools • Inkubation und Bewertung der Innovationen • Angstfreiheit gegenüber dem Paradigma des „Innovations-Muss" • Übertragbarkeit der Kompetenzen in andere Bereiche • Sichtbarkeit neuer Innovationsfelder	Innovationskompetenz
• Beschäftigung neuer Arbeitskräfte • Ökologische Nachhaltigkeit – sprunghafter Anstieg des Bio-Anteils im Bereich F & B (Food & Beverages) • Schutz der Bio-Diversität • Sozio-ökonomische Nachhaltigkeit – neue Partnerschaft mit Personen mit „Arbeitsmarkthindernissen" • Einbettung des LL in Bezirk und Stadt, regionale Wertschöpfung – ökologische und soziale Nachhaltigkeit • Nachhaltiger Lerneffekt – Multiplikation des Erlernten • Kontinuität • Arbeiten mit „Nudges" • Schaffung von Synergien mit alten und neuen Partnern • Steigerung der Partizipationsansätze aller IP	Nutzen/Resultate

10.8. Schlussfolgerungen und praktische Implikationen (Auswirkungen)

Der allgemeine Nutzen der Kollaboration und damit ebenfalls der kompetitive Vorteil der LL-Methode im Vergleich zur Planung und Implementierung in klassischen Hotelstrukturen sollte in dieser Fallstudie ermittelt werden, was in Tabelle

2 dargestellt ist und im Folgenden durch die Zusammenfassung der gewonnen Erkenntnisse beschrieben wird. Die positiven Aspekte der engeren Zusammenarbeit von Stakeholdern wurden ebenfalls analysiert und Hinweise für weiterführende Forschungen können nun abgeleitet werden.

Aus den Aussagen der IP geht die Befürwortung von *Diversität* in der Zusammenarbeit hervor. Die vorherrschende Meinung ist, dass ein gutes Klima viele gute Ergebnisse bringt, zu denen die Entscheidung zu mehr ökologischer Nachhaltigkeit durch Bio-Anbau zählt. Ebenso kann die sozio-ökonomische Nachhaltigkeit mit dem Start von Bemühungen, um Menschen als Partner für das Unternehmen zu gewinnen, die Schwierigkeiten auf dem Arbeitsmarkt haben. Wie in den meisten bisherigen Studien zur Anwendung von LL handelt es sich hierbei um schrittweise beziehungsweise inkrementelle Innovationen (Leminen et al., 2016). IP1 und IP2, die im Hotel beschäftigt sind, sehen ihr Hotel klar im kompetitiven Vorteil gegenüber anderen Hotels mit ihrer Offenheit, Agilität und Sichtbarmachung neuer Innovationsfelder. Sie sehen zudem ein großes Potential in der Anwendung der Innovationsprozesse für ganz neue Produkte oder Dienstleistungen, mit denen sie Gästen noch etwas nie Dagewesenes bieten können. Insgesamt 6 von 8 IP geben an, mit wenigen Erwartungen und mit dem Vorsatz, so wenig wie möglich voreingenommen zu sein, in das LL gegangen zu sein. Deshalb sind für alle die Ziele über die Erwartungen hinaus erreicht, z. B. hinsichtlich der Qualifizierung für ein als eher ungewöhnlich beschriebenes, soziales Nachhaltigkeitsziel. Bisher wurde soziales Engagement eher in der Hilfe von benachteiligten Gruppen als Spendenaktion, aber nicht als Kooperationspartner gesehen.

Nach Schumpeter (1942, S. 82 ff) erfolgen Innovationen teils über die kreative Zerstörung eines bestehenden Produkts oder Prozesses, etwas Neues entsteht revolutionsartig. Meist verlaufen diese Veränderungen nicht angenehm und friedlich. In dieser Fallstudie sind in den Innovationen keine revolutionsartigen Veränderungen zu beobachten. Es können aber weitreichende soziale oder an die Lebensweisen und die Bedürfnisse der Gesellschaft angepasste Veränderungen betroffen sein (Akenji, 2014), die hier noch nicht bewertet werden können. Darüber hinaus beeinflussen ökonomische und soziale Überlegungen den Grad der Veränderung (Kemp, 1994). Eher spiegeln sich in diesem Fall der *ökologische Druck* und die *sozio-ökonomischen* Veränderungen in der Gesellschaft in den Zielen und Resultaten wider.

Ein *nachhaltiger Lerneffekt* entsteht bei der Zusammenarbeit mit unterschiedlichen Akteuren aus verschiedenen Disziplinen. Die Akteure lernen die Kreativitätstechniken, die Innovationsmethoden und den Ideenprozess kennen und können die Methoden in Zukunft selbst anwenden. Das Netzwerk externer Fachleute – teils Querdenker – kann nutzenbringend in den Innovationsworkshop eingebracht werden. Gute Kontakte zu verschiedenen Hochschulen wie Tourismus-, Wirtschafts- und Designuniversitäten werden mittlerweile gepflegt, von wo in Zukunft weitere Querdenker rekrutiert werden sollen. Die Hochschulen und die Wirtschaft haben in den Themenbereichen Forschung und Zusammenarbeit eine komplexe Beziehung zueinander (Burbridge, 2017). Die Inkubation von Ideen zum Unternehmertum und Initiativen in vielen Lebensbereichen als nachhaltige Resultate unterstützen Erkenntnisse aus der Sozialinnovation mithilfe von LL (Edwards-Schachter et al., 2012). Bei genauem Blick auf Determinanten des LL-Faktors Innovationskompetenz kann festgesellt werden, dass keine materiellen *(tangible)* Veränderungen oder Innovationen angesprochen werden, sondern immaterielle *(intangible)* Innovationen.

Kritik an Living Labs besteht dahingehend, dass die Methodologie schwer fassbar und flüchtig ist und deshalb folgende Frage aufwirft: „Elusive concept or meaningful progress tool?" (Quak et al., 2015). Diesem Zweifel kann mit Methoden zur Messbarkeit und Vergleichbarkeit der Ergebnisse entgegengewirkt werden. Um Langzeit-Effekte zu messen, bedarf es mehrerer Evaluationen, z.B. nach einem Jahr und ein weiteres Mal nach zwei Jahren, jeweils mit den involvierten Personen (Ballon et al., 2018). In dieser Fallstudie sind die ersten Ergebnisse in der Erhöhung der Kreativitäts- und Innovationsbefähigung der Teilnehmenden gemessen und festgehalten worden. Einigen Fragen aus der LL-Literatur hinsichtlich der Qualität der Ergebnisse im Bereich Tourismus (Hjalager & Nordin, 2011) kann nun mit dem Ergebnis einer hohen Qualität der Kooperation begegnet werden. Die Übertragbarkeit der Fallstudie auf ähnliche offene und innovations-bereite Felder ist in der Praxis möglich. Als großer Nutzen aus diesem LL kann die Stimulierung von Kreativität und Innovationen gesehen werden.

Dennoch stößt diese Studie an ihre Grenzen. Dieser einzelne Fall kann zwar übertragen werden, stellt aber keine allgemeingültige Erkenntnis dar. Für andere Branchen mit anders zusammengesetzten Stakeholdern könnte das Ergebnis ganz anders aussehen. Hinzukommt, dass das LL weiterhin existiert und noch einige Ergebnisse, wie bei der Umsetzung der Nachhaltigkeitsziele, ausstehen. Der hohe Bedarf an weiteren Studien ist nach wie vor gegeben, und die Ergebnisse müssen operationalisierbar gemacht und quantitativ gemessen sowie auf ihre Robustheit untersucht werden. In weiteren Fallstudien in der Hotellerie können beispielsweise andere LL-Faktoren – wie die Beziehungen der Stakeholder, das Netzwerk oder die Nutzer-Zentrierung – untersucht werden. Hier kann eine größere Anzahl an ehemaligen, aktuellen und potenziellen Gästen im LL aktiv werden und an den Innovationen partizipieren.

Die vorliegenden Ergebnisse und Schlussfolgerungen aus der Fallstudie im Hotel tragen zu einem besseren Verständnis von LL in der Hotellerie bei und sie helfen, Barrieren zur Umsetzung von LL zu überwinden, um dann auf regionaler, nationaler und internationaler Ebene die ökologischen und sozio-ökonomischen Herausforderungen anzunehmen und Living Labs für Nachhaltigkeitsinnovationen zu etablieren.

10.10. Anhang: Interview-Themen

1. Einleitende Fragen und Hintergrund-Erfassung
   - Was sind die Aufgaben und Funktionen von LL?
   - Beschreiben Sie die LL-Herangehensweise: Aufgaben, Ziele, Aktivitäten.

- Welche Bedeutung hat das LL für Sie persönlich?
- Was sind Ihre Erwartungen an das LL?

2. Fragen zur Organisation des LL und zur eigenen Rolle
   - Wie ist Ihr LL organisiert? Beschreiben Sie den Prozess: Wer, was, wann, wie?
   - Mit welchen Akteuren kooperieren Sie am meisten?
   - Welche Akteure sollten Ihrer Meinung nach (zusätzlich zum bestehenden LL) im LL involviert sein?
   - Beschreiben Sie Ihre eigene Rolle im LL. Beschreiben Sie die Rollen der anderen Akteure im LL.
   - Wie sind die Nutzer des LL (Hotelgastgeber und Hotelgäste) in diesem LL involviert?
3. Fragen zur Nutzung und zur Verwirklichung von LL im Hotel
   - Können Nachhaltigkeits-Innovationen im LL gefördert werden?
   - Welche Nachhaltigkeits-Innovationen können am besten gefördert werden?
   - Nennen Sie die wichtigsten ökologischen Innovationen, an die Sie im Zusammenhang mit diesem LL denken? Was genau ist anders zur klassischen Vorgehensweise?
   - Nennen Sie die wichtigsten sozialen Innovationen, an die Sie im Zusammenhang mit diesem LL denken? Was genau ist anders zur klassischen Vorgehensweise?
   - Nennen Sie die wichtigsten ökonomischen Innovationen, an die Sie im Zusammenhang mit diesem LL denken? Was genau ist anders zur klassischen Vorgehensweise?
   - Was war der Nutzen der Involvierung eines Gastes in das LL?
   - Was waren Nachteile der Involvierung eines Gastes in das LL?
   - Beschreiben Sie die genauen Schritte und Phasen in der Entwicklung des LL?
   - Wie werden Nachhaltigkeits-Wissen und Fähigkeiten im LL weiterentwickelt?
4. Fragen zu den Ergebnissen von LL
   - Welche Ergebnisse wurden bisher erzielt? Beschreiben Sie diese genau und geben Sie Beispiele dafür an.
   - Wurden Nachhaltigkeits-Innovationen durch das LL beschleunigt und wenn ja, wie?
   - Welchen Nutzen können Sie für Ihr eigenes Unternehmensumfeld aus diesem LL ziehen? Übertragbarkeit?
5. Abschließende Fragen
   - Gibt es andere Schlüsselakteure, an die Sie denken, wenn Sie „offenes Innovations- Umfeld“ oder „Living Lab“ hören?
   - Was ist das Wichtigste an einem offenem Innovations-Umfeld oder Living Lab?
   - Möchten Sie noch etwas Anderes zu den bisherigen Ausführungen ergänzen?

Literaturverzeichnis

Akenji, L. (2014). Consumer spacegoatism and limits to green consumerism. *Journal of Cleaner Production, 63*, 13–23.

Almirall, E., & Wareham, J. (2008). Living Labs and Open Innovation: Roles and Applicability. *Electronic Journal of Virtual Organization Network, 10*(3), 21–46.

Arabska, E., Shopova, I., & Dimitrova, V. (2014). Living Labs in integrated agriculture and tourism activities: Driving innovations for sustainable rural development. *The Malopolska School of Economics in Tarnow Research Papers Collection, 25*(2).

Ballon, P., Pierson, J., & Delaere, S. (2005). *Open Innovation Platforms for Broadband Services: Benchmarking European Practices.* 16th European Regional Conference, Porto, Portugal.

Ballon, P., Van Hoed, M., & Schuurman, D. (2018). The effectiveness of involving users in digital innovation: Measuring the impact of living labs. *Telematics and Informatics.* Accepted 6 February 2018. https://doi.org/10.1016/j.tele./2018.02.003

Bergvall-Kareborn, B., & Stahlbrost, A. (2009). Living Lab: an open and citizen-centric approach for innovation, in: *International Journal of Innovation and Regional Development, 1*(4), 356–370.

Buhl, J., von Geibler, J., Echternacht, L., & Linder, M. (2017). Rebound effects in Living Labs: Opportunities for monitoring and mitigating re-spending and time use effects in user integrated innovation design. *Journal of Cleaner Production, 151*, 592–602.

Burbridge, M. (2017). If living lab is the answer – what's the question? A review of the literature. *Procedia Engineering, 180*, 1725–1732. International High-Performance Built Environment Conference – A Sustainable Built Environment Conference 2016 Series (SBE16), IHBE 216.

CoreLabs. (2007). Living Labs roadmap 2007–2010: Recommendations on Networked Systems for Open User-Driven Research, Development and Innovation. *Open Document.* Lulea: Lulea University of Technology, Centrum for Distance Spanning Technology.

Echternacht, L., Geibler, J. v., Stadler, K., Behrend, J., & Meurer, J. (2016). *Methoden im Living Lab: Unterstützung der Nutzerintegration in offenen Innovationsprozessen.* Arbeitspapier, Arbeitspaket 2 im INNOLAB Projekt: „Living Labs in der Green Economy: Real-weltliche Innovationsräume für Nutzerintegration und Nachhaltigkeit". Wuppertal: INNOLAB.

Edwards-Schachter, M., Matti, C., & Alcantara, E. (2012). Fostering Quality of Life through Social Innovation: A Living Lab Methodology Study Case. *Review of Policy Research, 29*(6), 672–692.

Eden, C., & Ackermann, F. (2018). Theory into Practice, Practice to Theory: Action Research in Method Development. *European Journal of Operational Research.* https://doi.org/10.1016/j.ejor.2018.05.061.

Eden, C., & Huxham, C. (2006). Researching Organizations Usind Action Research. In S. Clegg, C. Hardy, & W. Nord (Hrsg.), *Handbook of Organization Studies* (S. 388–408). Beverly Hills: Sage.

Eisenstein, B. (2013). *Grundlagen des Destinationsmanagements.* München: Oldenbourg.

Dabaieh, M., Lashin, M., & Elbably, A. (2017). Going green in architectural education: An urban living lab experiment for a graduation green design studio in Saint Catherine, Egypt. *Solar Energy, 144*, 356–366. doi: https://doi.org/10.1016/j.solener.2017.01.010

Daft, R., Lewin, L., & Arie Y. (1990). Can Organization Studies Begin to Break Out of the Normal Science Straitjacket? An Editorial Essay. *Organization Science, 1*(1), 1–9.

Eriksson, M., Niitamo, V.P., & Kulkki, S. (2005). *State-of-the-art in Utilizing Living Labs Approach to User-centric ICT innovation – a European approach: Centre of Distance Spanning Technology at Lulea University of Technology, Sweden.* Helsinki: Nokia Oy, Centre for Knowledge and Innovation Research at Helsinki School of Economics.

ENoLL (2015). *The European Network of Living Labs – the First Step towards a New Innovation System!* European Network of Living Labs. http://www.openlivinglabs.eu/

Erlandson, D. A., Harris, E. L., Skipper, B. L., & Allen, S. D. (2003). *Doing naturalistic inquiry: A guide to methods.* Newbury Park, CA: Sage.

Geibler, J. v., Echternacht, L., Stadler, K., Liedtke, C., Hasselkuß, M., Wirges, M., Führer, J., Rösch, R., & Piwowar, J. (2016): *Nachhaltigkeitsanforderungen und -bewertung in Living Labs: Konzeption eines Bewertungsmodells.* Arbeitspapier im Arbeitspaket 2 (AS 2.1) des INNOLAB Projekts. Wuppertal: Wuppertal Institut für Klima, Umwelt, Energie GmbH.

Guimont, D., & Lapointe, D. (2016). Empowering Local Tourism Providers to Innovate through a Living Lab Process. *Technology Innovation Management Review, 6*(11), 18–25.

Halinen, A., & Törnroos, J.-A. (2005). Using case methods in the study of contemporary business networks. *Journal of Business Research, 58*(9), 1285–1297.

Hammerl, B., Berkhout, R., & Oswald, E. (2016). Open-Innovations- und Living-Lab-Ansätze in der Praxis der Stadtentwicklung – Herausforderungen, Dilemmas und Chancen. *Proceedings of 21st International Conference on Urban Planning, Regional Development and Information Society*, 491–499.

Herselman, M., Marais, M., & Pitse-Boshomane, M. (2010). Applying Living Lab Methodology to Enhance Skills in Innovation. *eSkills Summit2010 Proceedings.* IIMC International Information Management Corporation.

Kaplan, R., & Norton, D. (1996). Strategic learning & the balanced scorecard. *Strategy & Leadership, 24*(5), 18–24. https://doi.org/10.1108/eb054566

Kemp, R. (1994). Technology and the Transition to Environmental Sustainability: The Problem of Technological Regime Shifts, Futures. *Procedia Engineering, 26*, 1023–1046.

Meadow, A., Parnes, S. J., & Reese, H. (1959). Influence of brainstorming instructions and problem sequence on a creative problem solving test. *Journal of Applied Psychology, 43*(6), 413–416. https://doi.org/10.1037/h0043917

Lee, T. (2001). On Qualitative Research in AMT. *Academy of Management Journal, 44*(2), 215–216.

Leminen, S., Nyström, A. G, Westerlund, M., & Korteleinen, M. J. (2016). The effect of network structure on radical innovation in living labs. *Journal of Business and Industrial Marketing, 31*(6), 743–757.

Leminen, S., Nyström, A. G., & Westerlund, M. (2015). A typology of creative consumers in living labs. *Journal of Technology and Engineering, 37*, 6–20.

Mintzberg, H. (1979). An Emerging Strategy of „Direct" Research. *Administrative Science Quarterly, 24*(4), 582–589.

Nyström, A.-G., Leminen, S., Westerlund, M., & Kortelainen, M. (2014). Actor roles and role patterns influencing innovation in living labs. *Industrial Marketing Management, 43*(3), 483–495.

Osborn, A. F. (1953). *Six Thinking Hats aus Denkmotor.* Innovationsworkshop// Ideenworkshop. https://www.denkmotor.com/six-thinking-hats/

Patton, M. Q. (1990). Qualitative interviewing. *Qualitative Evaluation and Research Methods*, 277–367.

Porter, M. E. (1991): Towards a Dynamic Theory of Strategy. *Strategy and Management Journal, 12*, special issue, Winter 1991, 95–117.

Quak, H., Lindholm, M., Tavasszy, L., & Browne, M. (2016). From freight partnerships to city logistics living labs – Giving meaning to the elusive concept of living labs. *Transportation research Procedia, 12*, 461–473. The 9th International Conference on City Logistics, Canary Islands (Spain), 17–19th June 2015.

Rodrigues, M., & Franco, M. (2018). Importance of living labs in urban Entrepreneurship: A Portuguese case study. *Journal of Cleaner Production, 180*, 780–789.

Rohrbach, B. (1969). Kreativ nach Regeln – Methode 635, eine neue Technik zum Lösen von Problemen. *Absatzwirtschaft, 12*(19), 73–76.

Sauer, S. (2013). *User innovativeness in Living Laboratories. Everyday user improvisations with ICTs as a source of innovation.* University of Twente.

Schawel, C., & Billing, F. (2012). *Top 100 Management Tools.* Wiesbaden: Gabler. https://doi.org/10.1007/978-3-8349-4105-3_57

Schmitt, P., Smas, L., Perjo, L., & Reardon, M. (2014). CASUAL: co-creating attractive and sustainable urban areas and lifestyles. In *Europa satsar på forskning – Horizon 2020 och Urban Europe.* IQ Samhällsbygnad, Stockholm, Sweden. 31th January 2014.

Schumpeter, J. (1942; 2012). *Capitalism, Socialism and Democracy.* New York: Start Publishing.

Schuurman, D. (2015). *Bridging the Gap between Open and User Innovation? Exploring the Value of Living Labs as a Means to Structure User Contribution and Manage Distributed Innovation.* Doctoral Disseration. Ghent University and Vrije Universiteit Brussel VUB.

Schuurman, D., De Moor, K., De Marez, L., & Evens, T. (2011). Living Lab research approach for mobile TV. *Telematics Information, 28,* 271–282.

Stake, Robert E. (1995). *The Art of Case Study Research.* Thousand Oaks: Sage.

Stahlbröst, A (2012). A set of key principles to assess the impact of Living Labs. *International Journal of Product Development, 17.*

Stahlbröst, A., & Bergvall-Kåreborn, B. (2011). 'Exploring users motivation in innovation communities', *International Journal of Entrepreneurship and Innovation Management, 14*(4), 298–314.

Stake, R. E. (2001): The Case Study Method in Social Inquiry, in N. Denzin, K. Norman, & Y. S. Lincoln (Hrsg.) (2001): *The American Tradition in Qualitative Research,* Vol. II. (S. 131–138). Thousand Oaks: Sage Benchmarks in Research Methods.

Statistik Austria. http://www.statistik.at/web_de/statistiken/wirtschaft/tourismus/index.html

Sutton, R. I. (1997). The Virtues of Closet Qualitative Research. *Organization Science, 8*(1), 97–106.

UNWTO (2017). *Tourism and Sustainable Development Goals – Journey to 2030, Highlights.* World Tourism Organization (UNWTO) and United Nations Development Programme (UNDP). Herausgeber: Deutsche Gesellschaft für die Vereinten Nationen e. V.

Veeckman, C., & Graaf, S. Van Der (2015). The city as living Laboratory: empowering citizen with the citadel toolkit. *Technology Innovation Management Review, 5* (March), 6–17.

Veeckman, C., Schuurman, D., Leminen, S., & Westerlund, M., (2013). Linking living lab characteristics and their outcomes: towards a conceptual framework. *Technology Innovation Management Review, 3*(12), 6–15.

Voytenko, Y., McCormick, K., Evans, J., & Schliwa, G. (2016). Urban living labs for sustainability and low carbon cities in Europe: towards a research agenda. *Journal of Cleaner Production, 123,* 45–54.

Wackernagel, M., & Rees, W. (1997). Unser ökologischer Fußabdruck: Wie der Mensch Einfluß auf die Umwelt nimmt. Basel: Springer. https://doi.org/10.1007/978-3-0348-6107-6

Westerlund, M., Leminen, S., & Rajahonka, M. (2018). A topic modeling analysis of living lab research. *Technology Innovation Management Review*, *8*(7), 40–51.

WWTC, (2019). https://www.google.com/search?client=safari&rls=en&q=world+travel+%26+tourism+council+report+2018&ie=UTF-8&oe=UTF-8

Yin, R. (2015). *Case Study Research: Design and Methods – Applied Social research methods Series*, fifth edition. Thousand Oaks, CA: Sage.

Zwicky, F. (1967). The Morphological Approach to Discovery, Invention, Research and Construction. In F. Zwicky, & A. G. Wilson (Hrsg.), *New Methods of Thought and Procedure*. Berlin: Springer.

11. The Relevance of Offshore Business for Multinational Corporations with a Focus on Innovative Aspects

Julia Krenn, BA MA

Abstract: The tax planning by multinational corporations, which significantly reduce their corporate taxes by using a variety of opportunities offered by offshore areas, are repeatedly criticized by our social and economic system. Providing tax-friendly frameworks for tax havens make these areas highly attractive for multinational companies. As a result of the increasing innovation and digitalization specialization of many high-tech companies, the offshore problem is being widened since the profits derived from a digital service are insufficiently subject to statutory taxation. Furthermore, the introduction of innovative and digital payment methods in the form of cryptocurrencies leads to a new challenge for global legislation as they are described as the new "tax havens".

The aim of this literature review is to illustrate the relevance of tax havens for multinational companies. In this context, the characteristics of offshore centers are analyzed and the fact is critically questioned, why no regulations for multinational corporations are created in order to achieve more tax justice. Furthermore, innovative solutions are described, which primarily concern the legislation, the role of credit institutions and the danger of cryptocurrencies.

11.1 Introduction

A high volume of the world's trade is operated by tax havens or offshore areas (Mahr, Wakounig & Wiesenfellner, 2013, p. 176). Through various tax and regulatory incentives, these offshore locations are acting as attractive financial markets for international financial transactions and, subsequently, for multinational companies. Due to such offshore constructions, companies have the opportunity to reduce their profit tax. As a result, countries are missing huge sums of tax revenue, which in turn is causing long-term damage to national economies (Bongard, 2001, p. 242).

Multinational corporations can use various strategies to get rid of profits from a high-tax country. For example, nowadays it is popular to work with high royalties. A group subsidiary pays intellectual property use fees to a sister company which is located in a tax haven. If this fee is correspondingly high, it can be used to get rid of a good part of the profits. For example, Google has registered patent rights in Bermuda, so Google subsidiaries worldwide are paying for the use of these rights. What is a reasonable price can hardly be determined objectively. Also, the intra-group sale of products is used to postpone profits. One company in a tax haven sells products at inflated prices to other group companies in high-tax countries. Thus, the scope for the companies in the evaluation remains large. Austria escapes through such practices up to 900 million EUR in tax revenue per year, based on a corporate tax rate of 25 %. The industrialized countries lose a tenth of their income from the taxation of corporate profits. Within the EU, this value even rises to almost 20 %. The US and developing countries are also among the big losers (Zucman, 2018).

11.1.1 Tax competition as an engine for tax havens

Tax havens are created in the context of international tax competition: Countries are using incentives in regard to taxes to attract mobile assets, mostly capital in the form of investments and financial assets from other countries. Here, the principle of supply and demand is extremely relevant: Demand is created by companies which aspire to minimize their tax liability. Supply arises from the possibility of low or no taxation of sovereign states in the form of tax havens (Hakelberg & Rixen, 2017).

In the field of tax competition, the distinction between real and virtual competition has to be considered. In the area of the real competition, states compete for real economic activities, for example foreign direct investment. As location decisions also depend on factors such as educational level, labor costs, market access and local infrastructure, the impact of tax policy is evident but not very high. In contrast to the real competition, virtual competition leads to tax avoidance and tax evasion. The legal tax avoidance of corporations is made possible by the competition for the so-called paper profits. Tax havens exempt interest or license income for example from taxation, or they recognize internal transfer prices which are not proved. Therefore, companies have the opportunity to set up associated corporations, which finance corporate subsidiaries in normal tax countries with loans and extract their profits via interest payments. Another strategy is the outsourcing of licensing rights to these companies. The group subsidiaries in normal tax countries have to pay high license fees for the use of software or trademark rights, which lead to the fact that profit and tax-reducing costs arise, while the taxable profit is realized in the offshore destination. Empirically, it can be seen that the declared corporate profits actually respond strongly to tax rate differentials between countries. In contrast, illegal tax evasion, especially in regard to private investors, is made possible by the competition for portfolio investments between offshore centers. The business model of taxes is based here on extremely low or no taxes on capital gains and strict banking secrecy. For this purpose, foundations, trusts or letterbox companies are often offered, which allow investors to remain anonymous and to hide their capital income against their legal obligation to the tax office at their place of residence (Hakelberg & Rixen, 2017).

11.1.2 Profiteers and losers of the tax haven policy

Although tax competition is a general socio-political problem, there are winners and losers. Basically, economically strong industrial countries are the losers, while tax havens profit by attracting book profits and portfolio capital. Problems also arise in regard to the distribution of the tax burden within industrialized countries. First, the nature of the tax reductions has consequences for the distribution of the tax burden among different groups of companies. For example, the industrialized countries have broadened the basis of assessment in order to finance part of the reduction in nominal corporation tax rates. All enterprises benefit from the reduction in rates, but only small and medium-sized enterprises are affected by the broadening of the basis of assessment, since they have fewer opportunities to shift profits to tax havens than multinationals. Moreover, there is a shift in the tax burden of mobile capital to immobile factors such as labor and consumption. Tax havens, on the other hand, benefit from tax competition. Between 1982 and 1999 they achieved higher growth rates than the rest of the world, indeed with considerable fluctuations, depending on the quality of their respective institutions. It is quite important, that the attracted investments do not flow into the real economy of the tax havens, but only into investment portfolios, foundations and trusts. The growth effect in tax havens is therefore limited to higher business in the financial sector. However, this one-sided growth leads the countries into a political and economic dependency that can be called a financial curse analogous to the more familiar resource curse (Hakelberg & Rixen, 2017).

The tax haven problem and the resulting privileges for internationally active companies have considerable negative consequences. Offshore centers intensify international competition for low corporate tax rates and are responsible for considerable revenue losses (tax dumping). The liberal legal requirements imposed by the offshore centers allow particularly high-yield but also very risky transactions (eg trading with speculative financial products or lending with neglect of adequate risk provisioning). If such a business goes awry, this can trigger a domino effect that plunges first the offshore-centered subsidiary of a banking group, then the group itself, and finally the entire banking system into crisis (destabilizing the financial markets) (Fritz, Hahn & Hersel, 2001).

11.2 How are the so-called tax havens actually defined? Why are they so attractive?

The International Monetary Fund defines offshore centers as „financial systems whose banks have external assets that are out of proportion to the current accounts of their domestic economies“. Due to numerous capital restrictions and the spread of tax regulations in the 1960s, most of the offshore centers were built during this time (Cassard, 1994).

11.2.1 Relevant offshore centers and the City of London – the British tax haven with a worldwide network

Worldwide there are between 40 and 60 offshore financial centers, which can be divided into four zones. These include the European tax havens, the British zone with the center City of London, the US influence zone and tax havens like Somalia or Uruguay, which are less successful than the before mentioned areas (Merten, 2012, p. 70).

The European tax haven is above all Switzerland, where enormous sums of money have been stashed by Europeans since the 18th century. According to available data from 2013, the international assets deposited in Switzerland amount to 1,800 billion EUR (Zucman, 2013, p. 42).

Luxembourg and the Netherlands are also among the European tax havens. In 2011, around 20 trillion USD flowed through Dutch offshore companies, which is 20 times more than the gross domestic product of the Netherlands (Merten, 2012, p. 70).

About half of the offshore centers have a connection to the City of London. The narrower zones include Jersey, Guernsey, Isle of Man, Bermuda, British Virgin Island and the Cayman Islands – these countries are controlled and coordinated from London (Merten, 2012, p. 71).

The global network provides London an enormous sphere of influence because due to the British offshore centers huge sums of international capital can be operated through these centers and afterwards, a large portion of the funds will be transferred back to London. In addition, the UK network of tax havens enables the participation or settlement of transactions and transactions that are prohibited in the UK. This will allow potential money launderers to operate transactions through a UK related UK offshore destination. The British offshore financial centers thus provide a perfect territory for money laundering activities. After the funds have been transferred back to London, they are considered as "clean". In addition, tax havens are taking over a "storage function" because the enormous amount of money would have a major impact on the UK exchange rate if the huge sums of clean-washed assets were transferred directly to a credit institution in London (Merten, 2012, p. 71).

Hong Kong, Singapore, the Bahamas, Dubai and Ireland are among the offshore destinations that are outside the British control and operate completely independently. Nevertheless, a close connection to the City of London is maintained. For example, more than a third of all international bank assets are deposited in Hong Kong (Merten, 2012, p. 71).

The Deutsche Bank also has numerous branches and Special Purpose Vehicles located on the Cayman Islands. According to an Attac research, the Deutsche Bank has 51.35 % of its subsidiaries and Special Purpose Vehicles and associated companies in offshore centers. Thus, the bank has located more than half of its branches and Special Purpose Entities in offshore areas rather than its actual headquarter in Frankfurt. On account of such constellations on the part of big banks, the German tax authorities are missing billions on taxes (Merten, 2012, p. 72).

The criticism from the global policy regarding the City of London as a relevant sphere of influence of British tax havens is dismissed by the politics of the United Kingdom insofar as they argue that these offshore destinations have sufficient independence and thus UK should be considered more or less as "powerless" (Merten, 2012, p. 71).

11.2.2 Characteristics of offshore destinations

Geographical isolation, limited production possibilities and the lack of marketability are factors, which contribute to the implementation of an ideal framework for offshore-places. By creating of optimal conditions for companies, these tax havens gain access to the international financial and capital market. A liberal tax and corporate law, low start-up costs as well as the strict bank secrecy also characterize the so-called tax havens. By creating optimal framework conditions for the offshore countries, a diversification of the economic activities can be achieved. In addition, there is an increase in employment and national income as well as the recruitment of international capital and know-how. Offshore centers will also benefit from registration fees from offshore companies (Walter, 1989, p. 188; Bongard, 2001, p. 242).

A major criticism is the classification of tax havens. Many European countries, such as the United Kingdom, Luxembourg, Ireland, but also the United States, allow mechanisms of tax havens within their own scope because these global players are the beneficiaries of that system. The well-known German economic and tax expert Andreas Peichel underpins this fact and says that the Cayman Islands and the British Virgin Islands could not function as tax havens without access to the United Kingdom, without its protection, without its legal system and without access to the City of London, to the United States and to the United Kingdom. The United States and the United Kingdom could abandon the questionable financial offshore markets of the world in just a few days due to their strong offshore presence. As they are the beneficiary of such constellations and because of the fact that financial flows could be shifted to other regions, they will not give up their presence and their sphere of influence in regard to the tax havens (Szigetvari, 2017).

11.3. Innovative aspects in regard to offshore business and proposed solutions

Due to the complexity of the offshoring business, new innovative ideas are needed which completely prevent the aggressive tax planning of multinationals. The term „innovation" is defined in economics as the complex innovations that result in the context of the technical, social and economic change process (Gabler Wirtschaftslexikon, n.d.).

The topic of offshore business and the aggressive tax planning of big companies has to be considered from an innovative point of view and from several perspectives: On the one hand, due to the increasing digitalization and innovation specialization of companies there is a need for action concerning tax policy. On the other hand, in addition to fiscal reforms, global politics have to include the risk of digital forms of payment, the so-called cryptocurrencies, into their considerations. Furthermore, due to the publication of various cases such as the Paradise Papers, it is recognized that the position of credit institutions is significant in the area of offshore business. In this respect, the obligations of the banks as well as their processes in the area of their compliance must also be included in the consideration of the legislation.

11.3.1 New tax policy due to the increasing digitalization and innovation specialization of companies?

Technological progress and the increasing digitalization of companies are causing many sectors of the economy to undergo a major transformation. Without exception, the six most valuable companies in the world are technology companies with a strong digitalization and innovation relevance. Due to the digital and innovative revolution on the part of multinational companies, tax policy makers have to decide whether the existing tax laws are still useful and applicable (Fuest, 2018).

The value added of the digital economy differs from that in the conventional economy. In digital business, value is typically generated based on a combination of algorithms, user data, sales, and knowledge. This can be done, for example, in the form of „likes“ of internet pages or postings in forums. Subsequently, the generated data can be used, for example, in the form of targeted advertising and subsequently for profit generation. The subsequent taxation of the resulting profits usually does not take place in the country of the users or viewers of the advertising, but in the country in which the advertising algorithms were created. The profit contribution of the users in these cases remains outside the taxation of the company (European Commission, 2018).

The European Commission recognizes this need for action and seeks to find a unified solution to the taxation of companies that do not have a real registered office in one country but generate their profits in a virtual world. There is already the idea of a digital tax, which stipulates that these companies pay their taxes in the countries in which they offer their products, even if there is no associated permanent branch in that country (Fuest, 2018).

At the EU level, digital taxation is already a well-know topic. In September 2017, the European Commission President Jean-Claude Juncker appealed for a fair taxation for the digital economy. For every year that passes without such a tax, it leads to further distortions of competition and loss of tax revenues – a gap in international tax law which has to be closed. Afterwards, there was a Commission initiative that dealt with the fact that corporate earnings of the digital world should be taxed where they actually occur. In 2018, a proposal for a directive was drafted in the European Commission which, in addition to the legal definition of a digital permanent establishment, also defines the scope of such a digital tax: companies with an annual worldwide profit of 750 million EUR and EU revenues of 50 million EUR. These include, for example, big corporations such as Google, Facebook and Amazon. A tax rate of 3 percent was proposed – in total, the EU would achieve an additional tax revenue of 5 billion EUR. So far, not all member states have voted in favor of it, so there is not yet a single law on a digital tax at the EU level (Mittermann, 2019).

Multinationals offshore taxation issues have widened as a result of companies' increasing innovation and digitalization specialization and consists of several components: First, there is the problem that many of these digital companies are adopting aggressive tax avoidance strategies and they are using liberal tax laws in tax havens. This offshore issue has now been extended as these companies apply digital and innovative business models that are subject to lower taxation than traditional business models. Thus, these companies are able to withdraw their profits from a proper taxation. Therefore, politics have to find a uniform, overarching regulation on a global level, which on the one hand covers the tax haven problem, and on the other hand the fair taxation of digital business models. In principle, profits should be taxed in the generating country, regardless of the number of affiliates created in tax havens. In addition, digital business models would have to be taxed higher, so that a fair balance within the different business models can be achieved. It is quite obvious that it is not really effective if individual states seek a half-hearted solution on their own. It would be meaningful to aim for a global tax reform, which covers both the tax haven problem as well as the innovation and digitalization specialization of companies regarding an equitable taxation of their revenues.

11.3.2 Digital public financial register on business taxation as a solution?

According to a study by Gabriel Zucman, in 2015 companies like Google, Amazon, Nike and Co shifted a total of 620 billion USD of their profits into tax havens. This represents 40 % of the total profits made by multinational companies worldwide in the relevant year (Zucman, 2018). Through this process, developed countries, but also emerging and developing countries, are escaping large-scale tax revenues.

A classic example of this is Google. The biggest share of its profits is generated by the IT giant in the US and Europe, but a large part of the money, most recently nearly 20 billion USD, will be moved to Bermuda for tax purposes. As tax havens, Zucman and his colleagues do not consider Bermuda alone or the Cayman Islands. Consistent with earlier work on the subject, they also consider Switzerland, the Netherlands, Singapore, Ireland and Hong Kong as tax havens. There is no real economic explanation why so much money from foreign corporations is earned in tax havens. Companies do not transfer machines to the Caymans on a large scale or invest there. In accounting terms, they shift their profits because tax rates in the oases are significantly lower or even zero. (Zucman, 2018).

Numerous authors believe that the issue of offshore business can be solved through a global financial registry. The main objective is the financial transparency of companies and their profits, but above all the cross-national reporting on the country, in which the respective companies have actually achieved their profits. In this context, willingness on the part of politics and legislation is essential. Fighting against the multiple forms of tax fraud must become a central task of economic cooperation on a global level: in principle, all tax laws should be modified and standardized so that profit tax is payable in the country where the profits were actually realized. Defeat strategies such as the use of license rights have to be included in the legislation.

11.3.3 The function of banks in the area of their compliance obligations

In another aspect the role of banks, especially those of compliance departments of banks, have to be critically considered. The case of the „Panama Papers" proves the fact that there is a close connection between credit institutions and the offshore problem and subsequently to the money laundering issue.

According to investigations by the Financial Market Authority in 2017, 34 Austrian credit institutions are in the high-risk sector as they use models that are often misused in the context of activities in the area of money laundering. Particularly conspicuous is the connection to offshore destinations (Graber, 2017). Based on such investigations by the FMA, the assumption is underpinned that banks carry a tremendous risk to serve as co-assistants in the offshore business.

Ensuring a smooth know-your-customer policy and due diligence is essential. Accordingly, the meaningfulness should be questioned critically, whether it is appropriate that the duties of a compliance department are exercised directly in a credit institution. Since the primary objective of a credit institution is to gain new business, it can be assumed that in cases of doubt, the aspects of due diligence as well as the aspects of a clean know-your-customer policy fade into the background. In this respect it should be considered that a specially established area, for instance in a Financial Market Authority, performs the duties of a compliance department. Of course, aspects such as deadlines, the flow of information and time limits in decision-making need to be considered. In the age of digitalization, which is also becoming increasingly important in the area of credit institutions, these issues should not present any real obstacles.

11.3.4 Innovative forms of digital payment instruments – cryptocurrencies

Virtual currencies are used by a growing group of users as a form of payment and investment. However, central banks and supervisory authorities have identified risks and see a need for regulation. The challenges in the EU include consumer protection and the fight against money laundering and terrorist financing. The EU institutions are currently revising the money laundering directive in order to include virtual currencies for the first time. The regulation of virtual currencies is also a part of the agenda of the G20 countries' finance ministers (Gräslund & Read, 2018).

Since Facebook's announcement that it wants to shake up the market for cryptocurrencies with the so-called blockchain-based currency Libra in 2020, global policymakers should include the taxation and regulation of cryptocurrencies in their legislation. Using David Drake as an example, who holds more than 10 million USD in cryptocurrencies and blockchain investments, digital money is used like an offshore bank account. It is a way to park both legal and illegal profits from foreign trade and subsequently to save taxes (Cash, 2019).

In order to underpin the relevance of the topic, it is quite important to consider examples like David Drake so that global policymakers realize the importance of these innovative forms of payment in the field of offshore business and the danger of money laundering.

Virtual currencies like Bitcoin are in countries with a stability-oriented monetary policy so far quantitatively insignificant and more likely to be a speculative object. Until now, Bitcoin does not fulfill any of the three monetary functions in economically relevant dimensions because it does not suffice for a niche. In addition, cryptocurrencies are extremely value-instable (Diehl & Thiele, 2017).

Nonetheless, it should be ensured that cryptocurrencies will not serve as the „next Swiss bank account“ or as „new tax havens“. The functioning of cryptocurrencies is still relatively unknown. Therefore, global policymakers should pay more attention to the regulation of such innovative forms of payment. So far, the legal regulation for cryptocurrencies is classified as very vague and superficial.

11.4. Conclusion

Tax competition produces a global loss of welfare that puts high costs on industrialized countries. The tax havens benefit, but the sustainability of their profits is doubtful. In the functional and interpersonal distribution perspective a small number of capital owners profit at the expense of many employees. Winners of the usage of offshore business are on the one hand the taxpayers, on the other hand also banks, management, consultants, tax consultants and lawyers. In order to prevent money laundering, it is necessary to regulate offshore destinations and establish effective control systems to monitor the activities of financial service providers or financial institutions.

A revision and amendment of the financial and tax law must also be carried out at the global level. In the offshore areas there is a mismatch between the reported profits and the actual economic activities. Companies should pay their taxes in countries, in which profits are actually generated. For example, if Apple sells 20 % of its products in the United States, its profits should also be taxed at 20% in the United States. This would end the shifting of profits as they are unable to influence the domicile of their customers. This system would also end the competition for real activity, as there is no incentive for companies to transfer capital or workforce to low-tax countries; the location of production would then be irrelevant regarding corporate taxation.

In order for the money laundering process to be successfully completed, financial constructions and the tax and financial system are deliberately misused. Credit institutions assume a central role, as only these are able to provide an international network. Additionally, in accordance with the „know-your-customer principle“ due diligence requirements are often insufficiently met. The recent case of the Panama Papers points to the close links between credit institutions and the offshore money laundering problem. It can be regarded as a kind of „prime example“: An Austrian credit institution grants loans in the form of back-to-back agreements with intermediary offshore companies to rich persons, which were involved in criminal offenses, without questioning the origin of their assets. Whether the bank has complied with its due diligence obligations regarding the prevention of money laundering risk is at least questionable. Nevertheless, as part of the implementation of the 4th EU Money Laundering Directive in Austria by the Financial Market Money Laundering Act, numerous adjustments were made in the fight against money laundering and the finance of terrorism. Nonetheless, it is questionable, whether such legislation would be sufficient, bearing in mind that the topic about tax haven/offshore business have so far not been enough considered in any money laundering directives.

In addition, a public and digital country-by-country reporting on profits and taxes paid by companies in the respective countries would be of great importance. Many companies set up a subsidiary in a tax haven to avoid taxes on repatriated profits. Both global regulators and policymakers need to intervene to prevent this type of governance, as it is often the basis for a successful money laundering process.

Due to the increasing digitalization and innovation specialization of many multinationals, the taxation on digital profits should also be considered in the legislation in the form of a globally valid digital tax. Furthermore, innovations in the area of cryptocurrencies should be seen as a source of abuse. Therefore, the strict regulation of such „innovations" should be made swiftly.

References

Bongard, K. (2001). *Wirtschaftsfaktor Geldwäsche – Analyse und Bekämpfung.* Wiesbaden: Deutscher Universitäts-Verlag.

Cash (2018). *Kryptowährungen sind ein Albtraum für viele Staaten.* Retrieved from https://www.cash.ch/news/politik/neue-steueroasen-kryptowaehrungen-sind-ein-albtraum-fuer-viele-staaten-1140829

Cassard, M. (1994). The Role of Offshore Centers in International Financial Intermediation (Working paper No. 94/107). *International Monetary Fund.* Retrieved from https://www.imf.org/en/Publications/WP/Issues/2016/12/30/The-Role-of-offshore-Centers-in-International-Financial-Intermediation-1200

Diehl, M., & Thiele, C.-L. (2017). Kryptowährung Bitcoin: Währungswettbewerb oder Spekulationsobjekt: Welche Konsequenzen sind für das aktuelle Geldsystem zu erwarten. *Ifo Institute – Leibniz Institute for Economic Research at the University of Munich.* Retrieved from https://www.econstor.eu/bitstream/10419/175126/1/ifosd-v70-2017-i22-p03-20.pdf

European Commission (2018). *Faire Besteuerung der digitalen Wirtschaft.* Retrieved from https://ec.europa.eu/taxation_customs/business/company-tax/fair-taxation-digital-economy_de

Fritz, T., Hahn, M., & Hersel, P. (2001). Kapital auf der Flucht – Offshore Zentren und Steueroasen. *Berliner Landesarbeitsgemeinschaft Umwelt und Entwicklung.* Retrieved from http://www.kleinteilige-loesungen.de/globalisierte_finanzmaerkte/texte_abc/h/hersel_fritz_kapital_auf_der_flucht.pdf

Fuest, C. (2018). Digitalisierung und Steuerpolitik. *Ifo Institute – Leibniz Institute for Economic Research at the University of Munich.* Retrieved from http://hdl.handle.net/10419/181127

Gabler Wirtschaftslexikon, (n.d.). *Definition "Innovation".* Retrieved from https://wirtschaftslexikon.gabler.de/definition/innovation-39624

Graber, R. (16 May 2017). Geldwäsche: Fünf Prozent der Banken befinden sich im Hochrisikobereich. *Der Standard.* Retrieved from https://www.derstandard.at/story/2000057668970/geldwaescherei-fuenf-prozent-der-banken-im-hochrisikobereich-unterwegs

Gräslund, K., & Read, O. (2018). EU Regulierung von Bitcoin und anderen virtuellen Währungen: erste Schritte. *Wirtschaftsdienst.* Retrieved from https://link.springer.com/article/10.1007/s10273-018-2323-6

Hakelberg, L., & Rixen, T. (2017). Das Ende der Steueroasen. *Aus Politik und Zeitgeschichte,* 23–25. Retrieved from https://www.researchgate.net/profile/Thomas_Rixen/publication/321823893_Das_Ende_der_Steueroasen/links/5bf6747aa6fdcc3a8de8db43/Das-Ende-der-Steueroasen.pdf

Mahr, J., Wakounig, M., & Wiesenfellner, H. (2013). *Handbuch Geldwäsche und Betrugsbekämpfung.* Wien: LexisNexis.

Merten, H.-L. (2012). *Steuerflucht – Das Milliardengeschäft mit dem Schwarzgeld.* Wien: Linde.

Mittermann, B. (2019): Digitalsteuer ist keine Digitalsteuer. *Arbeit & Wirtschaft.* Retrieved from https://www.arbeit-wirtschaft.at/digitalsteuer/

Szigetvari, A. (7 November 2017). Schützende Hände über Steueroasen. *Der Standard.* Retrieved from https://www.pressreader.com/austria/der-standard/20171107/281565176033248

Walter, I. (1989). *The Secret Money Market: Inside the Dark World of Tax Evasion, Financial Fraud, Insider Trading, Money Laundering and Capital Flight.* New Work: Ballinger Pub Co.

Zucman, G. (2013). *Steueroasen – Wo der Wohlstand der Nationen versteckt wird.* Berlin: Suhrkamp.

Zucman, G. (2018). Taxing multinational corporations in the 21st century (Policy brief 10). *Economics for Inclusive Prosperity.* Retrieved from https://econfip.org/policy-brief/taxing-multinational-corporations-in-the-21st-century/

FSC
www.fsc.org
MIX
Papier | Fördert gute Waldnutzung
FSC® C083411

Kolibri 360 GmbH
Ferdinand-Jühlke-Straße 7
99095 Erfurt, Deutschland
produktsicherheit@kolibri360.de

Druck:
CPI Druckdienstleistungen GmbH
im Auftrag der
Kolibri 360 GmbH
Ferdinand-Jühlke-Str. 7
99095 Erfurt